DEN FREUNDEN
DER NATUR UND KUNST

Leop. Fr. Franz Fürst von Dessau

DEN FREUNDEN
DER NATUR UND KUNST

Das Gartenreich des
Fürsten Franz von Anhalt-Dessau
im Zeitalter der Aufklärung

INHALT

VORWORT

Dem heute so genannten Gartenreich Dessau-Wörlitz mit einer flächenmäßigen Ausdehnung von etwa dreihundert Quadratkilometern entlang der mittleren Elbe und unteren Mulde gilt diese Ausstellung. Sie ist wie auch der Katalog ein gemeinsames Werk des Instituts für Auslandsbeziehungen und der Kulturstiftung DessauWörlitz. Die glückliche Kooperation will einem breiten Publikum die Möglichkeit bieten, den genialen Lebensentwurf des deutschen Duodezfürsten Leopold III. Friedrich Franz von Anhalt-Dessau im Zeitalter der Aufklärung kennenzulernen.

Die Geschichte der Region ist ein bis heute faszinierendes Phänomen. Trotz seiner geringen geographischen Ausdehnung war das Geschick des Fürstentums im 18. und 19. Jahrhundert eng mit den Wandlungen der europäischen Politik verflochten und in die militärischen Auseinandersetzungen der großen Mächte einbezogen. Dies lag nicht nur in der Persönlichkeitsstruktur des Fürsten begründet, sondern auch in der geopolitischen Lage seines Territoriums zwischen Preußen und Sachsen. Die 59 Regierungsjahre des Fürsten Franz haben Anhalt-Dessau grundlegend verändert, wobei diese Entwicklung nicht gleichmäßig verlief. Die Ideen des Fürsten gewannen anfangs nur langsam Form und nach dessen Tod 1817 endeten die wegweisenden Reformen relativ abrupt.

Der Titel der Ausstellung – »Den Freunden der Natur und Kunst« – bezieht sich auf die Inschrift über dem Portal des 1795 bis 1797 nach Plänen von Friedrich Wilhelm von Erdmannsdorff im Auftrag des Fürsten errichteten Pantheons, das zur Unterbringung der fürstlichen Antikensammlung und – das Schöne mit dem Nützlichen verbindend – als Wallwach-Haus zur Beobachtung bei Elbehochwasser diente. Die enge Verflechtung von Natur und Kunst, die sich im Gartenreich zeigt, war im Zeitalter von Jean-Jacques Rousseau, dessen Grabmal von Ermenonville in Wörlitz nachgebildet ist, ein heftig diskutiertes Thema. Es hat auch mehr als zweihundert Jahre nach der von zahlreichen Reformen und dem Bemühen um Frieden und Toleranz geprägten Regierungszeit des inspirierten Fürsten Franz von Anhalt-Dessau nicht an Bedeutung verloren. Im Gegenteil gewinnt sein Ansatz des sparsamen Umgangs mit Ressourcen heute neue Aktualität. Daß das unter Denkmalschutz stehende Gartenreich integraler Bestandteil des unter UNESCO-Schutz stehenden Biosphärenreservates »Mittlere Elbe-Steckby-Lödderitzer Forst« ist, unterstreicht eindrucksvoll die Bedeutung dieser europäischen Kulturlandschaft.

Das Medium Ausstellung gerät bei einem Gegenstand wie dem vielgestaltigen Reformwerk des Fürsten Franz von Anhalt-Dessau, im besonderen den Ideen zur Landschaftsgestaltung, an seine Grenzen. Die Wahl der Exponate richtete sich nach ihrer Bedeutung für die gedanklichen Zusammenhänge und die Wirkungsgeschichte der Gesamtanlage. Dies ist dank vielfältiger Anstrengungen gelungen, wiewohl konservatorische Überlegungen bei einer Ausstellungstournee immer im Vordergrund stehen müssen.

Der vorliegende Katalog ist das Resultat der Arbeit vieler. Ein großer Gewinn war die Bereitschaft von Michael Stürmer und Ursula Bode zur Mitarbeit. Ihnen ist es mit großem Einfühlungsvermögen in ihren Essays gelungen, einerseits die reformierte Politik des Fürsten in der zweiten Hälfte des achtzehnten Jahrhunderts zu skizzieren, andererseits ein sehr persönliches Bild der Fürstin Luise zu malen und neu zu interpretieren. Der dritte Beitrag publiziert eine bislang unbekannte Quelle, die wesentliche Fakten über die erste Reise des Fürsten Franz im Jahr 1763 nach England bietet. Diese Primärquelle, illustriert mit zahlreichen Ansichten aus der Zeit, ist nun erstmals der Wörlitz-Forschung zugänglich. Es wäre zu wünschen, daß alle drei Beiträge zu Denkanstößen anregen und zu ganz neuen Erkenntnissen führen.

Im anschließenden Verzeichnis der ausgestellten Werke erläutern Daniela Clare und Uwe Quilitzsch die fast einhundert Exponate. Die einführenden Sequenztexte vermitteln Überblicke und stellen Zusammenhänge dar, die im Kontext mit den teilweise bislang unpublizierten Abbildungen die Gedankenwelt des Gartenreichs Dessau-Wörlitz auch dem Nichtfachmann erschließen.

Der Leipziger Fotograf Lutz Winkler, der in den vergangenen zwei Jahrzehnten zu allen Jahreszeiten immer wieder das gesamte Gartenreich mit der Kamera aufgesucht hat, begleitet mit seinen stimmungsvollen Schwarzweißfotografien Leser und Ausstellungsbesucher auf ihrer individuellen Reise. Die Panoramaaufnahmen entsprechen dabei in besonderer Weise den Absichten der berühmten Gartenbilder mit ihrem dichten Netz von Sichtachsen. Der Wert aller fünfzehn Aufnahmen besteht aber gerade nicht ausschließlich in ihrem dokumentarischen Inhalt, sondern gleichfalls in ihrer bild-künstlerischen Aussage.

Die Koordination der Ausstellung und der Katalogredaktion lag im Institut für Auslandsbeziehungen in den bewährten Händen von Bernd Burock, in der Kulturstiftung DessauWörlitz in denen von Uwe Quilitzsch. Die konservatorische Betreuung der Leihgaben der Kulturstiftung DessauWörlitz besorgten Karla Collmar und Michael Wetzel. Ihnen gilt unser herzlicher Dank, sowie Ina Grünberg und Evelin Wagner für die Arbeit am Manuskript.

Großen Dank schulden wir den Institutionen, die im Dienste der Sache großzügig ihre Foto- und Reproduktionserlaubnis erteilten. Es sind dies die National Maritime Picture Library, London, das Victoria & Albert Museum, London, die Bayerische Staatsgemäldesammlung, München, die Österreichische Nationalbibliothek, Wien und The Royal Collection, Her Majesty Queen Elizabeth II., Windsor Castle.

Ebenso entgegenkommend unterstützte die Zentralbibliothek Zürich unsere Recherchen, die den bislang unpublizierten Briefwechsel zwischen Fürstin Luise von Anhalt-Dessau und Johann Kaspar Lavater zu ihrem Bestand zählt. Auf höchst interessantes, ebenfalls bis heute nicht veröffentlichtes Kartenmaterial wies uns das Landesamt für Denkmalpflege in Halle hin. Hierfür erteilte uns die Staatsbibliothek zu Berlin, Preußischer Kulturbesitz, freundlicherweise die Genehmigung zur Veröffentlichung.

Gerade in einer Zeit ständig zunehmender Mobilität ist die Kultur für die nationale Identität von allergrößter Bedeutung. Bei der Vermittlung des eigenen kulturellen Erbes tragen historische Ausstellungen im Kontext mit begleitenden Rahmenveranstaltungen am jeweiligen Ort der Präsentation in besonderer Weise bei, indem sie Anlaß zur Reflexion des eigenen Standpunkts bieten. Wir sind überzeugt, daß kurz vor der Jahrtausendwende eine genaue Analyse des überaus friedlichen Vermächtnisses des Fürsten Franz von Anhalt-Dessau und seines Gartenreichs außerordentlich aktuell ist und zur Bewältigung vieler Gegenwartsaufgaben hilfreich sein kann. Von ihr können möglicherweise Denkanstöße ausgehen für ein gedeihliches Zusammenwirken der europäischen Staaten untereinander und in der Welt insgesamt.

Zuletzt bleibt die Hoffnung, daß Ausstellung und Katalog viele animieren, das historische Gartenreich Dessau-Wörlitz selbst aufzusuchen, um das differenzierte Bildungsprogramm des aufgeklärten Fürsten Franz von Anhalt-Dessau und seiner zahlreichen Helfer vor Ort ganz individuell zu erleben.

Ursula Zeller
Institut für Auslandsbeziehungen

Thomas Weiss
Kulturstiftung DessauWörlitz

Rodleben
ROSLAU
Ritterlings
Hau
Roslauer Forst
Ober-Lug
Unter-Lug
Ober-Bruch
Gr.Kühnau
Kl.Kühnau
Ziebigk
Naundorf
Jonitz
DESSAU
Dellnau
Scholitz
Pötnitz
Alten
Die Stillinge
Entenfang
Kleutsch
Toerten
Kümmerling
Sollnitz
Moest
Niesau
H E R Z O G T H U M
M O S I G K A U E R
H A I D E
K Ö N I G
R E I C H

Katharinen-Holz
Klieken
Burow
COSWIG
Coswiger Forst
Gribner Fichten
Griebo
Coswiger Lug
WŒRLITZER FORST
Baum-Garten
Das schwarze Land
Elbe
Grosse
Straube
Kleine
WŒRLITZ
Drehberg
Griesen
Nieder Förste
Schönitz
Rehsen
Der Lug
Riesigk
Horstdorf
Brandhorst
Gohrau
ORANIENBAUM
Kakau
Nied.Förste (Kön.Frst.
Kön.Schlesensche Forst
Oranienbaumer Hutung
Goltewitz
Naderkau Forst
Naderkau
Schleesen
Königl. Schle
Forst
KŒNIGLICHER
FORST
Die hohe Gärte
Mildauer Mark
Pomsdorf
Pabst.
Waldung
Gremmin
Zschiesewitz
Jüdenberg Holz
Radis

ARKADIEN AN DER MITTELELBE: DAS GARTENREICH VON WÖRLITZ

Michael Stürmer

Es war einmal, so beginnen die Märchen. Es war einmal ein Gartenreich mit einem weisen Fürsten, der darüber regierte. Er wurde von allen geliebt und ein Vater genannt. Auf Soldaten konnte er verzichten. Sein Hof, obwohl klein, zog die besten Geister von weit und breit an und wurde ob seiner Kultur und Menschenfreundlichkeit viel gerühmt. Er förderte die Künste und die Literatur, baute den Untertanen Schulen, predigte Protestanten, Katholiken und Juden die Eintracht, förderte die Handwerke und gab den Bauern die Freiheit.

Was wie ein Märchen klingt, ist eine Geschichte, die sich vor 200 Jahren in Deutschland an der Mittelelbe ereignete. Geographisch in der Mitte zwischen Weimar und Berlin gelegen; geistig ein Ort, der an Ausstrahlungskraft unter den Zeitgenossen hinter Weimar nicht zurückstand. Landschaft und Architektur in Goethes »Wahlverwandtschaften« sind inspiriert von vielem, was der Dichter in Wörlitz und im großen Garten gesehen hatte. »Zierde und Inbegriff des 18. Jahrhunderts« nannte Christoph Martin Wieland jenen Traum von Arkadien und aufgeklärter Vernunft, der dem Gartenreich für die Dauer einer Generation Gestalt gab. »Es ist, wenn man so durchzieht, wie im Märchen …«, sagte Goethe. Der österreichische Feldmarschall, Diplomat und Schriftsteller Charles Joseph Fürst Ligne beendete sein berühmtes Werk über die Gartenkunst mit den Worten »Gärtner, Maler, Dichter, Philosophen, geht nach Wörlitz«. Es war Politik als Utopie.

Das Gartenreich bietet »eine wahre Enzyklopädie der Kulturgeschichte des 18. Jahrhunderts an, die ihresgleichen sucht« (Horst Möller). Den Gebildeten des 18. und 19. Jahrhunderts waren die Anspielungen und baulichen Zitate leichter zugänglich als heutigen Betrachtern. Es war gestaltete Natur. Das Giebelrelief des Pantheon, geschaffen von Friedrich Wilhelm von Erdmannsdorff, Freund und Architekt des Fürsten, hat zum Gegenstand, wie Athena den Streit zwischen Sirenen und Musen schlichtet. Die einen stehen für die Natur, die anderen für die Kunst. Was nur sagen will, daß es die Absicht des Fürsten und seines Architekten war, die Eintracht der Natur mit der Kultur herzustellen, die Gegensätze zu versöhnen und in höherer Einheit zusammenzuführen im Gartenreich.

In der realen Welt Harmonie zu finden, war sehr viel schwieriger. Denn Wörlitz war, anders als Preußen, nicht die Kraftmaschine der deutschen Geschichte. Man kann eher sagen, daß Wörlitz im Gegensatz und als Gegenbild zu Preußen entstand, viel Geist und wenig Masse. Der Dessauer Kulturkreis bildete sich in dem Jahrzehnt nach dem Siebenjährigen Krieg (1756–1763) um den Fürsten Franz. Dieser hatte sich noch als junger Mann, obschon mit hohem Offiziersrang, während des großen Krieges von den preußischen Farben losgesagt. Er rebellierte gegen den harten Takt des friderizianischen Militärdespotismus und suchte seitdem die geistige Gegenwelt in Italien, die materielle in England. Dort studierte er die »new husbandry«, die intelligenten Methoden des Ackerbaus, bewunderte die parlamentarischen Einrichtungen und sah in der Gewaltenteilung Englands das Vorbild für Politik und Gesellschaft. Er wollte Dessau als geistiges Gegenbild Preußens: kleiner Gartenstaat gegen großen Militärstaat.

Zusammen mit dem Hofgärtner Eyserbeck und dem Gentleman-Architekten Friedrich Wilhelm von Erdmannsdorff, dessen Reisetagebücher viel berichten, studierte der junge Fürst in England Gartenkunst und Architektur, lernte den englischen Pal-

Seite 8–9:
Karten der preußischen Urvermessung, 1851–1852 (Kat.Nr. 2)

ladio-Stil kennen, der ungebrochen seit Inigo Jones und dem frühen 17. Jahrhundert die Landhäuser prägte, und kaufte zum Modell und Vorbild für das heimische Handwerk Mobiliar des Thomas Chippendale. 1769 begann er, in der eichenbestandenen Auenlandschaft der Elbe östlich der alten Residenzstadt Dessau Haus und Park zu Wörlitz anzulegen. Er schuf damit das erste und schönste Gesamtkunstwerk des kontinentaleuropäischen Klassizismus. Dieser Klassizismus war inspiriert von den Ausgrabungen von Pompeji, die Erdmannsdorff am Ort studiert hatte und die dem gebildeten Europa in Stichen und Vorlagenwerken bald bekannt wurden und die Stilformen des Rokoko beiseite schoben.

Fürst Franz gehörte zu jenen wenigen Figuren der Vergangenheit, an denen selbst die Historiker der ehemaligen DDR wenig auszusetzen fanden, ja sogar dem friderizianischen Militärstaat leuchtend gegenüberstellten. Wörlitz gab den Fremdenführern keinen Anlaß, abfällige Bemerkungen zu machen, und 1985 erschien ein bemerkenswertes Buch als Huldigung an den Absolutismus Wörlitzer Form und an den Fürsten, der darüber präsidierte.[1] Goethe war dort oft zu Gast und rühmte Landesherrn und Landesvater im, wie er schrieb, »wohladministrierten und zugleich äußerlich geschmückten Lande«. Zusammen mit Joseph II., dem Kaiser, und Friedrich dem Großen, König von Preußen, wurde Fürst Franz, ungeachtet der Kleinheit seines Landes, eine Schlüsselfigur für Hoffnung und Illusion der Reform von oben in Deutschland. Fürst Franz, hätte er denn mehr Macht, mehr Menschen und mehr Gewicht gehabt, war so, wie sich die Gebildeten des ausgehenden 18. Jahrhunderts einen aufgeklärten Fürsten vorstellten. Mit Demokratie allerdings hatte das wenig zu tun, eher mit väterlicher Fürsorge, Menschenfreundlichkeit, mit freier Wirtschaft und der Idee, daß Menschen, freigestellt von äußeren Zwängen, sich – entsprechend der Formulierung des großen Königsberger Philosophen Immanuel Kant – so verhalten würden, daß die Maxime ihres Handelns jederzeit Grundlage einer allgemeinen Gesetzgebung sein könne. Ganz so war es nicht in Dessau-Wörlitz, gelegentlich mußte der Fürst korrigierend eingreifen, die Untertanen waren keine Heiligen, und manche Experimente wurden, nach Versuch und Irrtum, wieder eingestellt.

Dessau wurde Zentralpunkt jener »pädagogischen Provinz«, welche Goethe aus der Imagination beschrieb. Dessau war zugleich Inbegriff der deutschen Gewißheit, daß nicht die blutige Revolution der Weg in die Zukunft sei, sondern die bessernde, vorausschauende Einwirkung der fürstlichen Verwaltung, ohne Gewalt und ohne Bruch der Tradition. Dessau lag geistig und geographisch viel naher an London und den Freiheitsvorstellungen von Edmund Burke als an den Wirrnissen von Paris und den sich auftürmenden Revolutionserwartungen. Es war ein eigentümliches Mißverständnis, daß Jean-Jacques Rousseau, dem Propheten der Natur und dem Träumer grüner Heilsvorstellungen, ein fiktives Grabmal auf einer Insel geweiht wurde, zusammen mit einem Denkstein. Rousseau hatte die Natur der Kultur unversöhnlich scharf entgegengestellt – wo doch in Wörlitz Synthese, Versöhnung, Eintracht die alles überragende Idee war. Aber so wie die Französische Revolution in jenen Jahrzehnten sich ästhetisch und intellektuell aus den Spannungen des Klassizismus nährte, durch »nouveau goût« und geometrisches Denken, so galt dies noch mehr für den aufgeklärten Absolutismus und die Idee der bessernden Reform von Oben.

An dem 35 000-Seelen-Gartenreich um Wörlitz gab es viel zu rühmen. Der Historiker Hirsch nannte es die »ideologieträchtige Schöpfung der Aufklärung«. Am stärksten war der Erziehungsoptimismus, der die Renaissanceidee des Fürstenspiegels weiterführte und volkstümlich erweiterte. Man erwartete, ein wohlgebildeter und menschenfreundlicher Fürst werde das Glück seines Landes sein. Johann Bernhard Basedow schrieb in seiner biederen *Philosophie für alle Stände* 1758 ungefähr so, als kündige er den Fürsten Franz an. In der Tat wurde seine Schrift gelesen und als Wegweiser genutzt. 1771 folgte Basedow mit dem *Agathokrator oder von der Erziehung künftiger Regenten*, und sie trug ihm endlich die Berufung in das kleine Fürstentum ein. Dort durfte er seine Feder üben an Regierungserlassen, die mitunter vergessen ließen, daß es um diese oder jene Maßnahme ging, weil sie wie philosophische Abhandlungen über den Zweck der Staaten, die Pflichten der Herrscher und das Glück der Untertanen klangen – ganz so, wie es das intellektuelle Deutschland damals träumte: Die Füße weit weg vom Boden, und den Kopf weit über den Wolken.

Der Geist des Weltbürgertums sollte auf solche Weise gebildet werden. Der Weltreisende Georg Forster blieb skeptisch, aber er erkannte an, es könne immerhin eine »bessere Nachkommenschaft« erwartet werden. Aufklärung und Empfindsamkeit waren eng verschwistert. Beides traf sich im Zentralbegriff der »Glückseligkeit«: Die Staaten fanden in der Herstellung von deren Bedingungen ihren Zweck, die Bürger im Streben danach ihre Erfüllung. In Dessau-Wörlitz hatte alles dieser Idee zu dienen, die ein wenig vom Glanz des Paradieses den Sterblichen verhieß, und zwar hier und jetzt. Es ist in diesem Zusammenhang daran zu erinnern, daß 1776 die *Virginia Bill of Rights* das »Recht auf die Suche nach dem Glück« allen Bürgern verhieß, in scharfer ideologischer Absage an das britische Mutterland. Es war im selben Jahr 1776, daß der französische Reformminister Turgot im Namen dieses Rechtes auf die Suche nach Glück, das jedem Menschen innewohne, das ganze morsche Gebäude des französischen Absolutismus und seiner starren Gewerbeverfassung einzureißen und neu zu bauen suchte. Es ist im übrigen auch daran zu erinnern, daß 1776 Adam Smith, der schottische Moralphilosoph und Ökonom, seine epochemachende Untersuchung über die Ursachen des Reichtums der Nationen – *An Enquiry into the Causes of the Wealth of Nations* – zum Druck gab. Sie wurde Ausgangspunkt der gesamten modernen liberalen Volkswirtschaftslehre.

Was zwischen Dessau und Wörlitz geschah, war mithin nicht ein isoliertes Spiel einiger weniger Intellektueller und eines jungen Fürsten, sondern Knotenpunkt in den atlantisch-europäischen Aufbrüchen. In der Tat geht es in dem Begriff der »Glückseligkeit« um die moderne Freiheitsidee. Denn nichts anderes bedeutet ja das Recht auf die Suche nach dem Glück, das jedem Menschen zu eigen, als daß die Menschen auf ihre Weise – Friedrich der Große hätte gesagt, auf ihre Façon – selig werden sollen, und zwar nicht erst im Himmel, sondern schon auf Erden. Selbst bestimmen dürfen, was das Glück ist; das Recht auf die Früchte der eigenen Arbeit behaupten; nicht in einer ständischen Welt gefangen sein, sondern selbst Schmied seines Glückes werden: alles dies war im Begriff der Glückseligkeit enthalten, und dies war der Stoff, aus dem das Dessauer Tuch gewebt war. Goethe stellte die Dessauer Pilgerfahrt nach Arkadien in scharfen Gegensatz zu Berlin und Potsdam, wenn er von der »Pracht der königlichen Städte, dem Lärm der Welt und der Kriegsrüstung« abfällig sprach. Anhalt-Dessaus »anderen vorleuchtender« Fürst wurde mehr und mehr zum Vorbild, fast jenseits der Realität.

Finanziert wurde das Glück von Wörlitz durch die Einkünfte aus dem Latifundienbesitz des Fürsten im östlichen Preußen sowie durch eine nach den Maßgaben der damaligen Experimentalökonomen rationalisierte, auf Export elbeabwärts gerichtete Landwirtschaft, durch Obstbau und Holzwirtschaft. So verstand man es zum Beispiel, das kostbare Mahagoniholz, aus dem die feinsten Möbel der Epoche entstanden, durch heimischen Birnbaum zu ersetzen und zugleich eine Möbelindustrie zu gründen, die an viele Höfe des protestantischen Deutschland exportierte. Es war den Reformen des Fürsten günstig, daß es einen landsässigen Adel und ständische Rechte nicht mehr gab, seitdem der »alte Dessauer«, Preußens unerbittlicher Feldherr unter Friedrich Wilhelm I., den Adel vergrault und sein Land mit Macht und Geld erworben hatte, um es in fürstliches Domanial-Land umzuwandeln. Es gab mithin kein adelig-ständisches Veto mehr gegen Reformen, und das erlaubte dem Enkel jene Modernisierung des Landes, die damals von allen aufgeklärten Ökonomen des alten Europa mit predigerhafter Dringlichkeit empfohlen wurde. Gesunde Finanzen, niedrige Abgaben und dazu eine in den mageren Jahrzehnten nach dem Siebenjährigen Krieg vom Fürsten geförderte expansive Bautätigkeit machten das Land Dessau-Anhalt zu einer Insel der Seligen zu mehr als einem typischen Stück Deutschland in der Spätphase des Heiligen Römischen Reiches.

Die Liste der Dessauer Reformen liest sich wie ein Katalog all dessen, was die Aufklärer in ihren Zeitschriften nicht müde wurden anzumahnen und vorzuschlagen, mit Preisen auszuzeichnen und wortreich zu loben: allgemeine Volkserziehung nicht nur auf geduldigem Papier, sondern als praktische Wirklichkeit; Judenemanzipation, am deutlichsten dargestellt durch die 1799 fertiggestellte staatliche Schule und die Synagoge – letztere übrigens 1938 durch einen beherzten Verwaltungschef vor der Zerstörung durch einen SA-Mob bewahrt; Bauernbefreiung auf den fürstlichen Domänen; soziale Sicherheit für die Arbeiter; bürgerliche Kultur, an der auch Fürst und Fürstin teilnahmen. Am wichtigsten war, als Grundlage des Ganzen, die Übernahme britischer Erfahrungen von moderner Landwirtschaft in Obstbau, Kleewirtschaft und ausgetüftelten Fruchtfolgen, die den Boden erneuern sollten und die rechtlich und sozial erstarrte Dreifelderwirtschaft mittelalterlicher Überlieferung schöpferisch überwanden. Die Ertragskraft des Landes wurde sprunghaft gesteigert. Systematische Baumkunde und Reformökonomie kamen dem Holzexport zugute. Vorbildliche Stadtarchitektur trat hinzu, großenteils vom Fürsten finanziert oder zumindest durch Lieferung von Bauholz begünstigt. Fließendes Wasser und moderne Toiletten gab es nicht nur im Schloß, sondern auch in den besseren Häusern der Stadt.

Endlich gehörte zu Dessau-Arkadien auch eine kritisch räsonierende Öffentlichkeit, gestützt auf ein freies Verlagswesen ohne Zensur, das unbequeme Schriftsteller ermutigte. Hatte diese Gedankenfreiheit im Schutz des Hofes begonnen, so nahm sie seit 1781 selbständige Gestalt an in der *Buchhandlung der Gelehrten*. Das war ein Unternehmen europäischen Anspruchs, das alles verwirklichen wollte, was Alexander Pope in England, Voltaire in Frankreich und Leibniz, Lessing und Klopstock in Deutschland seit langem angestrebt hatten: der Gelehrtenrepublik ihren eigenen Verlag. Erzeugnisse des Geistes sollten von kaufmännischer Spekulation ebenso befreit sein wie von fürstlichem Gebot, und beides fand sich zu Dessau – für eine gewisse Zeit. Nach dem pädagogischen Philantropin wurde Reiches *Allgemeine Buchhandlung der Gelehrten und Künstler* das zweitgrößte Dessauer Aufklärungsunternehmen. Kaum ein literarischer Name dieser Zeit in Deutschland, der nicht mit dem Dessauer Institut genossenschaftlich oder, wie Goethe bemerkte, »in geschlossenem Bund« vereint war. Der Finanzmodus war so, daß die Autoren die Druckkosten zunächst vorzuschießen hatten, um später durch den Verkauf entschädigt zu werden. Das verhinderte, daß der Markt mit subventioniertem Mittelmaß überschwemmt wurde. Gleichzeitig aber diente die parallel eingerichtete »Verlagskasse« der Förderung junger, noch unbekannter Autoren. Es ging dabei um die Verwirklichung der Res publica litterarum, einer gelehrten Öffentlichkeit mit der Neigung zum politischen Räsonnement. Fürst Franz war – avant la lettre – liberal genug, dies alles nicht nur zuzulassen, sondern durch Grundstücke und Kapitalien, Bauten und hohe Protektion unablässig zu unterstützen.

Seit 1782 erschien zu Dessau eine Zeitschrift mit dem Titel »Literatur und Völkerkunde« mit der Verlagsangabe: »Auf Kosten der Verlagskasse für Gelehrte und Künstler, und zu finden in der Buchhandlung der Gelehrten«. Im dritten Band fand sich in Form der damals beliebten Schreiben eines Reisenden an seinen Freund eine Darstellung Dessaus, die mit Selbstlob nicht sparte, aber auch viel von der Inszenierung verriet, die dort vonstatten ging: »Kaum konnte ich mich überreden, mitten in Deutschland zu sein. Ja, mein Freund, dieser kleine unbemerkte Erdraum hat so viel Auszeichnendes, daß ich befürchten muß, Sie werden selbst die getreueste Darstellung der Dinge für eine Erdichtung halten.« Das Land gleiche einem Garten; Alleen, Kanäle, Brücken und ansehnliche Wohngebäude der fürstlichen Beamten fügten sich zum Kunstwerk. »Alles dies gibt die reizendsten Landschaftsgemälde; hiezu kommen glückliche Einwohner und ein weise Regierung.« Das wichtigste aber sei die hier anzutreffende »Freyheit im Denken und Handeln… Ich erkühne mich zu behaupten, daß in keinem monarchischen Staat in Europa diese so schätzbare Freiheit in solchem Grad als hie herrscht. Der Fürst ist lange Zeit in England gewesen und hat daselbst die hohen Rechte der Menschheit anschaulich kennenlernen, die er jetzo so großmühtig ausübt.«

Dann wurde das Philanthropin gerühmt, die Erziehungsanstalt, die einem »Lieblingsplan« des Fürsten entspreche. Die Philantropisten sehe er wie Glieder seiner Familie an. Die Zöglinge würden mit Sanftmut und Liebe behandelt – angesichts der Erziehungsmaßstäbe jener Zeit keine Selbstverständlichkeit. Aufklärung und Empfindsamkeit verbanden sich. Von einem Abschiedsfest der Schule wurde berichtet: »Alles zerfloß in Thränen; kein Auge blieb trocken.« Körperliche Fähigkeit und charakterliche Stärke ergänzten das wissenschaftliche Programm der Zöglinge aus vielen Ländern. Einziger Mangel bei soviel Perfektion: Man lege zu hohen Wert auf die französische Sprache, und dies »in einem original deutschen Institut«.

Des Rühmens war kein Ende. Es setzte sich fort bei der Erwähnung der Verlagskasse für Gelehrte und Künstler und der Buchhandlung der Gelehrten und ging dabei unübersehbar in hemmungsloses Selbstlob über: »Der steigende Flor beyder Institute entspricht vollkommen den wohlausgesonnenen Entwürfen und der klugen Ausführung.« Wo, wenn nicht zu Dessau, hatte die Aufklärung ihre Heimat gefunden? Wo, wenn nicht hier, war die Freiheit das Werk des Absolutismus? Es war in diesem letzten Jahrzehnt, bevor die Französische Revolution Alteuropa erschütterte, ein deutscher Traum, daß Reform von oben und allgemeine Menschenrechte sich im Namen der Glückseligkeit verbinden könnten – und daß dies in Deutschland geschehen würde, so, wie es zu Dessau schon geschehen war.[2]

Aber nicht die pädagogische Provinz, nicht die Politik der Peripherie und nicht einmal die Liaison von Aufklärung und Absolutismus war Achse dieser Ideenwelt. Sie fand sich in Schloß und Park zu Wörlitz. »Edle Simplizität und geschmackvolle Anordnung« verbanden sich hier, wie uns der Reisende aus Dessau mitteilt, im ersten englischen Park, der in Deutschland entstand, wie in der palladianischen Villa, die Erdmannsdorff dem Fürsten nach englischem Vorbild schuf. Fürst Franz selbst wurde als Autor der Widmung des Hauses genannt: »Liebe und Freundschaft haben es erbaut; Ruhe und Zufriedenheit werden es bewohnen; dann werden häusliche Freuden nicht fehlen.«

Welten trennten solche Baugesinnung vom barocken Machtanspruch des nahegelegenen Schlosses Oranienbaum, das achtzig Jahre zuvor entstanden war. Welten auch vom Schlüterschen Stadtschloß der Hohenzollern zu Berlin; ja selbst von Knobelsdorffs noblem Sanssouci im Weinberg zu Potsdam. Und es bezeichnet den historischen Ort der Wörlitzer Architektur, daß sie begann, als in der Potsdamer Parklandschaft das spätbarocke Neue Palais, inspiriert von Vandenbrughs Castle Howard und noch vor dem Siebenjährigen Krieg begonnen, seiner Vollendung entgegenging. Es war eine andere Gedankenwelt als die des barocken Herrschertums. Es war der aufklärerische Gegenentwurf, welcher in Wörlitz Ausdruck fand.

Park und Schloß zu Wörlitz sind von allem Anfang an und mit Recht als Inbegriff der Aufklärung beschrieben worden, und dem rückschauenden Betrachter erscheint die

Anlage als Pflanzstätte des deutschen Klassizismus. Englischer Palladio-Stil prägte das Villenschloß – zur Stadtseite korinthischer Portikus, zum Wasser und zum Park hin die elfachsige Fensterfront über abfallendem Rasengrund. Der Wörlitzer Schloßpark wurde auf diese Weise europäischer in der Anlage und weltläufiger in der Durchführung als jedes andere Bauwerk des deutschen Klassizismus.
Das englische Vorbild war überwältigend stark, bis hin zum Spiel mit der frühen Neugotik, das sich in der Architektur peripherer Gebäude widerspiegelte. Stühle, Konsoltische, Kommoden und Schränke verraten überall in Wörlitz die englische Inspiration. Sie waren nicht nur von eleganter Schlichtheit im Gegensatz zu Glanz und Allüre französischer Innendekoration. Sie verrieten auch ein ideologisches Programm für Politik und Ökonomie: So zu werden wie die englische Insel, ohne die Enge der Vergangenheit, mit parlamentarischer Freiheit und einer Marktökonomie. Wörlitz wurde den Menschen des ausgehenden 18. Jahrhunderts Ziel einer Pilgerschaft. Aber war die Bedeutung, die Wörlitz für Möbel, Architektur und Gartenkunst des Klassizismus haben sollte, für die Politik der Reform von oben von Anfang an folgenlos? War alles, was in Dessau geschah, nichts als leere Geste, auf der Bühne des Kleinstaats inszeniert und doch von den Logen der großen Politik nur noch beiläufig wahrgenommen? Sie war es, und sie war es nicht. Denn so sehr Wörlitz Ziel der ästhetischen und philosophischen Pilgerfahrt wurde für die Gebildeten des ausgehenden 18. Jahrhunderts, so wenig konnte der Kleinstaat im Machtschatten Preußens Logik und Grammatik der europäischen Politik verändern.
Und doch ging von Dessau-Wörlitz mehr aus als nur belesene Theorie. Hier schien es möglich, den deutschen Fürstenstaat durch den Geist der englischen Verfassung zu läutern und zu wandeln. Hier zeigte ein Fürst der Aufklärung, daß die Idee der Glückseligkeit nicht Lippenbekenntnis für Mußestunden war. Hier ließ sich darauf hoffen, daß Reform von oben der Revolution von unten zuvorkommen werde. Wer konnte damals sagen, daß der Königsweg des aufgeklärten Absolutismus ein Jahrhundert später den Deutschen im 19. Jahrhundert zum Sonderweg gegen den Westen geraten würde?
Bis zur Mitte des 18. Jahrhunderts war es Frankreich gewesen mit der Modemetropole Paris, dessen materielle Kultur und Luxusindustrie, Kriegskunst und Staatswirtschaft den Deutschen den Maßstab des Richtigen, ja des Absoluten gesetzt hatten. Die Wende zu England kam im dritten Viertel des 18. Jahrhunderts. Seit der großen Hunger- und Gewerbekrise um 1770, welche die Fratze des Bürgerkriegs über Frankreich heraufsteigen ließ, und vollends seit dem Erscheinen von Adam Smiths *Enquiry into the Nature and Causes of the Wealth of Nations* (1776) schauten die Deutschen auf England. Die Universitäten zu Göttingen und Königsberg wurden Importhäfen alles dessen, was englisch war und damit vorbildlich.
Nirgendwo kam dieser Wandel stärker zum Ausdruck als in Dessau-Wörlitz. Nirgendwo mehr als in dem Gartenstaat an der Elbe verkörperte er die deutsche Hoffnung auf die Verbindung von Staatsvernunft und bürgerlicher Freiheit. Und nirgendwo fand diese Illusion, so vollendet wie in Wörlitz, die Form des klassizistischen Gesamtkunstwerks.

1 E. Hirsch, Dessau-Wörlitz. Zierde und Inbegriff des 18. Jahrhunderts, Leipzig und München 1985.
2 Litteratur und Völkerkunde. Ein periodisches Werk, Bd. 3, Dessau 1783, S. 127–131; vgl. auch die idealisierende Korrespondenz über England und die »beneidenswerthe Glückseligkeit« seiner Bewohner, ebd., S. 273–295.

Stammbaum des Hauses Anhalt (Kat.Nr. 4)

Die regierenden Fürsten des Hauses Anhalt-Dessau bis 1871

Fürst		Gemahlin
Leopold IV. Friedrich 1794–1871	∞	Friederike Louise Wilhelmine Amalie von Preußen 1796–1850
Leopold III. Friedrich Franz 1740–1817	∞	Luise Henriette Wilhelmine von Brandenburg-Schwedt 1750–1811
Leopold II. Maximilian 1700–1751	∞	Gisela Agnes von Anhalt-Köthen 1722–1751
Leopold I. 1676–1747	∞	Anna Luise Föse 1677–1745
Johann Georg II. 1627–1693	∞	Henriette Catharina von Nassau-Oranien 1637–1708
Johann Casimir 1596–1660	∞	Sophie Margarete von Anhalt-Bernburg 1615–1673
	∞	Agnes von Hessen-Kassel 1606–1650
Johann Georg I. 1567–1618	∞	Dorothea von der Pfalz 1581–1631
	∞	Dorothea von Mansfeld 1561–1594

Erbteilung 1603 — Anhalt-Bernburg — Anhalt-Dessau — Anhalt-Köthen — Anhalt-Zerbst

Fürst		Gemahlin
Joachim Ernst 1536–1586	∞	Eleonore von Württemberg 1552–1618
	∞	Agnes von Barby 1540–1569

»DIE WOHLTHATEN DER EINSAMKEIT«
ZUM LEBEN DER FÜRSTIN LUISE VON ANHALT-DESSAU

Ursula Bode

»Ich will kommen, wenn Sie wollen, und das Projekt von Luisium gefällt mir sehr…« Wir wissen nicht, was Karoline von Berg meinte, als sie am 7. März 1797 an Luise von Anhalt-Dessau schrieb. Die Gräfin, kluge Gesprächspartnerin Herders und für Jean Paul eine »geistige Amazone«, erinnerte in ihrem Brief die Fürstin an den Tag ihrer ersten Begegnung vor siebzehn Jahren, an ihre einstige schwärmerische Zuneigung und daran, »daß ich immer wieder zu Ihnen zurückkehre, so wie man nach seiner Heimat zurückkehrt«. Ein inniger Freundschaftsbeweis ist dieses Schreiben, voll Zärtlichkeit und schwebender Gefühle. Nur, wie so manches andere Wort fürstlicher Herzensfreundinnen und wie die Lebenszeugnisse Luises selbst, verschließt sich vieles heutiger Betrachtung.

Ob das »Projekt von Luisium« ein geplanter Besuch war, oder ob es sich um eine bauliche Veränderung, eine gärtnerische Maßnahme in Landhaus und Park des nach der Fürstin benannten Refugiums zwischen Dessau und Wörlitz handelte, entzieht sich unserer Kenntnis. Als Luise 1797 den Brief der Gräfin Berg erhielt, war sie 47 Jahre alt und seit rund 20 Jahren im Besitz des Luisium. Sie hatte sich lange schon angewöhnt, »der freieren Luft« und »der Wohlthaten der Einsamkeit« wegen, das vom Hofarchitekten Erdmannsdorff von 1774 an erbaute und in den achtziger Jahren in seinen Interieurs vollendete Schlößchen als Retraite zu benutzen – als einen Sommerwohnsitz, ein Haus für Gäste, die ihrem Herzen nahestanden. Nicht zuletzt Zuflucht und Rückzugsmöglichkeit vor fremden Besuchern, die das Wörlitzer Schloß nach dem Willen des Fürsten Franz, ihres Mannes, als Sehenswürdigkeit besichtigen durften. Für das Luisium hatte die Fürstin bereits 1780 festgelegt, daß das Schloßgelände nur montag- und freitagnachmittags offenstehen sollte. Doch auch diese Besucherregelung kam einer Bedrohung gleich, wie ein Tagebucheintrag von 1795 zeigt: »Nach Tisch da es der Tag war wo die Leute alle meinen Garten besuchen durften blieb ich in meinem Zimmer arbeitete am Tische … Ich konnte um 8 da die Leute den Garten verlassen hatten doch nicht wieder hinunter gehen weil schon der Thau fiel und die Luft sehr kalt war. Ich aß also unten im Saal im Mondenschein – o Gott Gott wie mir da ward!«

Der Saal war für Feste gemacht – und anfangs auch so genutzt worden. Nun konnte er die Fürstin ebensowenig erfreuen wie der Mondschein, der weite Park und die Stille. Eine Schönheit, die bis heute anhält. Eine Abgeschiedenheit, die in Luisium fortwirkt wie jenes »Vorüberschweben eines leisen Traumbildes«, das Goethe bei seinem ersten Besuch in Wörlitz erfuhr. Eine Landschaft gebändigter Natur, die damals weit weniger als der Wörlitzer Teil des »Gartenreichs« ein Ort gepflegter Unterhaltung, antikisierender Reiseerinnerungen und anregender Auseinandersetzung mit der Vergangenheit war.

Im grünen Schweigen des Luisium – des einstigen »Vogelherds« am Rande des fürstlichen Jagdreviers – war die Empfindsamkeit ganz bei sich: jene Neigung der Epoche zu lust- und leidvoller Selbstreflexion und Naturerfahrung, die die Fürstin von Anhalt-Dessau in besonderem Maße teilte. Der Empfindsamen Reise zu sich selbst, sie konnte im Luisium unter den damals schon uralten Eichen ihren Anfang und ihr Ziel finden; ebenso wie in den Dekorationen des palladianischen Landhauses oder in den »follies« nach englischem Vorbild, die sparsam und wohlüberlegt in den Park gesetzt sind. So antwortet die »ornamental farm« des im übrigen durchaus nutzbringenden Gestüts-

1 Dessau, Schloß Luisium, erbaut 1774–1778

gebäudes in neugotischem Stil auf die neoklassische Strenge des Schlosses. Die nicht minder pittoreske Nachbildung der Ruine eines römischen Triumphbogens leitet den Blick auf die lebensgroße Skulptur einer verhüllten Frauenfigur: Was der Volksmund bald »Nonnenthor« und »Nonne« nannte und möglicherweise als Anspielung auf das zurückgezogene Dasein der fürstlichen Bewohnerin von Luisium verstand, war so etwas wie ein Bühnenbild unter Bäumen – ein feierlich ruinöses Dekorum für das Standbild der Göttin von Sais, einem Symbol für die Überwindung des Todes durch die Natur.

Schlichter gedacht erscheint die Nachbarschaft von grobbehauener Einsiedlergrotte (samt Aussichtsplattform) und klassizistischem Pavillon (vor dem einstigen Blumengarten Luises). Daß unweit davon der Turm des nach der Schmuckform seines Wasserspeiers getauften »Schlangenhauses« einmal den Gästen für sommerliche Plauderstunden zur Verfügung stand, darf vermutet werden: Von Bäumen beschattet, mit den Resten einer Obstbaumwiese als Parterre, liegt der neugotische Bau auf grasbewachsenem Hügel – heute noch eine zierlich in Backstein gemauerte Einladung zum Gespräch.

2 Unbekannter Künstler,
Silhouette der Fürstin Luise von Anhalt-Dessau, Scherenschnitt, um 1780,
Kulturstiftung DessauWörlitz

Man weiß, es gab vertraute, einander vertrauende Gäste: Es waren einige Freundinnen, wenige Hofbeamte, manchmal der Fürst, der Besuch machte. Doch weitgehend sich selbst überlassen, suchte Luise von Anhalt-Dessau in Luisium die ihr »so nöthige und heilsame Erquickung« mit unverhohlener Melancholie, aber auch in spürbarer Einsicht in die eigenen Möglichkeiten. So konstatierte sie 1799, als knapp Fünfzigjährige: »Als ich frühe zu Luisium im Garten einsam umher wandelte, umfing mich süsser die Wehmuth, lispelte mir aber doch Empfindungen zu, die in Worte übertragen, etwa lauteten wie ich sie sogleich aufschrieb: für mich ist die Freude am Menschen und die Wonne Mensch zu seyn meistens dahin und kehrt nie wieder, so wie jeder Frühling wiederkehrt.«

Wer sich mit dem »Weltbild Wörlitz«, der Kulturlandschaft um Dessau, als einem der imponierendsten Zeugnisse der Aufklärung in deutschen Landen beschäftigt, gewinnt schnell eine Vorstellung von der Person des Fürsten Leopold Friedrich Franz von Anhalt-Dessau (1740–1817). Ihm ist im Zusammenwirken mit seinem Freund Erdmannsdorff das »Gartenreich« zu danken und dessen Zauber, der weiter wirkt, während die meisten seiner Epoche machenden ökonomischen und pädagogischen Unternehmungen der Geschichte angehören.

Fürst Franz muß ein gewinnender Mensch gewesen sein: gebildet und tatkräftig, der Gegenwart und ihren Notwendigkeiten zugewandt und voll Verehrung für die Lehren und Hervorbringungen der Antike. Der »gute Vater Franz« war er seinen Untertanen. Dem »Nützlichen« und dem »Schönen« gleichermaßen widmete er in Anlehnung an englische Zeitgenossen alles, was er unternahm. Und selbstbewußt genug, dem Kaiser Napoleon entgegenzutreten, erreichte er beim Sieger der Schlacht von Jena und Auerstädt den weitgehenden Schutz seines kleinen Reiches und wurde 1807 Herzog von den Gnaden des Empire.

Ein Parforcejäger, doch eben eine – wie Goethe widerstrebend anmerkte – »schöne und große Natur«, und jemand, der weder »erkünstelte Empfindungen« ertrug noch die »Genies« und deren Kult am benachbarten Weimarer Hofe.

Das Bild der Fürstin Henriette Luise Wilhelmine, seiner Gemahlin von 1767 an, bleibt dagegen diffus. Im Verhältnis zum gern lebenssprühend geschilderten Gatten wirkt es sogar eher trüb und uninspirierend. Die negative Würdigung, die ihr der Wörlitzer Propst Friedrich Reil in seiner 1845 erschienenen Biographie Franz von Anhalt-Dessaus angedeihen ließ (» … die launenhafte Sentimentalität der Fürstin«), gab vor, wie Luise im Gedächtnis der Nachwelt ihr historisches Schattendasein auszufüllen hatte: als eine Gescheiterte, bei allem heute ein wenig scheinheilig anmutenden Respekt vor den »hohen Gaben des Geistes und Gemüts«. Denn, so meinte der Biograph Reil, es zöge sich »durch ihr Leben eine fast immerwährende Klage, der fast ununterbrochene Ausdruck von Leid und Schmerz. Sie litt an der damaligen Krankheit sentimentaler Schwärmerei, suchte Ideale, welche die Erde nicht bietet und erfuhr Enttäuschung auf Enttäuschung ... und verdunkelte durch unfruchtbare Selbstpeinigung den reichen Glanz, den das Leben um sie breitete.«

Eine Darstellung, die niemanden ermutigen konnte, mehr als Enervierendes, bestenfalls Bemitleidenswertes im Leben der Fürstin zu erkennen. Die Verschwiegenheit ihrer wenigen wirklichen Freunde, ihre eigene Diskretion und die nicht zuletzt durch chronische Krankheiten bedingte Misanthropie Luises taten ein übriges, ihre Bedeutung für den Dessau-Wörlitzer Kulturkreis zu schmälern. Heute mag es verführerisch sein, die so komplexe Erscheinung der Fürstin auf die Figur des armen Opfers in einer unseligen Ehegeschichte zu reduzieren. Daß ein dominierender Ehemann und »Womanizer« einer sensiblen Frau von Jugend an nachhaltig schaden konnte, ist einsehbar; daß Luises dauerhafte Veranlagung zu allergischen Hauterkrankungen, daß ihr »Hörsturz« und ihre sich anschließende starke Schwerhörigkeit aus heutiger Sicht psychosomatische Krankheiten sind, ist keine Frage.

Wer zwischen den Zeilen von Briefen und erreichbaren Selbstzeugnissen der am fürstlichen Leben Beteiligten zu lesen versucht, erfährt allerdings, was ohnehin evident ist: daß die Verhältnisse im Zeitalter von Fürstenherrschaft und Empfindsamkeit ungleich komplizierter waren als der Schattenriß, den das schwarzweiße Bild vom vitalen Ehemann und der frigiden, in die Krankheit flüchtenden Gattin abgibt. Ganz ohne Freuden, so läßt sich aus manchen Briefpassagen schließen, war Luises Leben nicht. Darüber hinaus ist offensichtlich, daß Respekt und Zuneigung im Umgang des Paares fortlebten – und dies wohl mehr, als der Konvention genügt hätte.

Die in den achtziger Jahren erfolgte »Trennung ohne Scheidung« und die morganatische Ehe des Fürsten mit Luise Schoch, der Tochter des Wörlitzer Gärtners, hatten zumindest die Situation geklärt und den Fortgang jener »Szenen einer Ehe« verhindert, die Franz viel später und leider ebenso indiskret wie naiv, für seinen Biographen noch einmal aufleben ließ: »Ihr Eigensinn, der zuweilen in Starrköpfigkeit ausartete (war mir) unerträglich. Sie gewährte mir nicht immer, was ich mit Recht verlangen konnte. Wollte ich schlafen gehen, so hörte sie nicht auf Klavier zu spielen ... Auch ihr Umgang mit gewissen Gelehrten und Künstlern, und die Art, wie sie mit denselben verkehrte, gefiel mir nicht. Ich sah darin eine gewisse Zurücksetzung meiner eigenen Person.«

Den Besuchern des heutigen »Gartenreichs« tritt Luise von Anhalt-Dessau, Tochter des Markgrafen von Brandenburg-Schwedt, eine Nichte Friedrichs II. von Preußen und über ihre Mutter eine Cousine von Fürst Franz, in zwei Ganzfigurenportraits entgegen: Im Speisesaal des Wörlitzer Schlosses hängt die Kopie nach einem konventionellen Gemälde des Hofmalers Lisiewski und in der Anhaltinischen Gemäldegalerie des Schlosses Georgium in Dessau das 1799 entstandene Bildnis von Johann F. A. Tischbein. Bei aller ihr nachgesagter Lebhaftigkeit im Umgang mit vertrauten Menschen, als vitale Schönheit lebt Luise weder in diesen Bildern weiter noch war sie es tatsächlich. Doch ist der à la mode gekleideten Dame gerade in der von Tischbein bevorzugten empfindsam-nachdenklichen Pose anzumerken, daß ihr der Ruf einer klugen Frau vorausging.

»Zu den gebildetsten und geistvollsten ihres Geschlechts« zählte sie der Dichter Friedrich von Matthisson; er schätzte sich glücklich, Mitte der neunziger Jahre von Luise als »Vorleser und Reisegeschäftsführer« ihrer Italienreise engagiert worden zu sein (»... und ich halte dieses Ereignis für das günstigste meines ganzen Lebens«). Die Fürstin, so berichtet Matthisson seinem Schweizer Freund Bonstetten im Januar

3 Christian Friedrich Reinhold Lisiewsky, Portrait der Fürstin Luise von Anhalt-Dessau, Öl auf Leinwand, um 1769, Kulturstiftung DessauWörlitz

1795, »war unter den Prinzessinnen des preußischen Hauses stets diejenige, welche Friedrich der Große durch die unverkennbarste Auszeichnung ehrte … Das Auge der Fürstin von Dessau hat viel von dem Auge Friedrichs, so wie denn überhaupt in ihrer ganzen Physiognomie des preußischen Urstammes Originalzüge sich Strich für Strich wiederfinden.«

Der Preußenkönig – und auch dies ist ein Aspekt der glücklosen Ehegeschichte – war eben jene Person, von der Franz von Anhalt-Dessau sich politisch wie privat abzusetzen bestrebt war. Doch Friedrich II. bestimmte seine 15jährige Nichte dem zehn Jahre Älteren zur Frau; die Hochzeit fand zwei Jahre später in Charlottenburg statt. So wurde das Haus Anhalt-Dessau im Interesse des Preußenkönigs davor bewahrt, daß der junge Regent Franz das Land verließ, um nach seinem Wunsch in England mit seiner ersten bürgerlichen Geliebten und dem gemeinsamen Sohn (dem späteren Grafen Waldersee) das Leben eines Privatiers zu führen.

Nach Friedrich dem Großen nannte das fürstliche Paar den 1769 geborenen Erbprinzen; zuvor hatte Luise eine Fehlgeburt erlitten und den Tod einer Tochter wenige Stunden nach deren Geburt erlebt. Daß sie sich später mit »Ziehtöchtern« umgab; daß sie hinnehmen mußte, wie der Fürst ein gemeinsames Essen abbrach, weil ihm Luise Schoch im »Gotischen Haus« von Wörlitz eine Tochter geboren hatte; daß dort drei Töchter heranwuchsen – all dies verzeichnete die Fürstin mit wortarmer Contenance in ihrem Tagebuch.

Je mehr »der Fürstin Ohr … ihr eine festbestimmte Zurückgezogenheit zum Lebensbedürfnis machte« (Matthisson), um so stärker mag sich ihr Hang zur Selbstbeobachtung ausgeprägt haben. Die meisten Tagebuchaufzeichnungen existieren bis heute, sogar in unterschiedlichen Varianten, in deutschen und französischen Versionen und von Luise selbst wie von Matthisson verfertigten Zusammenfassungen und Abschriften. Der bislang nur teilweise transkribierte, im Anhaltinischen Landesarchiv von Oranienbaum bewahrte Lebensbericht wartet darauf, durchgängig gesichtet und publiziert zu werden.

Nicht von der zurückhaltenden Luise, sondern von einem der »schreibenden Frauenzimmer« – einer neuen Spezies in der Literaturszene des 18. Jahrhunderts – stammen deutliche Worte zum Leben in Wörlitz und Dessau: Notizen, die Elisa von der Recke bei ihrem Besuch im Januar 1795 ihrem Tagebuch anvertraute. Es waren Stoßseufzer einer ebenso empfindsam reagierenden wie beherzt sich äußernden Schriftstellerin, der die fürstliche Freundin schlicht leid tat. Was die Besucherin veranlaßte, sich zwar schweigend schriftlich Luft zu machen, doch später in ihre eigenen Aufzeichnungen zensierend einzugreifen.

»Dessau, d. 29. Jan. 1795. Wieder sind zwei Tage unseres Lebens verschleudert – keine Spur unserer Existenz lassen diese Tage hinter sich … was mich … hier unsäglich bedrückt, ist, daß ich bemerke, daß meine edle Fürstin und ich dem gutmüthigen Fürsten, dem Erbprinzen und also dem ganzen Hof zur Last sind. Wir verbittern uns gegenseitig unsere Stunden.«

Dennoch: So ganz ohne Reiz scheint der Aufenthalt für Elisa von der Recke auch nicht gewesen zu sein. Denn zwei Monate später hält sie sich weiterhin in Gesellschaft der Fürstin in Wörlitz auf: »Wie könnte man sich hier im Kreise gewählter Freunde seines Daseins freuen, wenn der Besitzer dieser schönen Anlagen Sinn für gesellige Freuden und sokratischen Lebensgenuß hätte ... Mich machte mein heutiger Spaziergang traurig, weil der Gedanke mich bedrückte, daß ein im Grunde so gutes Menschenpaar, als der Fürst und die Fürstin von Dessau sind, sich gegenseitig drücken, weil sie einander mißverstehen …«.

Nur im »kultivierten Mittelstande«, so kommentierte die adlige Schriftstellerin, sei »wahre Glückseligkeit und fröhlich weiser Lebensgenuß zu finden«: Eine Erkennt-

4 Joseph Friedrich Darbes, Portrait der Elisa von der Recke, Öl auf Leinwand, 1785, Gleimhaus Halberstadt

nis, die sich offenbar auch Luise von Anhalt zu eigen machte, wenn sie ihren diversen Ärzten, darunter dem klugen und einfühlsamen hannoverschen Hofarzt Zimmermann freundschaftlich begegnete, oder wenn sie Johann Kaspar Haefeli, dem beinahe gleichaltrigen Schweizer Prediger und Schüler Lavaters, ihr Vertrauen schenkte, der in den achtziger Jahren auf Empfehlung seines Mentors als Geistlicher an der Wörlitzer Kirche amtierte.

Luise, das melancholisch gefärbte Modell einer Frauengestalt der Empfindsamkeit, hatte einen ausgeprägten Sinn für »Seelenbünde« – eine Begabung, die den Gatten irritierte und Herzensfreundinnen wie die Damen von der Recke, von Berg oder Jenny Möser, verheiratete von Voigts, zu allerlei Reflexionen über die Verfassung der »angebeteten Fürstin« animierten. »Möchten Sie doch endlich Lavater kennenlernen. Ich flehe Gott an, diesen brünstigen Wunsch Ihres Herzens zu erfüllen«, schrieb Jenny von Voigts an Luise und sprach aus, was viele Damen, auch sie selbst, gern erlebt hätten. Johann Kaspar Lavater (1741–1801), der Züricher Prediger, in Sturm-und-Drang-Zeiten mit Herder und Goethe befreundet, war auch Verfasser der »Physiognomischen Fragmente zur Beförderung der Menschenkenntnis und Menschenliebe«, eines 1775 bis 1778 erschienenen Werks, das nicht nur die junge literarische Öffentlichkeit, sondern auch diverse Zirkel kluger Frauen begeistert aufnahmen.

Im Herbst 1783, aus Anlaß eines Aufenthaltes des noch gemeinsam reisefreudigen Paares in Zürich, machten Franz und Luise die Bekanntschaft des berühmten Predigers, dem Goethe »eine Anmut ohne Gleichen« bescheinigt hatte. Und Monate später konnte Karoline von Berg geradezu jubilierend feststellen, sie habe »es vorausgesehen, wie Lavater auf Luise wirken würde«: »Gott vergelte es dem Fürsten, daß er Sie zu ihm geführt hat, daß er ihn Ihnen nicht nur bloß gezeigt als eine der Raritäten unseres Jahrhunderts, sondern Sie auch beysammen waren in ruhigem Dasein.«

Luise wohnte bei Lavater und seiner Familie. Sie erlebte deren Freundeskreis. Sie genoß die Natur. Sie fühlte sich wohl. Und während Lavater, der vielseitig begabte Schweizer Pietist, in den folgenden Jahren dem Fürsten als Kenner mittelalterlicher Kunst und Käufer Schweizerischer Glasmalereien dienlich war (die ihren Platz in den Fenstern des »Gotischen Hauses« erhielten), wurde er der Fürstin Tröster und Berater: die »liebe«, die »theuerste Seele«, wie sie ihn in den privatesten ihrer Briefe und Billette anredete.

Ein »l'ange conducteur und maître de plaisir«, wie Wilhelm Hosäus, Herzoglich Anhaltinischer Geheimer Hofrat, in seiner 1888 in Dessau erschienenen Schrift über Lavaters Beziehungen zum Fürstenpaar streng befindet: »Doch war die Wahl der Fürstin eine glückliche nicht zu nennen.« Der Kirchenmann, so Hosäus, habe es »namentlich Frauen gegenüber … bisweilen an der notwendigen geistlichen Zurückhaltung fehlen« lassen, überdies hätten sich in seinen Schriften »Glauben und philosophisches Raisonnement« mit »abenteuerlicher Phantasterei« verbunden.

Gleichwohl, die Harmonie war groß. Luise lebte auf. Der Fürst bediente sich Lavaters als Berater in Ehefragen: » … Zu meinem moralischen Wohlbehagen würde es viel beytragen, wenn meine liebe Luise einer besseren Gesundheit genügte und ich nur etwas zu ihrer Zufriedenheit beitragen könnte.« Er bedeutete dem »Herzlich Geliebten« zugleich auch ganz pragmatisch: »Was ich gestern bei dem Auspacken der Kiste … fand, ist wahrlich zu viel, zumal du, mein Lieber, nichts von mir annehmen willst. – Die Sachen sind alle so schön, daß deren Anschauen Freude machen muß.«

Nach Elisa von der Recke diente Lavater der fürstlichen Freundin ganz im Sinne seiner emphatischen Möglichkeiten: Er hatte es ihr zur Pflicht gemacht, täglich »eine eingehende Herzensprüfung vorzunehmen und über ihre Empfindungen, Stimmungen und Gedanken genau Tagebuch zu führen, ihm dergleichen Berichte sodann …

5 Wörlitz, Labyrinth, Rondell mit der Büste Johann Kaspar Lavaters, 1784 errichtet

6 Portrait der Fürstin Luise von Anhalt-Dessau, Aquarell in Portefeuille mit handschriftlicher Widmung Johann Kaspar Lavaters, um 1780, Österreichische Nationalbibliothek Wien
Widmung:
»Luise von Anhalt-Dessau / gebohrne von Brandenburg-Swedt / Deinen lieben Blick voll Himmelanschmachten / der Sehnsucht. / Deiner Lippen begegnende Huld. Dein Wesen voll / Güte. / Deiner Seele Größe, Du Königin unter den Frauen – / Zeichnen nicht Pinsel nicht Farbe, nicht Worte des / Redners und Dichters. / Etwas, etwas nur davon ist dem Bilde gegeben, / aber Kraft fehlt, Licht und Leben und Liebe und Geist / fehlt.«

zuzusenden und seine Bemerkungen, Warnungen, Ermunterungen darüber zu vernehmen« (Hosäus). Aus heutiger Sicht eine durchaus einsehbare Therapie, die den dringlichen Befragungen des Leibarztes Zimmermann nach Details von Psyche und Physis seiner Patientin gar nicht so unähnlich war. Es mag mehr als pure Seelenfreundschaft gewesen sein zwischen dem philosophierenden Prediger und seiner aufblühenden Jüngerin. Ein Briefwechsel begann, sehr höflich und ein klein wenig überschwenglich. »Lieber Lavater«, so Luise, »Ich kann Ihnen nicht beschreiben, welche Freude mir Ihr liebes Zettelchen machte … ach, ich war lange nicht so glücklich, und dieser neue Beweis Ihres gütigen Angedenkens, den ich nicht zu hoffen wagte, freut mich um so mehr … .« Dagegen Lavater an Luise am 7. 9. 1784: »Was soll ich der Nahesten und Fernsten Aller meiner Lieben schreiben? Ach! Wäre ich stark genug für mich? Liebend genug gegen Sie, zu versprechen nicht mehr – keine Sylbe mehr zu schreiben, bis ich ein einziges Wort schreiben kann … aber so stark, so liebend bin ich nicht.« Im April 1785, wiederum Lavater an die Freundin: »Liebe Seele! Ich schreibe itzt in der Stube, wo Dein Bild gegenüber dem meiner Frau hängt und mich von der linken Seite her ansieht an einem kalten letzten Aprilmorgen.«

Und Luise antwortet auf des Freundes bald ernsten, bald »tändelnden« Ton stets animiert. Zunächst nennt sie unter dem Eindruck ihres Besuchs das wenig ältere Ehepaar Lavater »Mama« und »Papa«. Dann beläßt sie es wieder bei der »lieben Seele« und schildert auch Alltägliches: »Heute zu mittag aß der Fürst von Coethen bei uns, er kam ganz unvermutet … ein halben Kopf größer als mein F.: und doch zwey mal so dick und stark.«

In ihren privaten Billetten unterzeichnet die Fürstin mit einem durchaus energischen »L.« – so wie ihre Schrift überhaupt in solchen Äußerungen lebendiger, schwungvoll fließender und leider auch schwerer entzifferbar wird als in den höfisch elegant geschriebenen Botschaften.

Lavater, über einige Jahre die einflußreichste Figur im Umkreis des Fürstenpaares, hatte, als Ratgeber beider Seiten, wohl entscheidenden Anteil an der gütlichen Trennung. Er wirkte generell aufbauend. Er huldigte, etwa mit einer persönlichen Abschrift von Goethes »Iphigenie«, den literarischen Interessen Luises. Er war sich auch für große Worte und schlechte Verse nicht zu schade – zum Beispiel in seinen Preisgedichten zu Luises Geburtstag am 24. September: »Gesegnet sei der frohe Tag/ Den jeder Jubel singen mag …«.

Doch irgendwann im Jahre 1786 kam es an einem Punkt dieser vielschichtigen Allianz, die niemand durchschauen wollte oder konnte, von seiten Lavaters zu »jener schrecklichen Indiskretion in den heiligsten Dingen der Freundschaft« (Karoline von Berg), jenem nie geklärten Ereignis, daß die Verbindung zwischen Luise und Lavater abrupt beendete – eine Beziehung, die Franz »so gern hätte fortdauern sehen«. Hosäus spricht davon nicht, zitiert aber abschließend zwei merkwürdige, der Fürstin gewidmete Botschaften als Vermächtnis des an den Folgen eines Attentats 1801 gestorbenen Lavater: »Den guten violetten Winterrock, den mir 1783 die Luise von Dessau schenkte, den ich alle Winter trug, der nun so abgetragen ist, daß Mama und Luisa (die Tochter) ihn nicht mehr tolerieren wollen, gab ich gestern mit Wehmut weg.« So lautet das eine Billett an Luise. Und das andere: »Volle ganze Liebe will ein Ganzes besitzen, wie sie ein Ganzes gibt; sie versteht es nicht, sich mit Verhältnissen abzufinden, die nur einen einseitigen Genuß gewähren.«

Da Luise und Franz von Anhalt-Dessau – wohl auf Veranlassung der Fürstin – Lavater nach 1786 dessen Briefe zurückschickten, sind eine Anzahl ihrer schriftlichen Zeugnisse – wenn auch nicht die komplette Korrespondenz – im Lavater-Archiv der Züricher Zentralbibliothek erhalten und dankenswerterweise im Original einsehbar, doch sind sie wie das gesamte »Fürstinnen«-Kapitel noch nicht bearbeitet. Die hier angeführten Zitate verstehen sich deshalb auch als Anregung zur weiteren Auseinandersetzung mit dem Thema.

Die Skizze vom Leben der Fürstin von Anhalt-Dessau ließe sich als die Krankengeschichte einer vom Leben enttäuschten Frau fortführen. Sie litt an sich selbst und ihrer Umwelt, zudem nicht minder an den Malaisen ihrer Zeit – Zahnbeschwerden, fiebrigen Infektionen, Nachwirkungen von Unfällen mit der Kutsche. Darüber hinaus brachte es ihr gesellschaftlicher Status mit sich, daß sie vermutlich zu viele Ärzte konsultieren und zu viele Badekuren unternehmen konnte. Doch abgesehen von erfolglosen Karlsbad-Kuren und froheren Reisen in die Schweiz oder von Aufenthalten im Haus der Künstlerfamilie Hartmann in Stuttgart, erlebte Luise zumindest ein langes glückliches Jahr: Es war 1795/96, die Zeit der Italienreise mit kleinem Gefolge (darunter Friedrich von Matthisson), zu dem sich die Dichterin Friederike von Brun mit ihren Kindern gesellte. Luises »tiefer und feiner Kunstsinn« sollte »nun in Rom die letzte Götterweihe durch die Antiken und Raphael erhalten«, meldete Matthisson dem Freund Bonstetten.

In seinen 1814 publizierten Erinnerungen hatte der Dichter zuvor des »reichangebauten Geistes« und der »Fülle herrlichen Gemüthes« der Fürstin gedacht; auch ihres Umgangs mit der Literatur: »Sehr interessant ist es, in ästhetischer und psychologischer Hinsicht, ein von der Fürstin gelesenes Buch zu durchblättern, weil sie niemals anders zu lesen pflegt als mit der Feder oder dem Bleistift in der Hand … Klopstocks Oden sind beinahe lauter Strich … Der meisten Doppelstriche hat sich aber Göthe zu erfreuen, besonders in der ›Iphigenia auf Tauris‹ und im ›Torquato Tasso‹.« In den Abendstunden allerdings seien nur französische Werke vorgenommen worden: Denn »weit vernehmbarer ist ihr das Französische, wie das Deutsche. Meistens fällt ihre Wahl auf Reisebeschreibungen und naturhistorische Werke. Zuweilen wird auch eine Tragödie von Corneille, Racine oder Voltaire gelesen, worin denn die Fürstin gewöhnlich selber eine Rolle deklamiert.«

Rousseaus Schriften kursierten längst im Freundinnenkreise. Und das Fürstenpaar, das bereits 1773 auf der Rückreise von England in Paris Station gemacht und am 16. Oktober inkognito Jean-Jacques Rousseau (1712–1778) besucht hatte, weihte vier Jahre nach dessen Tod dem bewunderten Philosophen die Wörlitzer Gedenkinsel nach dem Vorbild im Park von Ermenonville. Der aufschlußreiche Wortlaut der Tagebucheintragung Luises findet sich im Frankfurter Katalog zum »Weltbild Wörlitz«,

7 Ferdinand Hartmann, Portrait des Friedrich von Matthisson, Öl auf Leinwand, 1794, Gleimhaus Halberstadt

1996. Ungern, so heißt es am Schluß des Rousseau-Besuchs, habe die damals 25jährige den Philosophen verlassen, »weil ich denken mußte, ihn nie wieder zu sehen, und da ich nuhn selber gesehen, daß das Urtheil der Leute über ihn doch falsch wegen seines humeurs wahr, so glaube ich auch, man hätte ihm in vielen stüken unrecht gethan und denke gewiß, daß dieser Mann nachdehm man mit ihm umzugehen wüste, ein sehr angenehmer und den Verstand nützlicher Gesellschafter wäre.«

20 Jahre später und ungeachtet der Mitteleuropa erfassenden Kriegswirren begab sich Luise von Anhalt-Dessau auf ihre eigene Grand Tour nach Italien – und fand neben ärztlichem Rat und neuen Erfahrungen an den Stätten der Antike und der neueren Kunst eben jene »angenehmen« Gesellschafter, die sie Zuhause vermißte. Die Traubenkur am Luganer See, die medizinischen Kapazitäten in der Schweiz und in Pavia – was bedeutete das gegenüber dem Erlebnis des »berühmtesten Saumthierpfades von Europa«, des Gotthard-Passes, den sie mit ihrer Reisegesellschaft zu Pferde überquerte. Und was konnte schöner sein als die Wanderungen durch Rom, geleitet vom »gelehrten und liebenswürdigen Alterthumskenner« Aloys Ludwig Hirt, dessen »wahrhaft romantische Bankette auf dem Palatin«, efeubekränzt und heiter, Matthisson in seinen Erinnerungen ausgiebig würdigt. Wer übers Gebirge ritt, Flüsse in unsicheren Kähnen überquerte, auf Eselsrücken »an einem Zaubertage« die Albanerberge durchzog und bei »blühender Erde« ein Freundschafts- und Naturfest zu feiern imstande war, konnte so krank eigentlich nicht sein.

Matthisson beschreibt nur die schönen Erfahrungen der Fürstin. Etwa die Begegnung mit Angelika Kauffmann in deren Wohnung auf der Höhe von Trinita di Monte. Luise hatte die Malerin 1774 bei ihrem Londonaufenthalt kennengelernt. Nun erneuerte sie die Bekanntschaft mit der »stillen, vestalenhaften« Frau. Und erzählte mit der ihr eigenen Lebendigkeit, was immer »interessant und wichtig seyn konnte, indes die wiedergefundene Freundin an der Staffelei fortmalt«.

Der Dichter und Reisebegleiter erwähnt auch einen Kunsterwerb: »Ein ... großes Gemälde, worauf Amor mit einer Locke seines reichen goldenen Haarschmucks der trauernden Psyche den Thau der Wehmuth vom Auge trocknet, ward nun für dreihundert Zechinen erkauft, und in der That ist das vortreffliche Bild diese Summe unter Brüdern werth. Dem hohen Range des Gemäldes entspricht vollkommen das ihm bestimmte Lokal. Ich meine der Fürstin Sommerhaus Luisium bei Dessau ...«. Angelika Kauffmann malte auch ein Portrait Luises, und Matthisson bedauert, daß das Bildnis der fürstlichen Freundin »mit ihres Kolorits gewohnter Harmonie und Kräftigkeit« doch leider »im Hauptpunkte«, der Ähnlichkeit, nicht getroffen wurde: »Der Kopf erscheint viel zu idealisch und mahnt nur schwach an die Charakteristischen Züge des Urbildes«.

Bei einem Ausflug nach Neapel wurde Luise von dem Landschaftsmaler Philipp Hackert geführt, »einem Preußen mit Leib und Seele« und dazu einem Meister der Tischkultur: »Er gab der Fürstin Mittagstafeln ... , wobei Prunk, Geschmack und Liberalität sich harmonisch vereinigten. Sogar die Angora-Katze Marchesina, des Künstlers Liebling, speiste von Silber.«

In Neapel verweigerte sich Luise »unter allerlei nichtigen Vorwänden« einer Einladung bei der als notorisch freizügig bekannten Lady Hamilton. »Wie von magischer Kraft ... und durch ächtes Verdienst ... angezogen« wurde die Fürstin allerdings von Sir William Hamilton, um doch so bald als möglich nach Rom zurückzukehren, Ausflüge zu unternehmen und »ihrer schwärmerischen Neigung für die alte Tiberstadt« nachzugehen. Nirgendwo, weder in Paris, London oder sonst »auf irgendeiner Stelle des Erdbodens«, habe Luise sich so »vollkommen wie einheimisch gefühlt« (Matthisson).

8 Karl Ludwig Buchhorn nach Angelika Kauffmann, Amor und Psyche, Punktierstich, 1804, Privatbesitz

9 Dessau, Luisium, Pegasusbrunnen, Detail, 1781–1782

»In jener Villa möcht' ich den Lebensabend still und unbekannt vorbeischwinden sehen«, soll sie an der Cestius-Pyramide auf dem protestantischen Friedhof Roms gesagt haben: »Dort würde mir ohne Wolken das Leben sich neigen und hier ein einfacher Stein die Grabstätte der guten deutschen Einsiedlerin bezeichnen.«
Das Leben der Fürstin ging nach ihrer Rückkehr still weiter. Sie wohnte in Luisium oder im »Grauen Haus«, dem neugotisch-bürgerlichen Gebäude neben der Wörlitzer Kirche. Badekuren und Schweizreisen folgten, Krankheiten nahmen überhand, die Taubheit wuchs, und die Haut- und Augenentzündungen entwickelten sich bedrohlich.
Vom Wörlitzer Schloß und den bis heute erhaltenen, von Erdmannsdorff so meisterlich gestalteten Räumen der Fürstin ist nie wieder die Rede. Die junge Luise hatte einst mit Vergnügen an der Herstellung der Dekorationen mitgewirkt – so wie sie auch Hunderte von Stecklingen lombardischer Pappeln im Park gesetzt hatte. Vorbei dies alles.
Doch kann man sich schwerlich vorstellen, daß Eleganz und Wohnqualität der »villa suburbana« in Luisium der Fürstin nicht doch eine gewisse Behaglichkeit vermittelten. »In einem so eingeschränkten Raum kann nicht mehr Bequemlichkeit, Schicklichkeit und Geschmack herrschen«, hatte August Rode 1801 geschrieben. Der Dessauer Hofmann, Schriftsteller und Autor des ersten Wörlitzführers, hatte das private Haus Luises in seinen Schilderungen zunächst ausgespart. Und wäre wohl auch weit davon entfernt gewesen, deren Einfluß auf die Gestaltung zu erwähnen.
Das Landhaus wird gegenwärtig restauriert: Der Saal mit den gemalten Allegorien der weiblichen Tugenden und den animierenden Stuckmarmor-Pilastern. Die Salons mit den hohen Fenstern zum Park, der »pompejanische« Raum und auch der, in dem »Amor und Psyche« hing... Das Schlößchen soll 1998, am Geburtstag Luises, wieder eröffnet werden. Und bereits im unfertigen Zustand wirkt es, als müßte die Fürstin entscheidenden Anteil an dessen Dekorationsprogramm gehabt haben. Nach allem, was ihre Lebenszeugnisse mitteilen, kann es nicht anders sein. Nur ist dies nirgendwo dokumentiert. Wie so vieles.
Luise von Anhalt-Dessau starb am 21. Dezember 1811 im Hause Caroline von Hills, der Witwe ihres Schwagers in Dessau. Zunächst in der Residenzstadt beigesetzt, fand sie 1822 eine Ruhestätte an der Seite des 1817 verstorbenen Franz von Anhalt in dem von einem Obelisken gekrönten Turm der Dorfkirche von Waldersee. Kirche und Turm, in bejammernswertem Zustand, werden ebenfalls restauriert. So bleibt das Grabmal bis auf weiteres verborgen. Auch dies ein Grund, sich dem Leben der Luise zuzuwenden.

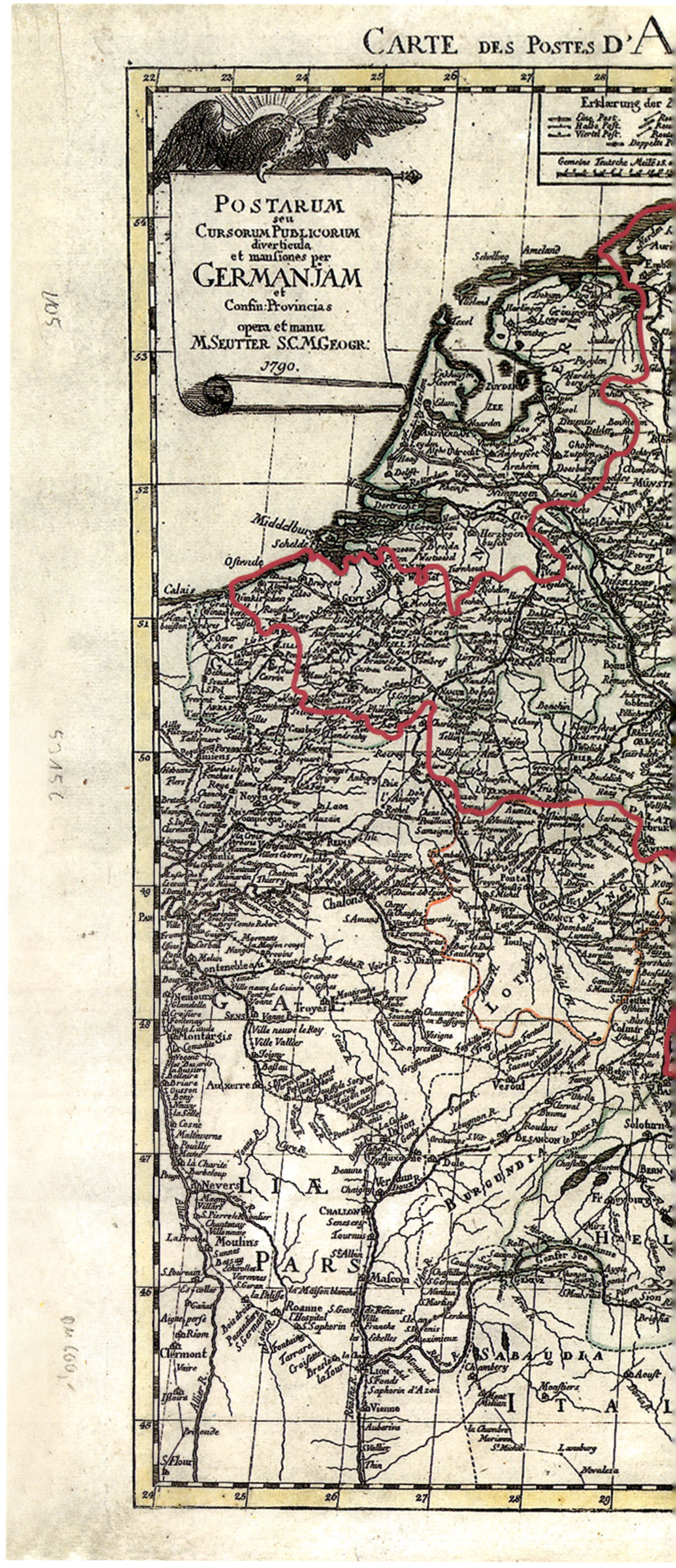

Carte des Postes d'Allemagne et de Pays Voisins, 1790 (Kat. Nr. 1)

- Grenzen des Heiligen Römischen Reiches Deutscher Nation um 1790 (schematisch)
- Umriß des Fürstentums Anhalt-Dessau um 1790 (schematisch)
- Lage der Besitzungen des Fürstentums Anhalt-Dessau im Königreich Preußen (Ostpreußen)

EMAGNE ET DE PAYS VOISINS, AUGSBOURG CHEZ MATTHIEU, SEUTTER GEOGR.
MARE BALTHICUM
PREUSSEN
SACHSEN
POLONIÆ
PRUSSIA
HUNGARIÆ PARS
CARNIOLA
CROATIA
SLAVONIA
GOLFO di VENETIA
zu finden in Augsburg bey Johann Michael Probst

»J'EUS LE BONHEUR DE VOUS ACCOMPAGNEZ...« FRIEDRICH WILHELM VON ERDMANNSDORFFS REISENOTIZEN DES JAHRES 1764

Thomas Weiss

»Where order in variety we see,
And where, tho' all things differ all agree.«
Alexander Pope »Windsor Forest«

Einführung

Die Reisen des Fürsten Leopold III. Friedrich Franz von Anhalt-Dessau (1740–1817) und seiner Begleiter durch verschiedene Länder Europas in der zweiten Hälfte des 18. Jahrhunderts und die dabei gesammelten Eindrücke waren ohne Zweifel die wichtigsten Inspirationsquellen bei der Gestaltung des heute sogenannten Gartenreiches Dessau-Wörlitz. Bis jetzt hat diese Kulturlandschaft von europäischem Rang als integraler Bestandteil des »Biosphärenreservates Mittlere Elbe« kaum etwas von ihrer einzigartigen Aura der Authentizität eingebüßt (zumindest was die Kernbereiche anbetrifft). Sie repräsentiert als Vermächtnis ihres fürstlichen Gründers (und vieler seiner Helfer) in unvergleichlicher Weise die Zeit der Aufklärung in Deutschland.
Besonders der um vier Jahre ältere Lebensfreund und Baumeister des Dessauer Fürsten, Friedrich Wilhelm von Erdmannsdorff (1736–1800), ein fast ausschließlich autodidaktisch gebildeter Mann, profitierte von der Teilnahme an diesen Studienreisen. Durch sie wurde er erst zu dem schöpferischen Architekten, der mit geradezu erleuchtenden Ideen den frühklassizistischen Baustil – wie wir ihn beispielsweise durch das Wörlitzer Schloß kennen – in Deutschland etablierte.
Wie es zu diesen außergewöhnlichen Leistungen – insbesondere auf dem Gebiet der Architektur und Landschaftskunst, aber auch in der Agrarwirtschaft sowie im Sozial- und Bildungswesen – kam, ist neben dem Studium der Sachzeugen selbst maßgeblich durch das überlieferte schriftliche Quellenmaterial – besonders durch die Reiseberichte – erst in seiner Komplexität zu erschließen. Bedauerlicherweise sind diese oftmals sehr individuellen Erinnerungen nicht sehr zahlreich, so daß in der Vergangenheit insbesondere den zwei in der Anhaltischen Landesbibliothek in Dessau aufbewahrten, in französischer Sprache abgefaßten Reiseberichten von Friedrich Wilhelm von Erdmannsdorff[1] und Georg Heinrich von Berenhorst[2] ein außerordentliches Gewicht beigemessen wurde. Hauptsächlich diesen ausführlichen Tagebüchern über die große Kavalierstour der Dessauer Bildungsreisenden in den Jahren 1765 bis 1767 verdanken wir einen Großteil unserer heutigen Kenntnisse über die Zusammenhänge. Obwohl eine vollständige Transkription der Handschriften und eine entsprechend kommentierte Veröffentlichung dieser zeitgenössischen Zeugnisse erstaunlicherweise immer noch aussteht, ließen sich dennoch schon konkrete Vorbilder und Einflüsse für viele materielle und geistige Reformideen im Gartenreich ermitteln.
Allerdings wußte man bis heute über die erste offizielle Reise des Fürsten Franz von Anhalt-Dessau mit dem Ziel England, die für den Beginn der angestrebten Reformen, darunter der mustergültigen Landesverschönerung (seit dem Jahr 1764 in Wörlitz), ganz sicher eine seiner wichtigsten Unternehmungen in den Jahren 1763/1764 war, bedauerlicherweise kaum Bescheid. Lediglich durch einige Briefe[3] und durch die bemerkenswerten Veröffentlichungen von August (von) Rode[4] und Friedrich Reil[5], die

beide ihrem Landesherren persönlich eng verbunden waren, erhielt man einige vage Anhaltspunkte über die ungefähre Route dieser ersten Reise. Hier erfuhr man – neben der Reisedauer von etwa einem Jahr – jedoch eher in allgemeinen Formulierungen von seinem Interesse »für die großartigen Bauwerke, die herrlichen Parks, den Ackerbau und die Viehzucht, die Wiesenkultur und den Gartenbau«[6] auf dieser Insel. Darauf aufbauend, spekulierten in der Folgezeit viele Autoren weiter über den Reiseweg, wie beispielsweise E. P. Riesenfeld[7] und zahlreiche andere[8].
Warum sich Fürst Franz nicht, wie für kultivierte Menschen seines Standes damals üblich, zuerst nach Süden gen Italien orientierte, sondern sich für England als seinem ersten Reiseziel entschieden hat, können wir heute nur vermuten. Die Entscheidung für die Britischen Inseln zu diesem frühen Zeitpunkt ist um so erstaunlicher, als Erdmannsdorff im April 1763 kurz vor der geplanten Abreise eben erst von einem dreijährigen Italienaufenthalt – angefüllt mit den großartigsten Eindrücken – an den Dessauer Hof zurückgekehrt war, und seinem Landesherren mit Sicherheit erst einmal Bericht zu erstatten hatte.
Vielleicht war ein Grund dafür, zu diesem Zeitpunkt dennoch zuerst nach England aufzubrechen, daß der Fürst beabsichtigte, vorher noch in Holland an mehreren Orten Station zu machen, um dort den Wurzeln seiner oranischen Herkunft nachzuspüren. Bekanntlich verdankte der Kleinstaat Anhalt-Dessau im 17. Jahrhundert hauptsächlich seiner Urgroßmutter Henriette-Catharina, einer geborenen Prinzessin von Nassau-Oranien, wichtige Impulse in Wirtschaft und Kultur. Sich von Dessau aus auf die Reise »durchs Nieder=Land« nach »Engelland« zu begeben, hatte übrigens im Hause Anhalt Tradition. Schon Fürst Ludwig zu Anhalt-Köthen bereiste im Jahr 1596 diese Länder und hatte seinerzeit die Erlebnisse in »Deutsche Verse gebracht«[9].
Eher scheint die Entscheidung für die Britischen Inseln aber dem Verlangen entsprochen zu haben, in physische Berührung mit den Wirkungsstätten der großen englischen Landschaftsgestalter und Architekten zu kommen. Von ihnen erhoffte er sich wahrscheinlich die größte Inspiration für seine eigenen Wunschvorstellungen, die unwirtliche Gegend an Elbe und Mulde umzuformen.
Großbritannien, das Mutterland der Aufklärung, das auch durch die zeitgenössische Literatur zu einem Idealbild hochstilisiert wurde, war dem Kontinent ein Jahrhundert voraus und entsprach wohl am besten Franz eigenen aufklärerischen Vorstellungen. Im englischen Staatswesen, in der Literatur und in der Freiheit der Einzelpersönlichkeit sah er sein Idealbild verwirklicht und dort erhoffte er sich, Erfahrungen zu sammeln im Hinblick auf gemeinnützige Sozietäten. England galt aber seit den sechziger Jahren auch als führend in künstlerischen Dingen und in Geschmacksfragen. In seinem fast kultisch zu nennenden Enthusiasmus für alles Englische pflegte Fürst Franz von Anhalt-Dessau bekanntlich England später gerne sein zweites Heimatland zu nennen.
Mit Blick auf den Kreis von Personen, die Fürst Franz während seiner ersten Reise ganz gezielt aufgesucht oder eher zufällig getroffen hatte, fällt auf, daß einige von Ihnen eine antipreußische Haltung vertraten. So ist es schließlich durchaus möglich, daß er diese Reise auch aus dem Grund unternommen hat, im Stillen Verbündete zu suchen gegen die Übermacht Preußens und für einen von ihm selbst favorisierten Zusammenschluß verschiedener Kleinstaaten.
Es gehört zu den außergewöhnlichen Glücksfällen, daß wenigstens ein Fragment des Berichtes, den Erdmannsdorff über diese erste Reise der Jahre 1763/1764 verfaßte, vor kurzem in Privatbesitz entdeckt wurde. Dieses Fragment soll im folgenden nun erstmals veröffentlicht und mit Kommentaren versehen werden (Abb. 1).
Was fiel Erdmannsdorff während dieser Reise auf, was erwähnt er? Die Lektüre des hier in vollständigem Wortlaut abgedruckten Manuskripts in französischer Sprache (und einer modernen Übersetzung) erschließt uns einen ganz unmittelbaren Eindruck

von seiner persönlichen Auffassung über die während der Reise in unermüdlichen Besichtigungsprogrammen aufgesuchten Sehenswürdigkeiten. Es läßt sich dem Bericht entnehmen, wie stark die empfangenen Anregungen wirkten und wie weitgehend Erdmannsdorff schon Gewußtes durch die neuen Eindrücke vertiefen konnte. Gleichzeitig eröffnen Erdmannsdorffs Worte dem Leser völlig neue Perspektiven in der Beurteilung einer wichtigen Lebensphase der beiden Protagonisten des Dessauer Kulturkreises, die in dieser Zeit den Grundstein legten für ihren exquisiten Geschmack, was Bauten, Gärten und die schönen Künste ganz allgemein betrifft. Wir erfahren darüber hinaus Erdmannsdorffs erstaunlich offen formulierte Einschätzung wichtiger hochgestellter Persönlichkeiten, erkennen aber zugleich auch anhand von einigen Episoden die Wurzeln seiner Zuneigung für die angelsächsische Welt, die er mit dem Fürsten teilte.

Welche außerordentlich starke Wirkung die erste Auslandsreise ganz generell und speziell der Besuch der Britischen Inseln bei dem jungen Fürsten hinterlassen mußte, wird vor dem Hintergrund der politischen und wirtschaftlichen Lage des deutschen Kleinstaates Anhalt-Dessau deutlich. Wenige Jahre zuvor hatte Franz, geprägt von der pedantisch militärischen Strenge seines Großvaters und Feldmarschalls (Fürst Leopold I. von Anhalt-Dessau, der »Alte Dessauer«) sowie von der elternlosen Jugendzeit (seinen Vater Leopold II. Maximilian und seine Mutter Gisela Agnes, eine geborene Prinzessin von Anhalt-Köthen, verlor er schon im Alter von elf Jahren), die wesentlichen Weichen für seine künftige Entwicklung gestellt. Als eben erst 18jähriger übernahm er im Jahr 1758 die Regierung von seinem Onkel Fürst Dietrich, die dieser, als sein Vormund für die standesgemäße Erziehung zuständig, seit Ende des Jahres 1751 führte. Unter schwierigsten Umständen und in Erinnerung an seine eigene Kriegserfahrung als Kommandant des ehemaligen halleschen Regiments seines Vaters vor Prag hatte er seinen Onkel am 6. Oktober 1757 schriftlich gebeten, ihm seinen Abschied aus der preußischen Armee zu gewähren.[10] Wohlwollend antwortete ihm sein Onkel aus Dessau am 7. Oktober 1757[11] und Fürst Franz von Anhalt-Dessau verließ zwei Wochen später die preußische Armee.

Direkt nach der Übernahme der Regentschaft am 20. Oktober 1758 erklärte er mit erstaunlicher Zielstrebigkeit gegenüber Friedrich II. von Preußen die Neutralität seines Fürstentums im Siebenjährigen Krieg (1756–1763). Die daraus resultierenden preußischen Kontributionsforderungen gegenüber Anhalt-Dessau unter anderem an Soldaten, Geld und Naturalien dauerten bis zum Ende des Siebenjährigen Krieges an. Für den souveränen Kleinstaat und seine stark dezimierte Bevölkerung waren die Folgen der langen Kriegsjahre katastrophal. Sie zwangen den Fürsten zu einer äußerst sparsamen Haushaltsführung, und sein stiller Wunsch nach sozialökonomischen Reformen zur Beseitigung der Mißstände wurde immer offenkundiger.

Jedoch erst seit dem Hubertusburger Frieden vom 15. Februar 1763 änderten sich auch im Fürstentum Anhalt-Dessau die Lebensverhältnisse in Ansätzen, so daß der 22jährige Fürst nach einer neuen Stabilität auf der Grundlage vernünftiger Regelungen des gesellschaftlichen und politischen Lebens suchen konnte, die die individuelle Moral sowohl wie das Verhältnis der Staaten untereinander betreffen sollten. Um die Probleme grundsätzlich und langfristig zu lösen, schien ihm gewiß ein Studium der Verhältnisse in anderen als vorbildlich geltenden Ländern der einzig gangbare Weg, und so plante der Fürst immer konkreter seine erste große Studienreise, allerdings noch ohne die Reiseroute genau festgelegt zu haben.

Da jedoch auch nach dem Friedensvertrag preußische Forderungen erfüllt werden mußten, verschob er die Reise immer wieder, so daß er sich erst am 8. Juli 1763, sechs Tage vor der endgültigen Abreise, dazu entschließen konnte, die letzte Kammer-Instruktion mit insgesamt zwölf Paragraphen eigenhändig zu verfassen und selbst zu

1 Seite 27 des Manuskriptes von F. W. von Erdmannsdorff mit der Beschreibung der Stationen »Stow« und »Newmarket« in der ersten Oktoberwoche des Jahres 1763. Privatbesitz (Ausschnitt).

unterzeichnen.[12] Dies geschah hauptsächlich, um die Verhältnisse in seinem verarmten Land vor der mehrmonatigen Reise seinen Vorstellungen gemäß zu ordnen. Darüber hinaus wollte Franz zweifelsohne aber auch sein Gewissen etwas entlasten, da er sein Land gerade in einer so schwierigen wirtschaftlichen Situation alleine ließ, denn – so bemerkt er ausdrücklich in den Instruktionen – »sein und seines Landes Bestes [sollten] niemals von einander getrennt werden«[13].
Auf einer der Instruktion beigefügten Liste mit den Einnahmen und Ausgaben der Rentkammer sind zum Schluß »38573 Thlr. Ueberschuß« aufgeführt, »den ich zu meiner freien Disposition behalten will«[14]. Hieraus wird der Fürst auch die Finanzierung seiner kurz bevorstehenden Reise nach England bestritten haben.
Doch nicht nur die innenpolitischen Hintergründe im Lande bereiteten dem jungen Fürsten große Schwierigkeiten. Auch im Privatleben bedurfte es vor der Abreise möglicherweise noch einer Klärung im Zusammenhang mit einer Liaison zwischen ihm und Sophie (?) Eleonore Hoffmeier (geboren 12. November 1739) aus Dessau. Diese enge, nicht standesgemäße Beziehung mit der um ein Jahr älteren Bürgerstochter blieb bekanntlich nicht ohne Folgen. In Abwesenheit des Fürsten brachte sie am 5. September 1763 ihren ersten Sohn, Johann Franz Georg, später Graf von Waldersee, zur Welt. Um mit diesen Vaterfreuden und eventuell daraus resultierenden familiären Problemen nicht direkt konfrontiert zu werden (bekanntlich wurde er erst auf Drängen von Friedrich dem Großen im Jahr 1767 standesgemäß mit Luise Henriette Wilhelmine von Brandenburg-Schwedt [1750–1811], verheiratet), war es wohl ebenfalls diplomatischer, die Geburt seines ersten illegitimen Sohnes im Ausland zu erleben. Eleonore Hoffmeier, die dem Fürsten zwei Jahre später noch eine Tochter mit Namen Luise Eleonore Friederike gebar[15], heiratete am 12. November 1765. Adolf Heinrich von Neitschütz (Neidschütz) (1730–1772). Als Oberstallmeister des fürstlichen Hofes in Dessau (seit dem 20. 10. 1756) war er einer der Teilnehmer der ersten Reise nach England im Jahr 1763 und vom Fürsten deswegen wohl als besonders geeignet angesehen, die verantwortungsvolle Rolle des Vaters an seiner Stelle zu übernehmen.
Wenn auch das Sammeln von verschiedensten Eindrücken und die bevorstehenden neuen Erfahrungen im Ausland mit dem Ziel der Selbstbildung im Vordergrund der Entscheidung des jungen Fürsten Franz für eine Reise standen, so ist auch nachvollziehbar, wenn er angesichts der diffizilen Verhältnisse im eigenen Lande ganz einfach zunächst einen Ausbruch aus seinen bisherigen Lebensverhältnissen plante, um den unzähligen dienstlichen, gesellschaftlichen und persönlichen Verpflichtungen wenigstens für eine gewisse Zeit zu entfliehen.

Erläuterungen zum Manuskript

Im Herbst des Jahres 1764, also erst mehrere Monate nach der Rückkehr, verfaßte Erdmannsdorff auf ausdrücklichen Wunsch des Fürsten die Beschreibung der abwechslungsreichen Reiseerlebnisse sowie der bemerkenswerten Sehenswürdigkeiten in den besuchten Ländern. In einem Brief aus Dessau vom 13. September 1764 an seinen Landesherren, der sich damals gerade auf seinen ostpreußischen Latifundien bei Insterburg in Bubene (heute Bubainen) aufhielt, erwähnt er eben jenes Reisejournal, mit dem er gerade beschäftigt sei:» ... parce/qu'il me paroit que je ne puit vivre ici quand/Vous n'y etes point, que pour travailler avec/plus de loisir au journal de Votre voyage d'An-/gleterre...«[16].
Bei der Ausarbeitung seines Berichts diente ihm als eine wesentliche Grundlage und Gedächtnisstütze des individuellen Erlebens, Denkens und Fühlens vor allem – wie er im Fragment ausdrücklich erwähnt – sein »kleines Tagebuch« (das bis heute leider

noch nicht wieder aufgetaucht ist) und natürlich seine Erinnerung, die allerdings – wie er in höflicher Bescheidenheit auf der ersten Seite des Fragments an den Fürsten gleichsam entschuldigend schreibt – durch »meine geringe Aufmerksamkeit und die Schnelligkeit, mit der wir alles besichtigt haben«, beeinträchtigt ist. Dieser Hinweis des Autors ist für unsere Beurteilung des Berichtes wesentlich, denn Erdmannsdorff rekapituliert die Reise in zeitlicher Distanz. Eine Vorgehensweise, die für die damalige Zeit beim Verfassen von Reiseberichten durchaus üblich war. Kritisch reflektierend schildert er seine Erlebnisse, so daß die Frische des spontanen Eintrags von etwas gerade Erlebtem nun einer eher rational kühlen Berichterstattung gewichen ist.
Das jeweilige Datum am Rand der Aufzeichnungen wird in der Rückschau nur kursorisch und nicht konsequent Tag für Tag am Rand notiert. Erdmannsdorff hält es wohl nur bei einigen ereignisreichen Textpassagen, meistens wenn ein Ortswechsel vorgenommen wurde, zum besseren Verständnis des Lesers für nötig, den abgekürzten Monatsnamen und den Tag extra zu erwähnen. Die Tageszeit erfährt man ebenfalls nur sporadisch. Dies erfolgt dann direkt im Text, wenn er etwa »morgens« oder »mittags« als Zeitpunkt der Weiterreise nennt.
Die Reiseroute stand wohl zum Zeitpunkt der Abfahrt in Dessau am 14. Juli 1763 überraschenderweise noch nicht in allen Stationen endgültig fest, sondern hat sich mangels eigener Erfahrung des Fürsten Franz erst im weiteren Verlauf ergeben. Gerade im Hinblick auf die von Erdmannsdorff im Manuskript an einigen Stellen erwähnte »Schnelligkeit«, mit der die Reise durchgeführt wurde, verwundert die Streckenauswahl den Leser aus heutiger Sicht. Man fuhr nämlich nicht auf direktem Weg an die Kanalküste, sondern die Reisenden näherten sich auf dem Kontinent ihrem Ziel England in einem Zickzackkurs. Sie verließen Dessau in nordwestlicher Richtung, um anschließend von Hannover aus nach Frankfurt am Main zu fahren. Von dort aus ging es auf dem Rhein wieder nach Norden bis Düsseldorf, um dann in südlicher Richtung Lüttich anzusteuern. Weiter führte der Weg nach Amsterdam und dann entlang der Küste über Rotterdam, Gent, Antwerpen, Brüssel, Menin und Dünkirchen nach Calais. Bis heute gibt es hierfür keine Erklärung.
Ein besonders wichtiger Ratgeber in bezug auf die Routenwahl war zunächst der Gastgeber in Lucklum (der ersten Station), Daniel Christoph Graf von der Schulenburg (1716–1772) (Abb. 2). Als eine Persönlichkeit von großer Bildung kannte er England und viele der sehenswerten Orte auf dem Weg dorthin bereits aus eigener Anschauung. Später lernte die Dessauer Reisegesellschaft dann eher zufällig im berühmten belgischen Kurort Spa den weltmännischen Engländer Sir John Clavering (1722–1777) (Abb. 3) kennen. Er, der in der Nähe von Southampton einen eigenen Landsitz besaß, begleitete die Gruppe auf ausdrücklichen Wunsch des Fürsten Franz als »Cicerone« während der ganzen Zeit in England, wobei Erdmannsdorff erwähnt, daß »dessen gute Ratschläge Ihr (Fürst Franz, Anm. d. Verf.) nicht zu loben aufhörtet«. Und Georg Heinrich von Berenhorst nennt John Clavering später in seinem »Reise-Journal« der zweiten Englandreise einen Mann, »den ich über alle anderen stelle, die ich in England kennengelernt habe«.
Der fragmentarisch überlieferte Bericht gibt darüber hinaus weder Auskunft über die Reisevorbereitungen noch nennt er namentlich die Teilnehmer der Reisegruppe (einschließlich ihrer Funktionen) oder beschreibt, mit welchen Wagen etwa die Gesellschaft reiste. Neben dem Fürsten selbst und seinem engsten Vertrauten von Erdmannsdorff ist die Teilnahme des Gärtners Johann Friedrich Eyserbeck (1734–1818) anzunehmen, da von ihm der früheste Plan für die Wörlitzer Anlagen (aus dem Jahr 1764) stammt, sowie in seiner Funktion als fürstlicher Oberstallmeister der schon erwähnte Adolf Heinrich von Neitschütz.[17] Ergänzt wurde die Gruppe wohl durch einige Hofbedienstete, wie Kammerdiener, Friseur und Koch.

2 Unbekannter Künstler, Daniel Christoph Graf von der Schulenburg (1716–1772), (Ausschnitt), Öl auf Leinwand, datiert 1746, Privatbesitz.

3 Unbekannter Künstler, Sir John Clavering (1722–1777), Aquarell auf Elfenbein, Victoria & Albert Museum, London.

Was das Reisegefährt anbetrifft, können wir möglicherweise davon ausgehen, daß der Fürst bereits bei dieser Reise des Jahres 1763 zwei eigene Kutschen benutzte (auch wenn deren Gebrauch gegenüber Mietkutschen oder der Postkutsche kostenintensiver war) wie bei der Fahrt nach Italien zwei Jahre später:»...in der ersten, der ganz neuen aber überaus schweren ›Vessau de Guerre‹ (wie wir sie im Scherz nannten), waren beide Prinzen (Fürst Franz und sein Bruder Johann George, Anm. d. Verf.), Herr von Erdmannsdorff und ich; die zweite war eine offene Chaise in der Form solcher, die man früher als Chaise von Landau bezeichnete.«[18]

Die Blätter dieses aufschlußreichen Materialfundes sind auf der Vorder- und Rückseite beschrieben, wobei charakteristischerweise etwa zwei Drittel jeder Seite mit Text gefüllt sind und der verbleibende Rand jeweils für die Datumsangaben und einige wenige Textergänzungen diente. Wie ein Schriftvergleich mit dem etwa drei Jahre später verfaßten Tagebuch der Grand Tour ergibt, hat Erdmannsdorff auch diese erste Reisebeschreibung persönlich in sauberer, gut lesbarer Handschrift verfaßt, die Sorgfalt, Ästhetik und Bestimmtheit verrät. Er bediente sich bereits hier durchgehend der französischen Sprache. Diesbezüglich war für ihn vielleicht maßgeblich, was Georg Heinrich von Berenhorst später bei der Abfassung seines eigenen »Reise-Journals« am 19. April 1775 auf der ersten Seite so begründen wird: »Ich habe in Französisch verfaßt, dies sicherlich nicht in der fehlerhaften Überzeugung, in einer Fremdsprache etwas besser als in der eigenen ausdrücken zu können (Ich bin davon überzeugt, daß man trotz aller möglichen Kenntnisse, seine Muttersprache immer am besten anzuwenden versteht), sondern im Gegenteil aus der Notwendigkeit heraus, von jener Sprache, die ganz Europa erfaßt, auch selbst einmal Gebrauch zu machen.«[19]

Der englischen Sprache, die Erdmannsdorff in seinen vertraulichen Briefen an seine spätere Frau Wilhelmine (Willi) von Ahlimb – auch um sie ihr beizubringen – sehr gerne benutzte, war er zu diesem Zeitpunkt noch nicht mächtig. Eine Tatsache, die ihm bei seinem ersten Aufenthalt in London im September 1763 große Schwierigkeiten bereitete, da er alles nur optisch wahrnehmen konnte.

Bei der Gewichtung aller erwähnenswert scheinenden Dinge während der Reise legt er als angehender Architekt den Schwerpunkt stets mehr auf die kultur- und kunsthistorisch relevanten Sehenswürdigkeiten und nennt nur im Ausnahmefall wichtige Persönlichkeiten oder schildert gelegentlich auch gesellschaftliche Anlässe in seinem Text. Diese Konzentration bei seinen Notizen auf das ihm Wesentliche entspricht ganz seinem eher nüchternen Naturell. Verständlich ist auch, daß er uns aus diesem Grund im vorliegenden ersten Reisebericht gar nichts über die dendrologischen Besonderheiten englischer Parks mitteilt, obwohl bereits damals das Interesse des Fürsten Franz diesbezüglich ganz erheblich gewesen sein muß. Das ist um so bedauerlicher, wenn man die seit der Mitte des 18. Jahrhunderts in englischen Landschaftsgärten gern gepflanzten Gehölzarten mit denen in den Wörlitzer Anlagen vergleicht und feststellt, daß einige Arten wohl von der Insel stammen müssen.

Die einunddreißig Seiten im Hochformat (34,5 x 20,5 cm) sind fadengeheftet und nicht paginiert. Das vorliegende Manuskriptfragment umfaßt den Zeitraum vom 14. Juli bis etwa 20. Oktober 1763, wobei man bis heute allgemein annimmt, daß die gesamte Reise noch bis zum Frühjahr des darauffolgenden Jahres gedauert hat. Zusammenfassend heißt das, daß uns dieses Dokument über alle Stationen der Anreise durch Deutschland, Holland und Belgien berichtet, aber leider nur einen etwa zweimonatigen Abschnitt des Aufenthaltes in Süd- und Mittelengland wiedergibt. Über den Rest der Reise kann man also auch zukünftig nur spekulieren. Ungeachtet der fortdauernden Unsicherheit über die weitere Reiseroute in England und den zeitlichen Endpunkt der Reise, gewinnt die Geschichte des Dessauer Kulturkreises aber dennoch durch diese ersten Reisenotizen Erdmannsdorffs ganz erheblich an Kontur. Beispielsweise tritt jetzt ganz klar hervor, daß parallel zu den von ihm eben in Italien studierten Palladio-Bauten und der Antike insgesamt vor allem auch die klassizistische Architektur in den Niederlanden wesentliche Einflüsse auf das frühe Bauschaffen Erdmannsdorffs ausgeübt hat.[20] Gleichzeitig bestätigen sich bisherige Vermutungen über die Vorbildfunktion ganz bestimmter Bauwerke in England und englischer Landschaftsgärten während der ersten Entstehungsphase der Wörlitzer Anlagen, andere inzwischen von der Forschung als gesichert geltende Erkenntnisse müssen jedoch künftig revidiert werden.

Für umfangreiche Archivrecherchen, die gerade bei dieser Primärquelle unerläßlich zum Verständnis des Inhalts sind, und viele andere wertvolle Hinweise danke ich der Museologin Frau Daniela Clare, Wörlitz, und in der Kulturstiftung DessauWörlitz Herrn Referatsleiter Uwe Quilitzsch sowie Herrn Dipl. Ing. Ludwig Trauzettel. Die Herren Thomas Grosse, Brüssel, und Bernard Korzus, Münster, haben mir gleichfalls bei meinen Nachforschungen freundlicherweise geholfen. Frau Ingrid Seeger-Helmberger, M.A., in München besorgte dankenswerterweise die kritische Durchsicht des Textes. Schließlich bin ich Frau Ina Grünberg, Kulturstiftung DessauWörlitz, zu großem Dank verpflichtet, die das Manuskript in eine adäquate äußere Form brachte.

1 Friedrich Wilhelm von Erdmannsdorff, Reise-Tagebuch der zweiten Italien-Reise 1765 bis 1766. Anhaltische Landesbibliothek Dessau, Signatur HS 10012.
2 Georg Heinrich von Berenhorst, Journal de voyage des princes Léopold Frédéric François et Jean Georg d'Anhalt du 18. Octobre 1765 jusqu'au 3. mars 1768, conduit par de Berenhorst le 19. Avril 1775. Dessau, ce 19. d'Avril 1775. Abschrift einer Abschrift von 1932. Anhaltische Landesbibliothek Dessau, Signatur HB 8089.
3 Beispielsweise F. Siebigk, »Aus dem brieflichen Verkehre des Fürsten Leopold Friedrich Franz von Dessau mit Friedrich Wilhelm von Erdmannsdorff«, in: Mitteilungen des Vereins für Anhaltische Landesgeschichte, Band II., Dessau 1880, S. 117ff. (Diese 107 Briefe erstrecken sich über einen Zeitraum von 1760 bis 1790).
4 August Rode, Leben des Herrn Friedrich Wilhelm von Erdmannsdorff, Dessau 1801, Nachdruck Wörlitz 1994, S. 8–9.
5 Friedrich Reil, Leopold Friedrich Franz, Herzog und Fürst von Anhalt-Dessau, ältestregierender Fürst in Anhalt, nach Seinem Wirken und Wesen, Dessau 1845, Nachdruck Wörlitz 1995, S. 12–15.
6 Ebd. S. 14.
7 E. P. Riesenfeld, Erdmannsdorff – Der Baumeister des Herzogs Leopold Friedrich Franz von Anhalt-Dessau, Berlin 1913, S. 15–16.
8 Zuletzt Michael Rüffer, »Grand Tour – Die Reisen Leopolds III. Friedrich Franz von Anhalt-Dessau und Friedrich Wilhelm von Erdmannsdorffs«, in: Ausst. Kat. Weltbild Wörlitz – Entwurf einer Kulturlandschaft, hrsg. von Frank-Andreas Bechtoldt u. Thomas Weiss, Ostfildern-Ruit 1996, S. 117–130.
9 Fürst Ludwigs zu Anhalt Köthen Reise=Beschreibung von ihm selbst in Deutsche Verse gebracht, in: Johann Christoff Beckmann, Accessiones Historiae Anhaltinae, Zerbst 1716, S. 165–292.
10 Landesarchiv Oranienbaum, Sign. Abt. Dessau, A 9b VII 2 II fol. 286.
11 Ebd., fol. 288.
12 Ebd., Abt. Dessau, C 5c, Nr. 10a, 16, 2–4.
13 Ebd., Einführung zur Kammer-Instruktion vom 8. Juli 1763; siehe auch die 1. Beilage zum Anhaltischen Staatsanzeiger Nr. 150 aus dem Jahr 1883.
14 Ulla Jablonowski, »Bausteine zu einer Geschichte der Stadt Dessau, 9. Neuanfang nach dem siebenjährigen Kriege«, in: Dessauer Kalender, 41. Jahrg., S. 60–69, hier S. 68.
15 Ebd., S. 69, Anm. 45.
16 »(...), denn mir schien, daß ich hier, solange Ihr nicht anwesend seid, nur leben kann, um mit mehr Muße am Tagebuch Eurer Englandreise zu arbeiten. (...).« Landesarchiv Oranienbaum, Sign. Abt. Dessau, A 10, 1759–1768, Nr. 187, S. 81.
17 Wie Anm. 14, hier S. 69, Anm. 32.
18 Wie Anm. 2, hier 1. Teil.
19 Ebd.
20 Siehe hierzu: Thomas Weiss, »Den Freunden der Natur und Kunst. Das Gartenreich Dessau-Wörlitz und Andrea Palladio«, in: Bauen nach der Natur – Palladio. Die Erben Palladios in Nordeuropa, Ostfildern-Ruit 1997, hier S. 181–199, bes. S. 183ff.

»DIE REISENOTIZEN DES JAHRES 1764«[1]

De touts tems Monseigneur je comtoi
Vos ordres, (Monseigneur furent de touts
ordre) mes devoirs les plus sacrés. Si mes forces
n'ont pû toutjours y sufire, mon empres-
sement au moins de les exécuter selon
ma capacité. Vous s›en‹ont les garans de
mon zéle inaltérable & du plus sincére
attâchement. Außi les bontés, les géné
rosités & j'ose dire les amitiés dont V.
a.S. daigne me combler me donnent tout
lieu de me flater qu' Elle en est entiére
ment persuadée. >Tant qu'< elle (veut) >voudra< bien me les
conserver, mon bonheur sera parfait,
rien ne me restera à désirer si non de
pouvoir les mériter en quelque manière
Des (le) >Votre< retour (de Vos voyages) >Monseigneur<, Vous me
chargeates, (Monseigneur), de recueillir
avec un peu plus d'ordre ce que j'avois man
qué dans mon petit journal ou ce que ma
mémoire me fourniroit de plus remar-
quable, dans Votre tour en Angleterre où
j' eus le bonheur de Vous accompagnez.
J'aurais obei plus promtement, si l'aßi-
duité avec laquelle Vous me permettez d'étre
autour de Votre personne n'eut employé
bien>3< agréablement>4< mon>1< tems>2<. Aprésent que
(Elle) Vous étes absent, je m'éfforcerai de
satisfaire à Vos commandemens, et pen-
dant que >je ne puis< faire que des voeux pour Votre
heureux retour, je Vous consacrerai quel-
que semaines de loisir & de retraite.
Je sens aßés, que mon peu d'attention
et la rapidité avec laquelle nous avons
tout vu, pourront m'avoir fait oublier
une quantité de choses ou m'avoir (fait
tomber) >entrainé< dans bien des erreurs sur d'autres.
Mais je connois aßés Votre indulgence
envers moi, Monseigneur, et je sais
combien Vous étes capable de supléer
à mon inadvertence et de corriger mes
incongruités. Puißai-je au moins Vous
rapeller avec plaisir les (faits) d'un voyage
où Vous avez (employé Votre tems) su
acquerir des conoißances qui joints à
Votre excellent caractére et à la nóbleße
de Vos sentimens forment en Vous un aßem-
(Ende von Seite 1)

Übersetzung[1]

Eure Exzellenz, seit je rechne ich Eure Befehle zu
meinen heiligsten Pflichten. Wenn meine Kräfte
auch nicht immer ausreichen, so ist doch mein
Bemühen zumindest darauf gerichtet, sie nach
meinen Möglichkeiten auszuführen. Ihr seid
der Garant für meinen nicht nachlassenden Eifer &
meine aufrichtigste Zuneigung. Dazu die
Freundlichkeiten, die Großzügigkeiten & ich wage
zu sagen, die Liebenswürdigkeiten, mit denen Ihre
Gnaden die Güte hatten, mich zu verwöhnen,
geben mir allen Grund, mir zu schmeicheln, daß
sie davon völlig eingenommen ist. Wenn Ihr
wollen würdet, daß ich diese bewahre, wäre mein
Glück perfekt, und nichts bliebe mir zu wünschen
übrig, als dies in irgendeiner Weise verdienen zu
können.
Exzellenz, seit Eurer Rückkehr habt Ihr mich bedrängt,
mit etwas mehr Ordnung das zusammenzutragen,
was ich in meinem kleinen Tagebuch vermerkt habe
oder was mir mein Gedächtnis an Bemerkenswertem
liefert, das sich während Eurer Reise in England, bei
der ich das Glück hatte, Euch zu begleiten, ereignet hat.
Ich würde sogleich gehorcht haben, wenn nicht die
regelmäßige Anwesenheit, mit der Ihr mir erlaubt, um
Eure Person zu sein, nicht meine Zeit wiewohl
angenehm, so doch in Anspruch nehmen würde. Nun,
da Ihr abwesend seid, befleißige ich mich, Eure
Gebote zu erfüllen; und während ich nur wünschen
kann, daß Ihr glücklich zurückkehren möget, widme
ich Euch einige Wochen der Muße und
Zurückgezogenheit. Ich fühle sehr wohl, daß meine
geringe Aufmerksamkeit und die Schnelligkeit, mit der
wir alles besichtigt haben, mich eine Menge von
Dingen vergessen oder mich bei anderen wohl
manchen Fehler begehen lassen können.
Aber ich kenne Eure Nachsicht mir gegenüber,
Eure Exzellenz, und ich weiß um Eure
Fähigkeiten, meinen Unachtsamkeiten abzuhelfen
und meine Unschicklichkeiten zu korrigieren.
Könnte ich Euch wenigstens mit Vergnügen einer
Reise erinnern, wo Ihr es verstanden habt,
Kenntnisse zu erwerben, die Euren
ausgezeichneten Charakter und die Noblesse
Eurer Gefühle ergänzen und in Euch eine
Verknüpfung
(Ende von Seite 1)

blage de qualités >personelles< qui Vous élévent encore au
deßus de la grandeur de Votre illustre nais-
sance.
Ce fut le 14. de Juillet que Vous partites *Juillet*
de Deßau. Vous ne Vous arretates qu'à *le 14.*
Lucklum[2], maison apartenante à l'ordre Theu- *le 15.*
tonique et demeure ordinaire du Cte de
Schulemburg homme de beaucoup de conois-
sances et qui >pendant quelques jours que V. y futes< Vous aida à
former

von >persönlichen< Qualitäten bilden lassen, die
Euch noch über die Größe Eurer illustren Geburt
hinaus erhöhen.
Es war der 14. Juli, als Ihr Dessau verließet. Ihr *Juli*
machtet erst in Lucklum[2] wieder halt, einem *der 14.*
Hause, das dem Teutonischen Orden gehört und *der 15.*
gewöhnlich die Wohnstätte des Grafen von der
Schulemburg ist, einem Menschen großen
Wissens, den Ihr >während der paar Tage, die Ihr
dort verbrachtet<, Euch geholfen hat, den Plan

le plan de Votre voyage. Il Vous accompagna à Saltzdalen[3] pour faire une visite au Duc de Brunswic >qui y paßait la saison<. Toute la Sept.bre *le 16.*
maison y étoit raßemblée excepté le Prince Ferdinand et le Prince Héréditaire qui étaient aux bains d'Aix la Chapelle. Sans m'arreter à parler de la Maison de Saltzdalen & du jardin que le mauvais tems nous empécha de voir, je me bornerai de dire deux mots de la galerie des tableaux où Vous Vous amusates une couple d'heures. Il me semble qu'elle est composée d'un nombre de bons tableaux qui (est) sont placés parmi une quantité de bien médiocres. N'est ce pas domage qu'un Prince ne préfére un cabinet de piéces choisies à un amas de peintures auquel on tâche de donner le titre de Galerie. Il m'a encore paru que la lumiére n'est pas avantageuse dans la Galerie de Saltzdalen. Vous continuates *le 18.*
Votre chemin à Hanovre, d'où Vous allates donner un coup d'oeil au jardin de Herrenhausen[4], qui est beau dans le gout des jardins d'Allemagne pour la largeur des (ses) allées et la hauteur des hayes. Aureste il a l'avantage ne pas etre enfermé par une muraille. De Hanovre nous arrivame a Caßel, où (vous) nous ne (Vous) de *le 23.*
meurames que pour voir quelque curiosités comme le Landgrave n'y étoit point. Le Kunst=Haus et le Model=Haus[5] ne laissent pas de mériter quelque attention. Le grand modéle de Winter-Halter & du Weißenstein nous présentent peut-étre une des idées les plus vastes qu'on ai eu dans
(Ende von Seite 2)

Eurer Reise zu gestalten. Er begleitete Euch nach Saltzdalen[3], um einen Besuch beim Herzog von *der 16.*
Braunschweig zu machen, >der dort die Saison verbrachte<. Den ganzen September war dort das Haus mit Ausnahme des Prinzen Ferdinand und des Erbprinzen versammelt, welch letztere in den Bädern von Aachen weilten. Ohne mich damit aufzuhalten, vom Hause Saltzdalen & dem Garten zu sprechen, den zu besuchen uns das schlechte Wetter abhielt, werde ich mich darauf beschränken, zwei Worte zur Gemäldegalerie zu sagen, die Euch ein paar Stunden amüsiert hat. Es scheint mir, daß sie eine Anzahl guter Gemälde unter einer Menge wohl eher mittelmäßiger Gemälde enthält. Ist es nicht schade, daß es ein Fürst nicht vorzieht, ein Kabinett ausgewählter Stücke anstelle einer Anhäufung von Bildern zu haben, der die Bezeichnung Galerie zu geben man sich bemüht. Es schien mir auch, daß die Beleuchtung in der Galerie von Saltzdalen nicht vorteilhaft ist. Ihr *der 18.*
nahmt Euren Weg weiter nach Hannover, von wo aus Ihr einen Blick auf die Herrenhäuser Gärten[4] warft, die nach dem Geschmack der Gärten in Deutschland wegen der Breite der Alleen und der Höhe der Hecken schön sind. Außerdem haben sie den Vorzug, nicht durch eine Mauer eingefaßt zu sein. Von Hannover aus sind wir nach Kassel *der 23.*
gekommen, wo wir nur verweilten, um einige Kuriositäten, wie den Landgrafen zu sehen, nichts weiter. Das Kunsthaus und das Modellhaus[5] lassen keine Aufmerksamkeit verdienen. Die großen Vorbilder von Winter-Halter & von Weißenstein geben uns vielleicht die weitesten Vorstellungen, die man in
(Ende von Seite 2)

nos siécles modernes. Le Landgrave *Juillet*
qui en projetta le deßein >&< en commenca l'éxécution prouva au moins que son imagination surpaßait son pouvoir. Il est a croire que s'il avoit été poßible de la terminer, avec la situation >naturelle< de la montagne cela auroit fait un superbe coup d'oeuil. La galerie des tableaux est fort belle est particuliérement>1< en>11< tableaux>12< de>13< Rembrandt>14< je>2< ne>3< crois>4< pas>5< qu'il>6< y ait>7< de>8< ses>9< pareilles>10<. Les environs de Caßel rendent encore aßéz témoignage des dégats que la derniére guerre à causé dans ces pays. Nou continuames *le 25.*
notre route d'une traite jusqu'à Franc- *le 27.*
fort sur le Main où Vous allates, Monseigneur, pour faire visite à M.me Votre Tante[6] une des plus estimables et respectables Princeßes. Il y a deux peintres à Francfort qui ont quelques mérite l'un est Schutz[7] peintre de paysages et l'autre Seekatz qui traite en petit des sujets de conversations. L'aimable M.r de Wreeck qui était venu Vous faire sa cour à Francfort, nous accompagna par eau sur le Main à Mayence. Le jardin de l'Ele- *le 30.*
cteur qu'on nomme La Favorite[8] ne dedit

unseren modernen Jahrhunderten haben kann. *Juli*
Der Landgraf, der den Entwurf gemacht und die Ausführung begonnen hatte, zeigt zumindest, daß seine Vorstellungskraft seine Möglichkeiten überstieg. Es ist zu glauben, daß, falls die Fertigstellung möglich gewesen wäre, der Anblick zusammen mit der natürlichen Lage der Berge superb gewesen wäre.
Die Gemäldegalerie ist sehr schön, besonders bei den Gemälden von Rembrandt glaube ich nicht, daß es Ebenbürtiges dazu gibt. Die Umgebung von Kassel bietet noch genügend Zeugnis für die Verwüstungen, die der letzte Krieg in diesen Ländern angerichtet hat. Wir setzten unsere Reise auf einer Route fort, die uns bis nach Frankfurt am *der 25.*
Main führte, wo Ihr, Exzellenz, einen Besuch bei *der 27.*
Eurer Frau Tante[6] machtet, einer höchst schätzenswerten und respektablen Fürstin. Es gibt in Frankfurt zwei Maler von gewisser Anerkennung, einer von ihnen ist der Landschaftsmaler Schutz[7], der andere ist Seekatz, der Konversationsthemen in kleinem Format behandelt. Der liebenswürdige Herr Wreeck, der gekommen war, um Euch in Frankfurt seine Aufwartung zu machen, begleitete uns zu Schiff auf dem Main bis nach Mainz. Der Garten des Kurfürsten, den man La Favorite[8] nennt, sagt sich nicht von dem billigen Geschmack los, der in *der 30.*
Deutschland noch viel zu sehr herrscht. Außer

pas le gout colifichet qui ne régne encore
que trop en Allemagne. Autre quelques
belles églises il y a deux maisons à Ma-
yence qui ont de belles facades. L'une est
la maison de Dalberg qui est pourtant
un peu trop chargée & placée peu favo-
rablement dans une rue un peu étroite,
la seconde la maison apartenante à l'or-
dre Theutonique[9] qui à mon avis est pré-
férable à la précédente et bien située
sur les bord du Main. Le Landgrave de
Heße Caßel se trouvant à Schlangen-
bad[10], nous allames y faire un tour. La *le 31.*
situation en est charmante et les prome-
nades qui Vous (font monter) >ménent< à douce pente le
long de la cote de la
la montagne sont tres bien ménagées.
(Ende von Seite 3)

einigen schönen Kirchen gibt es in Mainz zwei
Häuser mit schönen Fassaden. Eines davon ist das
Haus Dalberg, das vielleicht etwas überladen & in
einer etwas engen Straße wenig vorteilhaft gelegen
ist, das andere ist das Haus, das dem
Teutonischen Orden[9] gehört und das aus meiner
Sicht dem vorgenannten vorzuziehen und schön
am Ufer des Mains gelegen ist. Der Landgraf von
Hessen-Kassel befand sich in Schlangenbad[10], wir *Den 31.*
machten eine Tour dorthin. Die Lage dort ist
bezaubernd, und die Promenaden, die Euch in
sanfter Neigung am Berghang entlang führten, sind
sehr gut unterhalten.
(Ende von Seite 3)

Nous nous rembarquames à Mayence sur le *Aout*
Rhin et nous fimes jus qu'à Cologne le vo- *le 1.*
yage le plus doux et le plus agréable du
monde. Les bords du Rhin tantot aßez unis
pour Vous ouvrir une vue libre dans les
campagnes fertiles et les prés fleuris cou-
vert de coteaux & de maisons de campagne,
tantôt bordés de rochers escarpés sur le
sommet desquels Vous voyés les ruines de
quelque chateau (inhabité) >abandonné< depuis plus d'un
siécle, où quelqué superbe couvent entour
de vignes qui soutiennent l'oisiveté
(la bonne humeurs) >l'embonpoint< de ses paisibles habitans
Vous ofrent partout une varieté de
tableaux qui devroient continuellement
exercer le pinceau de nos paysagistes
allemands. Jusques vers Bonn on Vous
nomme de touts cotés les noms fameux
de ces vins auxquels on fait l'honneur
de les laisser vieiller dans les caves
des Princes & des Chanoines. Trois fois
heureux pays qui étes comblés des plus
riches dons de Bacchus, on den devroit
Vous aproches sans une espéce d'ado-
ration. Le jus que Vous produisez fut
quelquefois notre vainqueur, mais
quelle Philosophie sans lui seroit capa-
ble (de) >de nous faire< surmonter nos malheurs et
de charmer nos ennuis. Aureste
Vous trouvés tout le long des bords de
ce fleuve superbe un nombre de
magnifiques chateaux et plusieurs
villes trés-bien baties. Coblence, residence *le 2.*
de l'Electeur de Treves est belle et bien
située. Bonn, où l'Electeur de Cologne
fait sa demeure a un aßéz grand palais
Nous descendimes pour le voir de même
que Popelsdorf qui en est a une petite
distance. Cologne est une très-grande *le 3.*
ville, nous ne nous y arrétames que
pour faire une course à Bruhl[11] où
feu l'Electeur séjournait très-souvent.
C'est un endroit charmant où l'on
reconoit partout le bon gout & la magni
(Ende der Seite 4)

Wir schifften uns in Mainz in den Rhein ein, wo *August*
wir bis Köln die sanfteste und angenehmste Reise der *den 1.*
Welt hatten. Die Ufer des Rheins, die teils den Blick
auf fruchtbare Landstriche und blumenübersäte
Berghänge & und mit Blumen geschmückte
Landhäuser freigeben, teils von Felsen gesäumt
sind, auf deren Gipfeln Ihr manchmal Ruinen von
seit mehr als einem Jahrhundert verlassenen
Schlössern saht oder ein Kloster, das von
Weingärten umgeben ist, die die Unbekümmertheit
>die Wohlbeleibtheit< seiner friedfertigen Bewohner
absichern, sie boten Euch überall vielgestaltige
Bilder, die unsere deutschen Landschaftsmaler
ständig zum Pinsel greifen lassen. Bis gen Bonn hat
man Euch von allen Hängen die Namen jener
berühmten Weine genannt, denen man die Ehre gibt,
in den Kellern der Fürsten & Domherren zu reifen.
Dreifach glückliche Länder, die mit den reichsten
Bacchusgaben überschüttet sind, man sollte Euch
nicht ohne eine gewisse Anbetung nähern. Der Saft,
den Ihr erzeugt, überwindet uns manchmal, aber
welcher Philosoph wäre wohl ohne ihn imstande, uns
unsere Unglücke
überwinden und unsere Widerwärtigkeiten
verzaubern >zu machen<. Im übrigen fandet Ihr
entlang dieses prachtvollen Flusses eine Anzahl
herrlicher Schlösser und mehrere sehr gut gebauter
Städte. Koblenz, Residenz des Kurfürsten von Trier, *den 2.*
ist schön und gut gelegen. Bonn, wo der Kurfürst
von Köln wohnt, hat eine ziemlich großes Schloß.
Wir sind abgestiegen, um zu sehen, daß selbiges
wie Popelsdorf aus kurzer Entfernung aussieht. Köln *den 3.*
ist eine sehr große Stadt, wir haben uns dort nur
aufgehalten, um einen Gang zum Brühl[11] zu machen,
wo der verstorbene Kurfürst sich sehr oft aufgehalten
hat. Das ist ein zauberhafter Ort, wo man überall auf
den guten Geschmack & die Pracht
(Ende der Seite 4)

ficence d'un Prince qui avoit de l'esprit *Aout*
qui n' épargnoit rien pour ses plaisirs &
qui s'empressoit à les faire partager à
sa cour & à touts les étrangers qui l'a-
prochoient. La maison >l'a< meublé (dans le
dernier gout) >très-riche<, & le jardin et le Parc sont
très vastes. Nous partimes encore le mème
jour pour Dußeldorf.[12] Le gout que
Vous avez pour les beaux arts>tel surtout pour la peinture< Vous y
attira, Monseigneur. Les Tableaux de
la Galerie n' avoient été raporté que
depuis peu de Manheim où l'Electeur de
Cologne les avoit fait transporter pen-
dant la derniére guerre. Nous employa- *le 4.*
mes toute la journée à admirer les
chefs d'oeuvre de Rubens, de VanDyck,
de Van der Werff, dont cette nombreuse
collection est enrichie, (et duquels) >& dans lesquels elle
surpasse les galleries des touts les autres Souverains<
on a destiné une piece à part. >à chacun a ces trois grands
maitres<. Il
y a encore une sale pour les tableaux
Italiens où il y en a quelques uns de très
beaux. Au reste il ne me paroit pas qu'on
puisse comparer la Galerie de Dußeldorf
à celle de Dresde ni pour le choix ni pour
le nombre de tableaux (quant aux) >dans les< diféren-
tes écoles d'Italie aussi bien que de celles
de Flandres et de Hollande. Nous quitames
Dußeldorf pour prendre notre chemin par
Aix la Chapelle à Spa où la saison ras- *le 6. le 8.*
sembloit une quantité prodigieuse d'
étrangers et particuliérement d'Anglois.
Vous y fites la conoissance du Colonel
Clavering[13] qui Vous accompagna depuis
en Angleterre & des bons conseils duquel
Vous n'avez ceßé de Vous louer. Les pro-
menades et les bals, amusemens ordinai-
res de en fortes d'endroite et un nombre
infini. de nouvelles conaißances nous
y firent employer très-agréablement
quelques jours. De Spa nous fimes tou- *le 11.*
te diligence pour la Hollande. Nous
paßames par Liege, une grande ville
fort peuplée, connue par ses manufa-
ctures d'armes et son négoce. Les habitans
(Ende der Seite 5)

eines Fürsten trifft, der den Geist hatte, nichts für *August*
seine Vergnügungen auszulassen & der bemüht
war, an diesen seinen Hof und alle seine Nähe
suchende Ausländer teilhaben zu lassen. Das
Haus >ist< >sehr reich< ausgestattet, & Garten
und Park sind sehr weitläufig. Ihr seid noch am
selbigen Tage nach Düsseldorf[12] abgereist. Der
Geschmack, den Ihr, Exzellenz, für die schönen
Künste habt >und besonders für die Malerei<, zog
Euch dort an. Über die Gemälde der Galerie
wurde erst seit kurzem aus Mannheim berichtet,
wohin sie der Kurfürst von Köln während des
letzten Krieges verbringen ließ. Wir nutzten die *den 4.*
Reise, um die Meisterwerke von Rubens,
Van Dyck und Van der Werff zu bewundern, an
denen diese umfängliche Sammlung reich ist >&
in denen sie die Galerien aller anderen Herrscher
übertrifft<. >Jedem dieser drei großen Meister<
wurde ein extra Kabinett gewidmet. Es gibt dazu
noch einen Saal für die italienischen Gemälde,
worunter sich einige sehr schöne befinden. Im
übrigen schien mir nicht, daß man die Galerie von
Düsseldorf mit der von Dresden vergleichen
könne, weder von der Auswahl noch von der
Anzahl der Gemälde sowohl >der< verschiedenen
Schulen Italiens als auch der von Flandern und
Holland her. Wir verließen Düsseldorf, um uns
über Aachen nach Spa zu begeben, wo die
Saison eine große Menge Ausländer, besonders *den 6. den 8.*
Engländer, zusammengebracht hatte. Ihr machtet
dort die Bekanntschaft des Colonels Clavering[13],
der Euch seitdem in England begleitete & dessen
gute Ratschläge Ihr nicht zu loben aufhörtet. Die
Promenaden und die Bälle, gewöhnliche
Vergnügungen dieser Art von Örtlichkeiten und
eine unendliche Anzahl neuer Bekanntschaften
haben uns einige Tage sehr angenehm
beschäftigt. Von Spa aus eilten wir nach Holland. *den 11.*
Wir fuhren durch Lüttich, eine große, volkreiche
Stadt, bekannt durch ihre Waffenmanufakturen
und ihren Handel. Die Bewohner
(Ende der Seite 5)

y étoient encore dans de grandes inquiétudes *Aout*
pour l'éléction de l'Evéque, protestant
le plus vivement contre celle du
Prince Clement de Saxe qu'on leur destinoit
et à quoi ils se font néaumoins confor-
mé depuis. Nous passames Mastri(cht)[14] *le 12.*
sans avoir le tems de donner un coup
d'oeuil à la fortereße. Nous ne nous ar-
rétames pas nonplus à Bois le duc et quel- *le 13.*
ques heures seulement à Utrecht. Il me
faut avouer qu'à mon entrée en Hollande
je fus enchanté de la beauté des campa-
gnes et de la netteté avec laquelle on en-
tretient les maisons tant dans les villes
que dans les villages. La propreté, cette
vertu qui sait aßaisoner les mets les plus
simples et faire des plus humbles cabanes
des habitations charmantes, y est por-

waren dort noch in großer Unruhe wegen der *August*
Wahl des Bischofs, sie protestierten lebhaft
gegen die des Fürsten Clement von Sachsen,
den man ihnen bestimmt hatte und mit dem
sie sich nichtsdestoweniger seitdem im
Einvernehmen befinden. Wir fuhren durch *den 12.*
Mastricht[14], ohne Zeit zu haben, einen Blick auf
die Festung zu werfen. Auch in Bois le duc *den 13.*
hielten wir uns nicht auf und blieben nur ein
paar Stunden in Utrecht. Ich muß gestehen,
daß ich, als ich nach Holland kam, von der
Schönheit der Landschaft und der Reinlichkeit
entzückt war, in der man die Häuser sowohl in
den Städten als auch auf den Dörfern hält. Die
Sauberkeit, diese Tugend, die den
einfachsten Verhältnissen Würze geben und
die aus den bescheidensten Hütten
bezaubernde Wohnstätten machen kann, wird

tée à l'excés si j'ose me servir ici de ce terme. J'en fus d'autant plus ébloui que nous venions de parcourir une partie de l'Allemagne où l'on soufre bien du contraire. Le chemin d'Utrecht à Amsterdam est connu de touts les voyageurs par sa beaute et la belle saison nous le montra le plus favorablement que possible. Qu'on le faße par eau sur les canaux qui y conduisent ou qu'on le faße par terre, on paße continuelle ment par (entre) une suite de jardins entre lesquels il n'y a que de tems en tems de grandes espaces qui Vous montrent les plus riches paturages couverts de troupeaux de toute espéce de betail. Je me souviens qu'étant en Italie des Hollandois voulurent me faire la description du Chemin d'Utrecht à Amsterdam et me le comparant à celui qui conduit de Venise à Padoue le long de la Brenta, donnérent même beaucoup la préférence à leur patrie. Je ne puis me conformer tout-à-fait à leur sentiments. Outre qu'un (les) grand nombre de palais situés sur la Brenta sont batis sur les
(Ende der Seite 6)

dort bis zum Exzeß betrieben, wenn ich mich dieses Ausdrucks zu bedienen wagen darf. Ich wurde davon um so sehr geblendet, als wir gerade durch einen Teil von Deutschland gereist waren, wo man sehr wohl das Gegenteil erlebt hat. Der Weg von Utrecht nach Amsterdam ist allen Reisenden wegen seiner Schönheit bekannt, und die schöne Jahreszeit zeigte uns dieses auf höchst vorteilhafte Weise. Ob zu Wasser auf den Kanälen, die dort entlangführen, oder ob zu Lande, man kommt ständig an einer Folge von Gärten vorbei, zwischen denen es nur von Zeit zu Zeit größere freie Räume gibt, die Euch die reichsten Weiden mit Viehherden aller Arten zeigen. Ich erinnere mich, daß Holländer während meiner Zeit in Italien mir den Weg von Utrecht nach Amsterdam beschreiben wollten und dabei diesen mit dem Weg verglichen, der von Venedig nach Padua entlang der Brenta führt und sogar vielfach ihrem Lande den Vorzug gaben. Ich kann mich ihren Gefühlen nicht ganz und gar anschließen. Außerdem ist eine große Anzahl von Palästen an der Brenta nach den
(Ende der Seite 6)

deßeins des plus célébres architectes d'Italie *Aout*
la situation naturelle du pays me paroit infiniment plus variée & plus riante. Peut-étre außi que la quantité de gens de la premiére qualité>nobleße< et la gayeté qui règne en Italie dans touts les états m'a inspiré des idées plus avantageuses que l'air pesant et großier des bons marchands Hollandois. Au reste les jardins de Hollande m'ont paru pour la plupart plus beaux par le dehors qu'en dedans. Vous entrez ordinairement par une belle allée d'arbres fort hauts qui Vous promet quelque chose >de plus< élégant quand Vous n'y trouvez que des parterres de fleurs des grotes où Vous plaignez les dépenses >du maitre< et la patience de l'artiste, des hayes taillées gothique ment et des statues du plus bas grotesque.
Notre séjour à Amsterdam[15] ne fut que de *depuis le 14.*
trois jours que nous tachames d'employer *jusqu'au 18.*
le mieux que poßible. Nous vimes d'abord le port, le Magasin de l'Amirauté et la Maison de ville. La bourse étoit plus remplie que d'ordinaire et il y regnoit un trouble qu'on pouvoit lire (dans) >sur< touts les visages. La banqueroute des Neuvilles >qui s'était déclaré depuis peu de jours< causoit cette consternation générale. Elle faisoit trembler >tout< ce qu'il y avoit de plus riches négocians en Hollande & menaçoit la ruine au comerce de toutes les villes marchandes de l'Allemagne. Le peu de tems ne nous permit de voir que de deux cabinets de tableaux, bien qu'il y en ait un bon nombre dans cette grande ville où l'on a beaucoup le gout des tableaux flamans. Le premier fut celui de Bramkan[16], qui est un des plus renomés. Il est

Entwürfen der berühmtesten Architekten Italiens *August*
erbaut worden und die natürlichen Verhältnisse des Landes scheinen mir unendlich vielgestaltiger & lieblicher zu sein. Vielleicht sind es auch die Menge an Menschen erster Qualität >Adel< und die in allen Staaten Italiens herrschende Heiterkeit, die mich mit vorteilhafteren Ideen inspiriert haben, als die schwerfällige, derbe Miene der guten holländischen Kaufleute. Übrigens sind mir die holländischen Gärten zum größten Teil von draußen schöner vorgekommen, als von drinnen. Ihr tretet ganz normal durch eine schöne Allee hoher Bäume ein, Ihr durchschreitet sie etwas eleganter, wenn Ihr nur Blumenbeete, Grotten findet, wo Ihr die Ausgaben >des Meisters< bedauert und die Geduld des Künstlers, gotisch gestutzte Hecken und Statuen von grotesker Niedrigkeit bemitleidet. Unser Aufenthalt *vom 14.*
in Amsterdam[15] währte nur drei Tage, während *bis zum 18.*
derer wir uns bemühten, soviel wie möglich zu sehen. Ihr habt zuerst den Hafen, das Lager der Admiralität und das Rathaus besichtigt. In der Börse war es voller als gewöhnlich, und es herrschte dort eine Unruhe, die man >auf< allen Gesichtern lesen konnte. Der Bankrott der Neuvilles >der vor ein paar Tagen erklärt worden war< verursachte diese allgemeine Konsternation. Er ließ >all< jene zittern, die die reichsten Geschäfte in Holland hatten & bedrohte den Handel aller Kaufmannsstädte in Deutschland mit Ruin. Wegen der Kürze der Zeit konnten wir nur zwei Gemäldekabinette aufsuchen, wiewohl es davon eine gute Anzahl in dieser großen Stadt gibt, wo man viel auf Wert auf die flämischen Gemälde legt. Das erste davon war das von Bramkan[16], eines der bekanntesten. Es ist zahlenmäßig umfangreich, gut ausgewählt und verdient die Aufmerksamkeit jedes Liebhabers.

nombreux, très-choisi et digne de l'attention
de tout amateur. Ce qu'on pourroit y trouver
à redire c'est qu'il y a ordinairement quel-
que dificulté à parvenir à le voir, (et) >ou< que le
maitre Vous acorde enfin cette grace avec
tout l'insuportable orgueil d'un marchand
qui n'a d'attention que pour ses richeßes.
Cela me parut bien le contraire des autres
(Ende der Seite 7)

Was man dort dagegen vorbringen könnte ist, das
es gewöhnlich Schwierigkeiten macht, dorthin zu
gelangen, >wo< der Meister Euch schließlich
diese Gnade mit allem unerträglichen Dünkel
eines Kaufmanns gewährt, der nur für seine
Reichtümer Aufmerksamkeit übrig hat. Das
scheint mir wohl das Gegenteil zu anderen
(Ende der Seite 7)

pays, où toutes les personnes qui poßédent *Aout*
des cabinets sont bien flatés de les montres
aux étrangers et surtout aux (conoyseurs) >amateurs<
et d'y étaler leur conoißances. On nous
fit voir encore le cabinet (d'un au) de Lu-
belink, moins nombreux à la verité que
le premier, mais qui dans ce gout poßède
de très beaux tableaux, surtout de Berghem,
de Guillaume et d'Adrien van de Velde, et
de Honder Koter. L'arrangement que Vous
avies pris pour vos voyages ne Vous
permit que de donner un jour à voir *le 19.*
La Hage. Le Baron de Larez s'empreßa
à Vous le faire paßer agréablement. Il
Vous accompagna au chateau du Stathou-
dre, à La Maison du Bois[17], au cabinet de
curiosités du Prince d'Orange[18], à Sche-
velingen et à Sorgfliet[19], jardin aparte-
nant au Cte de Bentheim, qui est trés
bien entretenu et qui nous donna le
premiér l'idée des jardins anglois.
Comme ni le Prince de Brunsvic ni
le jeune Prince d'Orange n'étaient pre-
sents à la Hage, Vous ne crutes pas de
voir Vous y arréter plus longtems et
Vous continuates Votre route par Rotter- *le 20.*
dam et Bergopzoom[20], où Vous employates *le 21.*
quelques heures à voir la fortification et
les souterains. Les ouvrages y sont très
bien entretenus et ont été reparés sur le
même plan qu'ils étoit du tems du dernier
siége. De là Vous paßates par Anvers
>et Malines< à Bruxelles. Le Braband & la partie de *le 22.*
la Flandre qui reste encore à la maison
d'Autriche, sont des pays extrémement
fertiles & bien cultivés, remplis de belles
et grandes villes. On sait aßés le grand
(negoce) >comerce< que la ville d'Anvers avoit dans
les Siécles paßés, sans la ruine duquel
celui d'Amsterdam ne seroit jamais mon-
té au degré où il est aujourd'hui. Il pa-
roit néaumoins que la cour de Vienne
néglige extrémement les Pays Bas. Livrés
(Ende der Seite 8)

Ländern zu sein, wo jeder, der ein *August*
Kabinett besitzt, sich recht geschmeichelt
fühlt, sie Ausländern und besonders
>Liebhabern< zu zeigen und dort ihre
Kenntnisse zur Schau zu stellen. Man ließ
uns noch das Kabinett von Lubelink
sehen, wahrlich weniger zahlreich als das
erstere, das aber in dieser Art sehr
schöne Gemälde besitzt, besonders von
Berghem, Guillaume, von Adrien van de
Velde und von Honder Koten. Die
Vorkehrungen, die Ihr für Eure Reisen
getroffen hattet, erlaubten Euch nicht, einen
Tag zur Besichtigung von Den Haag *den 19.*
draufzugeben. Der Baron von Larey
bedrängte Euch, ihn angenehm zu
verbringen. Er begleitete Euch zum
Schlosse Stathoudre, zum Maison du
Bois[17], zum Raritätenkabinett des Fürsten
von Oranien[18], nach Schevelingen und
nach Sorgfleet[19], einem Garten, der dem
Grafen von Bentheim gehört, in sehr gutem
Zustand ist und uns eine erste Vorstellung
von den englischen Gärten gab. Da weder
der Fürst von Braunschweig noch der
junge Fürst von Oranien in Den Haag
zugegen waren, wolltet Ihr Euch dort nicht
länger aufhalten lassen und setztet Euren
Weg über Rotterdam und Bergopzoom[20] *den 20.*
fort, wo Ihr Euch einige Stunden Zeit zur *den 21.*
Besichtigung der Festung und der
unterirdischen Gänge nahmt. Die
Bauwerke dort sind in sehr gutem Zustand
und sind nach demselben Plan
instandgesetzt worden, der zur Zeit der
letzten Belagerung bestand. Von dort seid *den 22.*
Ihr über Antwerpen >und Maliner< nach
Brüssel gereist. Brabant & der Teil von
Flandern, der noch zum Hause Österreich
gehört, sind außerordentlich fruchtbare &
wohlbestellte Länder mit schönen und
großen Städten. Es ist bekannt, daß in
den vergangenen Jahrhunderten >die
Handelstätigkeit< der Stadt Antwerpen
blühte; ohne den Ruin derselben hätten
sich die von Amsterdam niemals zu der
Höhe aufschwingen können, in der sie
sich heute befinden. Dennoch hat es den
Anschein, als würde der Wiener Hof die
Niederlande extrem vernachlässigen. Der
Willkür
(Ende der Seite 8)

à l'arbitre d'un ministére, qui ne cherche qu'à en tirer tout le profit poßible ils languißent sous un joug que touts les habitans semblent haïr. Les fortereßes même n'y sont pas entretenus avec le soin néceßaires, quand celles que la France a sur ses frontiéres sont dans le meilleur état du monde. Bruxelles est un grande ville bien batie. Le Prince Charles[21] qui >Son Palais, ses curiosités & les apartemens à la Chinoise< y fait sa residence (est) >a le titre<Gouverneur des Pays bas, (mais) >quoique< c'est proprement le Cte de Cobenzel[22] qui dirige tout, même jusqu'au militaire. (Au reste) Le Prince est rempli de conoißance en toute sorte de choses, extrémement poli evers tout le monde et aime de touts ceux qui l'entourent. Il est d'une conversation agréable, il aime à discourir sur le metier de la guerre il en parle avec savoir, avec expérience et avec modestie. Quoique la fortune ne l'ait guere accompagné dans ses campagnes, il est néaumoins estimé des plus grand Généraux de notre siécle, Le Cte de Cobenzel, est un homme qui ne manque pas d'esprit, mais gonflé de la fierté qui regne encore à la Cour imperiale. Son épouse, fille du Feldmarechal Palfi, surpaße tout ce qu'il me souvient d'avoir jamais vu de vain orgueil & de fatuité dans und femme. Quoique notre séjour ne fut que (très) de quatre ou cinq jours, Vous avez toutjours paru, Monseigneur, en étre infiniment content et surtout des amitiés que le Prince Charles Vous temoigna. Nous allames encore voir la maison de ville, où il y a de superbes tapißeries en haute-liße, et on nous en montra encore à la fabrique où on les travaille de très belles et de toute sorte de sujets. Le Colonel Clavering[23] qui Vous avoit promis de Vous rejoindre à Bruxelles, y arriva le même jour que Vous et nous repartimes avec lui pour prendre le chemin de Calais *le 27.*
(Ende der Seite 9)

Aout le 28.
Nous repaßames encore par Anvers où nous nous arretames un jour pour donner quelque attention (aux) à quelques uns des plus fameux tableaux des maitres de l'école flamande. On y voit encore l'academie de Rubens où Vandyk, Jaques Jordans et un grand nombre d'autre celébres artistes firent leurs études. D'Anvers nous passames par Gant, Courtrai, Menin et Ypres à Dunkerque. Ce port qui a eu >plusieurs fois< le fort d'étre ruine et racomodé tour à tour, venoit d'étre mis hors d'état de servir pour des vaißeaux de guerre et on en avoit rempli la Cuvette conformément aux articles de la derniére paix. Nous y vimes encore une vingtaine de ces vaißeaux plats que les françois construisirent jusque vers trois cent pour faire une descente en Angleterre pendant la derniére guerre. Ils n'ont pourtant

eines Ministeriums ausgeliefert, das nur danach trachtet, dort jeden möglichen Gewinn herauszuholen, stöhnen sie unter einem Joch, das alle Einwohner zu hassen scheinen. Selbst die Festungen werden nicht mit der erforderlichen Sorgfalt unterhalten, während diejenigen, welche Frankreich an seinen Grenzen hat, zu den besten der Welt gehören. Brüssel ist eine große, wohlgebaute Stadt. Fürst Karl[21], der dort mit >seinem Schloß, seinen Raritäten & den Gemächern in chinesischem Geschmack < seine Residenz hat, >führt den Titel< Gouverneur der Niederlande, >jedoch< ist es eigentlich der Graf von Cobenzel[22], der alles lenkt, selbst bis hin zum Militär. Der Fürst ist von Kenntnissen von Dingen aller Art erfüllt, außerordentlich höflich gegen jedermann und wird von allen aus seiner Umgebung geliebt. Das Gespräch mit ihm ist angenehm, er liebt es, ausführlich über das Kriegshandwerk zu reden, er spricht darüber kenntnis- und erfahrungsreich, doch bescheiden. Auch wenn ihm das Glück auf seinen Feldzügen kaum hold war, gilt er dennoch als einer der größten Feldherren unseres Jahrhunderts. Der Graf von Cobenzel ist ein Mann, dem es nicht an Geist ermangelt, der aber von dem Stolz aufgeblasen ist, der noch immer am kaiserlichen Hofe herrscht. Seine Gattin, Tochter des Feldmarschalls Palfi, geht über alles hinaus, was ich mich je erinnere, an leerem Dünkel & Selbstgefälligkeit bei einer Frau gesehen zu haben. Wiewohl unser Aufenthalt nur (drei) vier oder fünf Tage gewährt hatte, gabt Ihr, Exzellenz, Euch stets den Anschein, als wäret Ihr unendlich zufrieden und besonders hinsichtlich der Liebenswürdigkeiten, die Fürst Karl Euch erwies. Wir haben auch das Rathaus besichtigt, wo es prächtige, in Hochwebstuhltechnik gefertigte Teppiche gab, und man zeigte uns auch die Fabrik, wo man sie sehr schön und zu den verschiedenartigsten Sujets herstellt. Colonel Clavering[23], der Euch versprochen hatte, sich Euch in Brüssel anzuschließen, kam dort am selben Tage an, um mit Euch gemeinsam aufzubrechen und den Weg *den 27.* nach Calais zu nehmen.
(Ende der Seite 9)

August den 28.
Wir kamen noch einmal durch Antwerpen, wo wir uns einen Tag lang aufhielten, um einigen der berühmtesten Gemälde der Meister der flämischen Schule einige Aufmerksamkeit zu widmen. Man besichtigte auch die Akademie von Rubens, wo Van Dyk, Jaques Jordans und eine große Zahl weiterer gefeierter Künstler ihre Studien machten. Von Antwerpen sind wir über Gent, Courtrai, Menin und Ypern nach Dünkirchen gereist. Dieser Hafen, dessen Festung >mehrmals< zerstört und Turm auf Turm wiederhergestellt worden war, dient nun nicht länger für die Kriegsschiffe. Man hat dort gemäß den Artikeln des letzten Friedensschlusses das Becken aufgefüllt. Wir haben dort noch an die zwanzig Schiffe im Flachen gesehen, davon hatten die Franzosen an die dreihundert gebaut, um während des letzten Krieges eine Landung in England zu machen. Sie haben jedoch nicht damit

4 Ansicht der Festung von Dover und eines Teils der Stadt in der Grafschaft Kent, Kupfer aus: Ch. Burlington, D. L. Rees u. A. Murray, The Modern Universal British Traveller; A New, Complete and Accurate Tour Through England, Wales, Scotland and the Neighbouring Islands, London 1779. Privatbesitz.

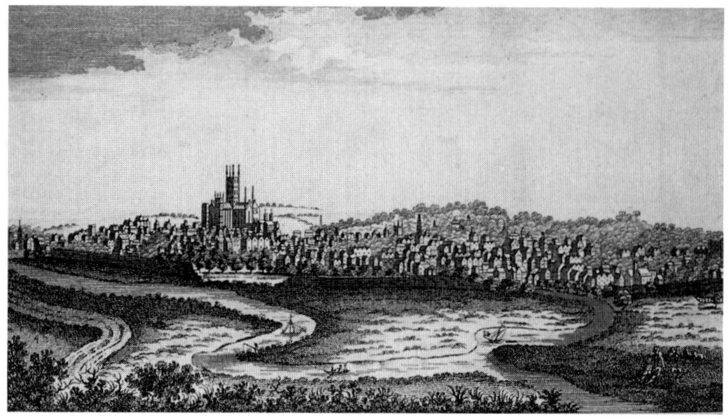

5 Blick auf die Stadt Canterbury mit Kathedrale in der Grafschaft Kent, Kupfer aus: The Modern Universal British Traveller, London 1779 (wie Abb. 4). Privatbesitz.

pas jugé devoir les employer et ils >les< ont
(été) depuis vendus quasi touts aux mar- *Septembre*
chands, ou destiné à d' outres usages.
Nous arrivames le même jour à Calais, *le 1. er*
et le>4< lendemain>5< nous>1< nous>2< embarquames>3<. *le 2.*
Le tems étoit extrémement serain et à peine
fumes nous sortis du port que nous pumes
découvrir les rochers qui bordent les cotes
de Dover et qui sont d'une couleur blanche
comme de la Craye. Nous fimes le trajet
en six heures et nous eumes un vent doux
et la mer tranquile jusque à peu de di-
stance du port de Dover, qu'elle commenca
tout d'un coup à s'agiter avec aßes de vio-
lence. Comme la marée étoit basse & qu`
on ne pourroit alors entrer dans le port
de Dover avec un vaißeau, nous nous mi-
mes dans une de ces barques que l'on trou-
ve toutjours à l'avenue du port, & qui
nous y conduisit. La ville de Dover s'étend
le long de la cote au bas des rochers desquels
elle est entourée. Il y a un chateau ou
une espéce de fort sur le sommet d'un
des plus hauts de ces rochers, pour garder
(Ende der Seite 10)

gerechnet, sie einsetzen zu müssen und sie
haben >sie< seither quasi alle an Händler verkauft
oder anderen Nutzungen zugeführt. Wir kamen *September*
noch am selben Tage in Calais an, und tags *den 1.*
darauf schifften wir uns ein. Das Wetter war *den 2.*
äußerst heiter, wir waren kaum aus dem Hafen
ausgelaufen, als wir auch schon die Felsen
entdecken konnten, die die Küste von Dover
säumen und die so weiß wie Kreide sind. Wir
machten die Überfahrt in sechs Stunden. Es
wehte ein sanfter Wind und die See war bis kurz
vor dem Hafen von Dover ruhig. Erst dann begann
sie plötzlich heftig genug bewegt zu werden. Da
Niedrigwasser herrschte & man folglich zu Schiff
nicht in den Hafen einlaufen konnte, stiegen wir in
eine der Barkassen, die man stets an der
Hafeneinfahrt findet, und gelangten mit dieser zum
Hafen. Die Stadt Dover erstreckt sich entlang der
Küste unterhalb der Felsen, von denen sie
umgeben ist. Auf dem Gipfel eines der höchsten
Felsen gibt es eine Burg oder eine Art Festung,
um den
(Ende der Seite 10)

le port. Nous allames encore le me soir *Septembre*
jusqu'à Canterbury. C'est ville aßés *le 3.*
mal batie, qui n'est guere digne d'attention.
La Cathedrale nous donna une idée des
la simplicité des églises angloises qui
en cela montre bien la (diférence) >contraire< de la
magnificence et des trésors des eglises
catholiques, quoique pour la facon du
culte (et les cérémonies) on y ait beau-
coup retenu des cérémonies de l'égli-
se Romaine. Cette cathedrale est un
batiment fort vaste dans le gout go-
thique, sans les moindres ornemens
ni tableaux. On travaille beaucoup en
étofes de foye à Canterbury et ce (fut par) furent
les protestans qui allérent chercher un azile
en Angleterre, qui y aporterent les premiers
ces manufactures. Nous continuames

Hafen zu schützen. Wir kamen noch am (selben) *September*
Abend bis Canterbury. Das ist eine ziemlich *den 3.*
schlecht gebaute Stadt, die kaum Aufmerksamkeit
verdient. Die Kathedrale gab uns eine Vorstellung
von der Einfachheit der englischen Kirchen, die
darin gut den >Gegensatz< zur Pracht und zu den
Schätzen der katholischen Kirchen, freilich bedingt
durch die Art der Konfession der römischen Kirche,
zeigt. Diese Kathedrale ist ein riesiges Gebäude im
gotischen Stil, dem es völlig an Ausschmückung
und an Gemälden fehlt. In Canterbury werden
besonders Seidenstoffe hergestellt, und es waren
die Protestanten, die in England Asyl suchten, die
die ersten dieser Manufakturen dorthin brachten.
Wir setzten unsere Reise fort über Rochester,
>eine alte<, ziemlich schlecht gebaute Stadt, die
>quasi< nur aus einer sehr langen Straße besteht,
die auf eine sehr schöne Brücke mündet, auf der

notre route par Rochester >ancienne< ville aßés
mal batie ne consistant >quasi< que d'une rue
fort longue qui aboutit à un très beau
pont où l'on paße (la Riviére) la Medway,
>sur la quelle un peu plus bas
Vous trouvés Chatham<
(à l'autre coté de laquelle est Chatham)
Chatham[24] est un des meilleurs chantiers
du Royaume pour y construire toute forte
ce vaißeaux de guerre fondé par la Reine
Elisabeth, et on le tient aujourdhui pour
des Arsenaux de Marine les plus complets.
Les batimens qui servent pour la construction
des vaißeaux et pour y garder les matenain
sont très vastes et les maisons où les
oficiers sont logés, sont bien batis. Nous
montames sur un navire auquel on
travailloit, qui sera de cent piéces de
Canons et auquel on donnera le nom de
la Victoire. Cette importante place est
gardée par deux forts, Upnor, qui est
vis à vis du chantier de l'autre coté de la
Medway et Gillingham un peu plus bas
qui defend l'entrée de la riviére. (Nous)>En<
continuant notre chemin nous nous arré-
tames sur>11< les>12< bords>13< de>14< la>15< Támise>16<
à>1< Inn Grays[25]>2< (vgl. Abb. 10a)
où>3< il>4< y>5< a>6< un>7< très>8< joli>9< jardin>10<.
La situa-
tion en est charmante et l'arrangement du
jardin, le premier que nous vimes en An-
gleterre nous frappa infiniment. La partie
(Ende der Seite 11)

6 Blick auf die Rochester Brücke, im Hintergrund die Burg, Kupfer aus: The Modern Universal British Traveller, London 1779 (wie Abb. 4). Privatbesitz.

man den Medway-(Fluß) überquert, >an dem ein
Stück abwärts Ihr Chatham< findet. Chatham[24] ist
eine der besten Werften des Königreiches, wo mit
aller Kraft der von Königin Elisabeth begründete
Bau von Kriegsschiffen betrieben wird. Man hält sie
heute für die vollständigsten Marinearsenale. Die
dem Schiffbau und der Wartung der Schiffe
dienenden Bauten sind riesig, und die Häuser, wo
die Offiziere logieren, sind gut gebaut. Wir sind auf
ein Schiff gestiegen, an dem gearbeitet wurde, das
mit hundert Kanonen bestückt sein wird und das
den Namen Victory erhalten wird. Dieser wichtige
Ort wird durch zwei Forts geschützt. Upnor liegt der
Werft gegenüber am anderen Ufer des Medway,
während Gillingham etwas unterhalb liegt und den
Flußlauf verteidigt. >In< Fortsetzung unseres
Weges hielten wir an den Ufern der Themse in Inn (vgl. Abb. 10a)
Grays[25] inne, wo es einen sehr hübschen Garten
gibt. Die Lage ist bezaubernd und die Anlage des
Gartens, des ersten, den wir in England zu sehen
bekamen, hat uns unendlich erstaunt. An seiner
(Ende der Seite 11)

la plus élévée Vous ofre (une) la vue et *Septembre*
d'une riviére très large, surtout quand
la marée est haute et qui est trés navi-
gable. Tout à l'entour vous ne voyes qu'un
pays cultivé semé partout d'habitations.
Quand Vous descendes au (bas) pied de la
montagne, la belle verdure des bouquets
de lauriers, un temple (au fond) le sommet
vous présentent un table digne du
pinceau d'un Claude Lorrain. Vous croiries
que les nymphes vont y danser, où que des
Bergers y célébreront leurs fétes. Ce jardin
est orne trés-élégamment de quelque sta-
tues et de quantités de marbres, et de bas
reliefs aportés d'Italie. Il apartient apre
sent à un nommé Mr. Calkrat[26], un des Comis-
saires qui amaßa ses richesses à l'armé
en Allemagne pendant la derniére guerre.
Nous employames le lendemain matin à
Greenwich[27]. Le fameux Hopital des Invali- *le 4*
des de la marine est un des plus beaux
édifices qui soit en Angleterre, et (rend) est
(aßes) un témoignage >autentique< comment cette nation

höchsten Stelle eröffnet sich Euch der Blick auf *September*
einen besonders bei Flut sehr breiten Fluß, der
gut schiffbar ist. Ringsumher seht Ihr durchweg
bestelltes Land mit verstreuten Behausungen.
Wenn Ihr hinabsteigt zum Fuß des Berges, bietet
Euch das satte Grün, die Lorbeergruppen, ein
Tempel ein Bild, das der Pinselführung eines
Claude Lorrain würdig wäre. Ihr glaubt, daß die
Nymphen dort tanzen wollen, oder daß die Hirten
dort ihre Feste feiern. Dieser Garten ist sehr
elegant mit Statuen und Mengen von Marmor
sowie mit aus Italien herbeigeschafften
Basreliefs geschmückt. Er gehört gegenwärtig
einem gewissen Mr. Calkrat[26], einem der
Kommissare, der seine Reichtümer mit der
Armee in Deutschland während des letzten
Krieges angehäuft hat. Wir verbrachten den
nächsten Morgen in Greenwich[27]. Das berühmte *den 4.*
Hospital for Disabled Sailors ist eines der
schönsten Gebäude, die es in England gibt, und
ist ein >authentisches< Zeugnis dafür, wie diese
Nation die Verdienste und Dienste vergütet, die
man ihr leistet. Es ist wahr, daß das Hotel des

7 Antonio Canal (Canaletto), 1697–1768, Greenwich Hospital vom Nordufer der Themse, National Maritime Museum, London.

fait recompenser les merites et les services qu'on lui rend. Il est vrai que l'Hotel les Invalides à Paris entretient un plus grand nombre de personnes, mais pour la beauté des Batimens celui de Greenwich ne lui en cede en rien, & il me paroit infiniment préférable pour l'arrangement et surtout pour l'extréme propreté qui y régne. Cette place étoit dans le tems paßé un palais Royal où Henri VII. et surtout Henri VIII. >qui l'acheve< y faisoient souvent quelque séjour. Les Reines Marie & Elisabeth y (naquirent) puivent leur naißance. Ce palais ayant été négligé dans la suite Charles second le fit abattre pour en eriger un nouveau. On acheva pendant son regne l'aile gauche tel qu'il est aprèsent, auquel il employa £ 36000. (L'anné)>En 1694< Le Roi Guillaume III. cherchant à encourager le comerce & la navigation, destina ce batiment en même tems qu'un grand espace de terrain pour finir l'edifice, pour servir d'Hopital pour gerecevoir ceux >à< qui leur age ou leur infirme
(Ende der Seite 12)

tes ne permettoient plus de servir, de même qu'aux veuves et aux enfans de ceux qui auroient perdu la vie au service de la couronne. L'aile droite fut commence sous son regne et continué sous celui de ses

Invalides in Paris eine größere Personenzahl aufnimmt, aber hinsichtlich der baulichen Schönheit steht ihm das von Greenwich in nichts nach & scheint mir sogar wesentlich vorteilhafter zu sein hinsichtlich seiner Anordnung und besonders hinsichtlich der äußersten Sauberkeit, die darin herrscht. Diese Örtlichkeit war in vergangenen Zeiten ein königliches Schloß, wo Heinrich VII. und besonders Heinrich VIII., >der es vollendet hat<, dort öfters Aufenthalt genommen haben. Die Königinnen Maria & Elisabeth sind dort geboren worden. Das Schloß war danach vernachlässigt worden, und Karl II. ließ es daraufhin abreißen und wieder neu aufbauen. Während seiner Regierungszeit wurde der linke Flügel so fertiggestellt, wie er sich heute darstellt. Er hat dafür 36000 Pfund verwendet. (Im Jahre) >1694< bemühte sich König Wilhelm III., Handel und Schiffahrt zu fördern und bestimmte diesen Bau gleichzeitig als einen weiten Raum für die Fertigstellung des Gebäudes, auf daß es als Krankenhaus dazu diene, diejenigen aufzunehmen, denen es ihr Alter oder ihre Gebrechen
(Ende der Seite 12)

nicht länger zu dienen erlaubt, ebenso wie die Witwen und die Kindern von denen, die ihr Leben im Dienste der Krone verloren haben. Der rechte Flügel wurde während seiner Regierung begonnen und unter der seiner

succeßeurs et tout l'ouvragne ne fut achevé que par le Roi George II. (Un) Plusieurs particuliers zelés firent des dons gratuits très considérables pour une si noble fondations, et le table suspendue à l'entrée de la grande Sale les fait mon ter jusqu' à la somme de £ 58209. Enfin touts les biens de Cte de Derwentwater[28] qui alloient à £ 6000. de revenus, qui avoit en (beaucoup) >principalement< part à la derniére rebellion, furent donnés en (1715.) >1732.< à l'hopital par un acte du parlement. Les façades des deux ailes sont sur les bords de la Tamise, et c'est la que logent les Gouverneur et les Officiers. Les logemens des mariniers >invalides< sont dans de grandes sales ou il y a des deux cotés une suite de petites chambres. Chaque homme a sa chambre à part où il y a un lit une table & des chaises le tout entretenu avec la derniere netteté. La chapelle est comme le restes d'une belle architecture et la grande sale est peinte par Thornhill. La grande place est ouverte du coté de la Tamise, & le batiment qui est dans le fond et fait face à la riviére forme une colonnade &.ou espéce de portique pour s'y proméner dans le mauvais tems. Ces colonnades de tout l'édifice sont de l'ordre Corinthien. Il y a présentement près de deux mille invalides à Greenwich, et une centaine d'enfans de mariniers qui y sont élevés. Autre cela il y a encore un nombre de femmes qui servent pour avoir soin de tenir la maison propre et qui sont de meme femmes ou veuves de mariniers. Les pensionaires sont habillés de bleu, et on leur fournit encore des soutiers, des bas et du linge. Ils sont nourris très-abondamment et autre cela ils ont encore chacun un shelling par semaine en monnoye
(Ende der Seite 13)

Nachfolger fortgesetzt. Der ganze Bau wurde jedoch erst unter König Georg II. fertiggestellt. Mehrere in Fleißarbeit ausgeführte Einzelheiten ergaben sehr beträchtliche unentgeltliche Zuwendungen für eine so edle Stiftung, und der aufgehängte Tisch am Eingang des großen Saales läßt sie auf eine Summe von 58209 Pfund ansteigen. Schließlich waren alle Güter des Grafen von Derwentwater[28], die sich auf 6000 Pfund an Einnahmen beliefen, welche an der letzten Rebellion >wesentlichen< Anteil hatten, im Jahre >1732< dem Hospital durch Parlamentsbeschluß übergeben worden. Die Frontseiten der beiden Alleen liegen an den Ufern der Themse, und dort wohnen der Gouverneur und die Offiziere. Die >kranken< Seeleute sind in den großen Sälen untergebracht, wo es auf beiden Seiten Reihen von kleinen Zimmern gibt. Jeder Mann hat sein eigenes Zimmer, in dem es ein Bett, einen Tisch & Stühle gibt, alles in größter Sauberkeit gehalten. Die Kapelle ist wie alles übrige schöne Architektur, und der große Saal wurde durch Thornhill ausgemalt. Der große Platz ist nach der Themse hin offen, & das sich im Hintergrund befindliche Gebäude, das gegenüber dem Flusse liegt, bildet eine Kolonnade oder eine Art Portikus zum Promenieren bei schlechtem Wetter. Die Säulen des ganzen Gebäudes sind korinthisch angeordnet. Es gibt gegenwärtig fast zweitausend Invaliden in Greenwich und an die hundert Kinder von Seeleuten, die dort zur Schule gehen. Außer diesen gibt es noch eine Anzahl von Frauen, die sich darum kümmern, das Haus sauber zu halten. Es sind dies Frauen oder Witwen von Seeleuten. Die Pensionäre kleiden sich blau und man gibt ihnen auch Wäsche, nämlich Strümpfe und Unterwäsche. Sie werden reichlich ernährt, außerdem bekommt jeder von ihnen wöchentlich einen Schilling bar ausgezahlt
(Ende der Seite 13)

Sept.^{bre}

pour les petites dépenses. Il y a encore à Greenwich un très-beau parc apartenant au Roi, d'où L'on a une très belle vue du cours de la Tamise et de Londres. Comme le jour étoit extremement serain nous eumes l'avantage de voir très-distinchement cette Capitale et ses environs, ce qui n'est pas ordinaire à cause du brouillard et de la fumée qui epaißit (ordre) communément l'air de la Cité. Sur la partie la plus éléve du parc est un observatoire fondé par Charles II. pour les observations astronomiques et fourni des instruments neceßaires. En quittant la province de Kent je dois ajouter encore que c'est une des mieux cultivérs et des plus fertiles tant en productions de bled, que particulierment en fruit de toute espéce. On voit partout des vergers et des plantations de cerisiers de pomiers et autres arbres fruitiers. Quand on descend des montagnes vers Rochester on a une des plus belles vues qu'il y ait en Angleterre. Sur la droite vous voyés la

September

als Taschengeld. In Greenwich gibt es auch einen sehr schönen Park, der dem König gehört und von dem aus man einen sehr schönen Blick auf den Lauf der Themse und auf London hat. Da der Tag äußerst heiter war, hatten wir den Vorteil, jene Hauptstadt und ihre Umgebung sehr deutlich zu sehen, was wegen des Nebels und Rauchs, die allgemein die Luft der Stadt verdichten, durchaus nicht üblich ist. Auf der höchsten Erhebung des Parks befindet sich ein Observatorium, das von Karl II. für astronomische Beobachtungen gegründet und mit den erforderlichen Instrumenten ausgestattet worden ist. Beim Verlassen der Grafschaft Kent muß ich noch hinzufügen, daß sie zu den wohlbestelltesten und fruchtbarsten für die Weizenproduktion und besonders von Obst jeder Sorte zählt. Man sieht überall Obstgärten und Kirsch-, Apfel- und andere Obstbaumplantagen. Wenn man von den Bergen gen Rochester absteigt, hat man eine der schönsten Aussichten in ganz England. Zur Rechten seht Ihr die Medway und weiter entfernt die Themse, die sich

8 Blick auf London vom »One Tree Hill« im Park von Greenwich, Kupfer aus: The Modern Universal British Traveller, London 1779 (wie Abb. 4). Privatbesitz.

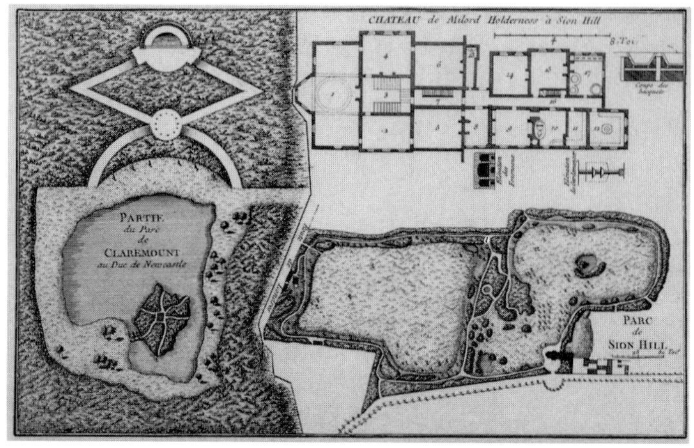

9 Grundriß des Landhauses Sion-Hill und Plan des Parks des Mylord Holderneß, Kupfer aus: Georges-Louis Le Rouge, Détails des nouveaux Jardins à la Mode; Jardins anglo-chinois à la Mode, 21 Hefte, Paris 1776–87, hier Heft 2, Taf. 8. Kulturstiftung DessauWörlitz.

Medway et plus loin la Tamise à laquelle cette riviere se joins. >...ment ...t,...de jetter dans la mer. L'embouchure de ces deux rivière est toutjours couverte de vaißeaux.< De l'autre coté la vue se perd dans les riches campagnes ornées d'une quantité infinie de belles maisons de campagne et de jardins. Nous allames diner chés Mylord Tyrawly[29] qui demeure tout pres du parc de Greenwich dans une petite maison de campagne batie dans le gout gothique par le Chevalier (Vanbrock) Vanbrugh. Il est le troisiéme Feldmarechal, >et fut aide de camp du Duc de Marleborough à la bataille de Blendheim< C'est un vieillard qui a blanchi dans les service, mais qui malgré son age et ses infirmités, garde encore la gayeté & l'humeur d'un jeune homme. Il paße le reste de sa vie dans cette retraite dans la compagnie d'une fille & de deux ou trois fils qui a de diférentes maitreßes, auquels il cherche à faire autant de bien qu'il peut pendant sa vie parcequ'il ne pourra guere leur en laißer après sa mort. Nous arrivames enfin se soir à Londres. Je ne pourrai guere, Mon seigneur, Vous rendre comte des des premiers jours que nous passames dans ce grande ville. La quantité de nouveaux objets qui se
(Ende der Seite 14)

vereinigen, >um sich ins Meer zu ergießen. Die Mündung der beiden Flüsse ist stets von sehr vielen Schiffen belebt<. Auf der anderen Seite verliert sich der Blick in den reichen Feldern, die von unzähligen Landhäusern und Gärten geschmückt sind. Wir speisten bei Mylord Tyrawly[29], der ganz in der Nähe des Parks von Greenwich in einem kleinen Landhause wohnt, das durch Lord Vanbrugh im gotischen Stile erbaut worden ist. Er ist der dritte Feldmarschall >und war Adjutant des Herzogs von Marleborough in der Schlacht von Blendheim<. Er ist ein im Dienst ergrauter alter Mann, der aber sich trotz seines Alters und seiner Gebrechen noch die Fröhlichkeit & den Humor eines jungen Mannes bewahrt hat. Er verbringt den Rest seines Lebens in diesem Zufluchtsort in Gesellschaft einer Tochter & zweier oder dreier Söhne, die er von verschiedenen Frauen hat, an denen er versucht, zu seinen Lebzeiten möglichst viel Gutes zu tun, denn er wird ihnen nach seinem Tode kaum etwas hinterlassen. Schließlich sind wir am Abend in London angekommen. Exzellenz, ich könnte Euch kaum Rechenschaft über die ersten Tage geben, die wir in dieser großen Stadt verbrachten. Die Menge an neuen Dingen, die sich
(Ende der Seite 14)

Septembre

présentérent à mes yeux, la confusion avec laquelle je ne peu que les voir surtout par l'impoßibilité de pouvoir m'en informes par l'ignorance de la langue, ne put me donner que des idées très imparfaites, que je ne pourrois qu'à peine me rapeller. Cequi à mon avis, doit fraper tout étranger qui arrive en Angleterre de quelque pays qu'il soit, c'est de voir l'abondance qui y regne dans touts les états, l'aßiduité au travail dont elle est le fruit >la beaute des chemins< laisance avec laquelle

September

meinen Augen boten, die Verwirrung, mit der ich sie nur ansehen konnte, besonders wegen der Unmöglichkeit, mich informieren zu können, weil ich die Sprache nicht kenne, all das gibt mir nur sehr unfertige Vorstellungen, derer ich mich nur mit Mühe erinnern könnte. Was nach meiner Ansicht jeden Fremden frappiert, der in England eintrifft, ist die Fülle, die dort in allen Verhältnissen herrscht, die Emsigkeit in der Arbeit; deren Frucht ist >die Schönheit der Wege< und die Bequemlichkeit, mit der man reist, die Sauberkeit und Pünktlichkeit, mit der

on voyage, la propreté et la promtitude
avec laquelle on est servi dans toutes les
auberges, et enfin cet air d'assurance et de
male fierté que l'idée de la liberté fait
empreindre sur tout les visages & que l'on
ne trouve point dans les pays somis à un
gouvernement despotique. Je pense encore
qu'il seroit inutile, mon Prince, de Vous
rapeller les cérémonies dont on Vous acca-
bla à l'audience que Vous eutes auprès *le 9.*
du Roi, quoique vraiment Vous futes très
content de l'accueil gracieux que Sa majesté
Vous fit. Il est vrai que ne pouvant Vous
dispenser de faire d'abord (...) cour à la fa-
mille royale, Vous vous arretates pour la
premiere fois à Londres d'avantage que Vous
n'en aviés en deßein, surtout dans une sai-
son où cette ville est quasi abandonnée et
où toutes (la nobleße est) >les personnes de qualité sont<
encore >suposées< présumée
davior étre (en) >à la< campagne[30]. Vous aviez decidé
de faire un voyage pour Vous instruire et
Vous amuses utilement. Vous aviez dès lors aßéz
de conoißance >du monde< pour étre persuadé que ce n'est
pas absolument dans la capitale qui l'on peut
aprendre à juger du commerce et des qualités
d'un pays (...) ni étudies les moeurs d'une
nation. Principaliment en Angleterre (tous)>chaque<
(les) ville(s) (sont) >en< (re)marquable par >des< diférentes
manufactures, chaque port sur les diféren-
tes cotes à son négose particuliers. Enfin
un grand nombres de maisons de campagne
dans les diférentes provinces méritent d'étre
pour la beauté de leur architecture
ou de leurs tableaux. La cultivitation même des
terres, une étude que tout Prince quelque grand
qu'il fut ne (...) devroit jamois négligen
(Ende der Seite 15)

man in allen Herbergen bedient wird, und
schließlich der Anschein der Zuversichtlichkeit
und des falschen Stolzes, den die Idee der
Freiheit allen Gesichtern aufprägt & den man
überhaupt nicht in solchen Ländern findet, die
eine despotische Regierung haben. Ich denke
doch, daß es unnütz wäre, Euch, mein Fürst, an
die Zeremonien zu erinnern, die man Euch zur
Audienz beim König aufgebürdet hatte. Ihr waret
mit der Liebenswürdigkeit, mit der Euch Ihre *den 9.*
Majestät empfing, sehr zufrieden. Wahr ist, daß
es unerläßlich war, zuerst der königlichen
Familie Eure Aufwartung zu machen, da Ihr Euch
zum ersten Male in London aufhieltet, und
vorteilhaft war, daß Ihr darin keine feste Absicht
hattet, besonders in einer Jahreszeit, wo diese
Stadt quasi verlassen ist und wo man davon
ausgehen kann >wo angenommen wird<, daß
alle >Personen von Stand< noch auf dem Lande
sind[30]. Ihr hattet entschieden, eine Fahrt zu
unternehmen, um Euch zu erkundigen und
nützlich zu amüsieren. Ihr hattet also genügend
Kenntnis >von der Welt<, um überzeugt zu sein,
daß es nicht absolut in der Hauptstadt ist, wo
man den Handel und die Qualitäten eines
Landes beurteilen lernt, noch die Sitten und
Gebräuche einer Nation studiert. Prinzipiell ist in
England jede Stadt durch die verschiedenen
Manufakturen >dortselbst< und jeder Hafen an
den verschiedenen Küsten durch seinen ihm
eigentümlichen Handel bemerkenswert.
Schließlich gibt es eine große Anzahl von
Landhäusern in den verschiedenen
Grafschaften, die sich durch die Schönheit ihrer
Architektur oder ihrer Gemälde auszeichnen.
Selbst die Bestellung der Böden, eine Studie, die
jeder Fürst, so groß er auch sei,
niemals vernachlässigen sollte,
(Ende der Seite 15)

n'est pas en Angleterre la chose la moins
digne d'attention. Je ne suis pas nonplus
persuadé que c'est dans la capitale que
l'on aprenue à connoître les coutumes
& la maniére de penser d'un peuple.
Je ne suis pas la deßus du sentiment
de M.r Muralt[31] & je (era) soupçonnerees
que ce préjugé l'a emprétré plus d'une
fois à s'eclercir, à fond sur bien des choses
qu'il a avancées. Deplus en Angleterre
la nobleße en général n'est pas établie
à Londres, elle n'y vient que pour y paßer
l'hiver ou pour aßister au parlement et
soit les occupations qui empéchent les
uns, soit les plaisiers qui dißipent les
autres, les mêmes personnes ne vous pa-
roißent plus à la ville ce qu'ils Vous sem-
bloiret à la campagne. Toutes ces raisons
Vous avoient fait prendre la resolution
de faire quelque grand tour dans le pays
avant l'arrivée de l'hiver. Pendant les
tems que les visites que Vous pensies
de faire à la maison royale vous arre-
tois>en< encore à Londres. Vous vous conten-
tates de l'employer à voir quelques endroits
aux environs de cette ville. Un des pre-

ist in England nicht die am geringsten geachtete
Sache. Auch ich bin nicht davon überzeugt, daß
es die Hauptstadt ist, wo man die Gebräuche &
die Denkweise eines Volkes kennenlernt. Ich
überhebe mich nicht über das Gefühl von Mr.
Muralt[31]; ich würde vermuten, daß dieses Vorurteil
ihn mehr als einmal daran gehindert hat, sich zu
vielen Dingen, die er befördert hat, von Grund auf
zu erklären. Außerdem hat sich in England der
Adel nicht in London eingerichtet, man kommt
dorthin nur, um den Winter zu verbringen oder um
im Parlament dabei zu sein, und seien es die
Beschäftigungen, die einen verhindern, seien es
die Vergnügungen, die die anderen zerstreuen,
die nämlichen Personen erscheinen Euch in der
Stadt anders als sie Euch auf dem Lande
vorkommen. All diese Gründe haben Euch den
Entschluß fassen lassen, vor Einbruch des
Winters eine große Fahrt ins Land zu
unternehmen. Während der Zeit, da Ihr dem
königlichen Hause Besuche abzustatten
gedachtet, hieltet Ihr Euch noch in London auf. Ihr
begnügtet Euch damit, einige Orte in der
Umgebung dieser Stadt zu besichtigen. Einer der
ersten war Sion Hill[32], ein Haus, das Mylord *den 10.*
Holderness gehört. Es ist noch nicht lange her, daß

10 Richard Wilson, 1714–1782, Blick über die Themse bei Kew Gardens auf Syon-House, Öl auf Leinwand, um 1760/1770, Bayerische Staatsgemäldesammlungen, München.

mier(e)s fut Sion-hill[32], maison apartenan
te à Mylord Holderneß. Il n'y a pas long-
tems qu'elle est batie et le jardin qui n'
est planté que depuis peu d'années mon-
tre qu'il era beau dans quelque tems, et
nous donna une idée de la maniére dont
on commence à arranger les jardins en
Angleterre. La maison n'est pas grande com
me si proche de Londres n'étant pas destinée
à y demeurer, mais elle est meublée trés-
élégamment et d'une propreté surprenan-
te. Mylady Holderneß qui est Hollandoise
à cherche à renchérir encore sur la nette
té que l'on trouve généralement partout
en Angleterre. Sion-hill est tout proche
de Sion-house[33], >très belle< maison apartenante à
Milord Northumberland située sur les
bords de la tamise dans le province de
Surrey un peu au deßus de Richmond.
Nous repaßames la Tamise pour voir (Hamp)
>la maison Royale de< Hampton court.[34] Ce palais fut bati
par le fameux
(Ende der Seite 16)

le 10

es erbaut wurde, und der Garten, der erst vor wenigen Jahren angelegt worden ist, zeigt, daß er in einiger Zeit schön sein wird und gibt uns eine Vorstellung von der Art und Weise, in der man in England Gärten anzulegen beginnt. Das Haus ist nicht groß, und so nahe bei London gelegen, daß es nicht dazu bestimmt ist, dort zu bleiben, aber es ist sehr elegant ausgestattet und von einer erstaunlichen Sauberkeit. Mylady Holderness ist Holländerin, sie versucht, die Reinlichkeit, die man generell überall in England findet, noch zu übertreffen. Sion Hill liegt in der Nähe von Sion House[33], einem >sehr schönen< Hause, das Mylord Northumberland gehört und sich am Ufer der Themse in der Grafschaft Surrey etwas oberhalb von Richmond befindet. Wir überquerten die Themse um >das königliche Haus von< Hampton Court[34] zu besichtigen. Dieses Schloß wurde durch den berühmten
(Ende der Seite 16)

Sept^{bre}

Cardinal Wolsey, qui en fit présent à Henri VIII. son maitre. Le Roi Charles I. y fut >dans la suite< prisonier pendant quelque tems. Mais ce fut le Roi Guillaume III. & la Reine Marie qui y ajoutérent la plus grande partie et y demeurérent très souvent. La Tamise forme un demi circle au tour du jardin est forme une très agréable situation. Au reste le jardin en soi même est dans le gout Hollandois. Le palais de Hampton court est très-vaste, il a (plusieurs) >trois< cours >quarrees qui se suivent l'une l'autre dont les deux premiéres sont gothiques. La troisiéme et (...) la façade du coté du jardin avec l'autre du coté gauche sont baties sous le Roi Guillaume sur le plan de Christophe Wren fameux ar chitecte dans ce tems.< (diférentes. La façade du coté du jardin est grande belle). Le grand escalier qui conduit à la Sale d'armes est peine par un Italien nommé Verio. Les apartemens sont d'une belle suite quoique meublés, un peu à l'antique. Ils sont ornés d'un bon nombre de peintures surtout de portraits par Van Dyk, Kneller[35] & Thornhill[36] Ce qu'il y a de plus beau dans ce palais c'est la gallerie des Cartons de Raphael.[37] De douze qu'il y en avoient, il n'en reste plus que sept. Ce sont des Cartons que ce celebre peintre avoit fait pour servir de modeles à des tapißeries et qu'il avoit colorie pour cette raison. Des sept qui y restent, le premier représente la péche miraculeuse, le second notre Seigneur qui donne les clefs de l'eglise à St. Pierre, le troisieme l'estropié gueri à la porte du temple, le quatrieme la mort d'Aeneias, le cinqieme Elymas le sorcier frappé d'aveuglement, le sisciéme le sacrifice que les peuples de Lycaonie vaulurent faire à St. Paul & St. Barnabas et le septieme St. Paul qui préche aux Atheniens.

le 12

Deux jours après nous allames faire un autre tour en Surrey. La premiére place >qui nous vimes< fut Wooburn Farm[38] qui apartenoit a M.r Southcot mort depuis quelque tems. La(e) (jardin) plus grande beauté de ce jardin consiste dans l'art avec lequel on a su ménager partout les vues les plus charmantes. D'abord en entrant nous paßames par une allée qui tourne le long d'une grande piéce d'eau à l'autre coté de laquelle il y a une jolie maison. En montant à gauche vers la partie la plus élévé
(Ende der Seite 17)

September

Kardinal Wolsey erbaut, der es Heinrich VIII., seinem Herrn, zum Geschenk machte. >In der Folge< war dort König Karl I. einige Zeit. Aber es waren König Wilhelm III. & Königin Marie, die den größten Teil anbauen ließen und dort sehr oft wohnten. Die Themse bildet um den Garten einen Halbkreis, so daß sich eine sehr angenehme Lage ergibt. Übrigens ist der Garten selbst nach holländischer Art angelegt. Das Schloß Hampton Court ist sehr weitläufig, es hat >drei< >quadratische Höfe, von denen sich einer dem anderen anschließt und von denen die beiden ersten gotisch sind. Die dritte, gartenseitige Fassade wurde mit der linken Seite unter König Wilhelm nach dem Plan des zu jener Zeit berühmten Architekten Christopher Wren erbaut.< Die große Treppe, die zum Waffensaal führt, wurde von einem Italiener namens Verio ausgemalt. Die Wohnräume sind von einer schönen Folge, jedoch ein wenig auf altertümliche Weise eingerichtet. Sie sind geschmückt mit einer guten Anzahl von Gemälden, besonders mit Portraits von Van Dyck, Kneller[35] & Thornhill[36]. Das Schönste in diesem Schlosse ist die Galerie der Kartons von Raphael[37]. Von dem Dutzend, die es davon gab, sind nur noch sieben geblieben. Das sind die Kartons, die dieser berühmte Maler angefertigt hatte, um als Vorlagen für die Wandbehänge zu dienen und die er aus diesem Grunde koloriert hat. Von den sieben verbliebenen stellt der erste den wundersamen Fischzug dar, der zweite unseren Herrn bei der Übergabe der Schlüssel der Kirche zu St. Peter, der dritte den geheilten Lahmen an der Tempeltür, der vierte den Tod des Aeneas, der fünfte das Opfer, das das Volk von Lykaonien dem St. Paulus und dem St. Barnabas machen wollte, der sechste den Zauberer Elymas, der mit Blindheit geschlagen wurde, und der siebente St. Paulus, der den Athenern predigt.

den 12.

Zwei Tage später machten wir eine weitere Tour in Surrey. Der erste Ort >den wir besichtigten< war Wooburn Farm[38], die dem vor einiger Zeit verstorbenen Mr. Southcot gehört hatte. Die größte Schönheit dieses Gartens besteht in der Kunst, mit der man alle schönsten Ausblicke angelegt hat. Zunächst sind wir beim Betreten durch eine Allee geschritten, die sich um eine große Wasserfläche bis zur anderen Seite herumzieht, wo sich ein hübsches Haus befindet. Beim Hinaufsteigen links zum höchstgelegenen Teil
(Ende der Seite 17)

Sept.^{bre}

du jardin nous parvinmes aux ruines d'un espéce de temple gothique entouré de cipres et de saules pendants, qui font une idée très singuliere. De là une allée principale (con) aboutit à un pavillon. Mais de touts cotés il y a de petites allées irregulieres, qui ofre a la vue les plus jolis paysages du monde. Sur le coté droit le pont de Walton, sur

September

des Gartens gelangten wir zu den Ruinen einer Art gotischen Tempels, umgeben von Zypressen und Trauerweiden, die einen sehr sonderbaren Eindruck hervorriefen. Von dort führt eine Hauptallee zu einem Pavillon. Aber von allen Seiten gibt es kleine, unregelmäßige Alleen, die dem Blick die anmutigsten Landschaften von der Welt bieten. An der rechten Seite der Brücke von

la gauche le pont de Cheiseg, le Chateau de Windsor & Windsor Lodge vous présentent partout de diferents tableau. Arrivé au pavillon, l'oeuil est plus libre et se perd dans le objets varie du pays le plus riant. Au(bas) >pied< de la coline sur laquelle le pavillon est situé serpente un ruißeau qui descend de la foret de Windsor et qui fait les bornes du jardin de ce coté là. De la nous descendimes par une douce pente dans une autre partie du jardin qui est plus baße mais qui n'en est pas moins agréablement située. Un autre ruißeau, qui vient de Guilford la parcourt irregulierement & y forme plusieurs petits baßins d'eau. Les allées qui y sont pratiquées sans ordre simetriques nous raménérent insensiblement à l'endroit pas lequel nous étions entrés a peu de distance de Wooburn. Milord Portmore à une maison de campagne à Weybridge >nomée Ham-Farm<[39] (qui est) dont le jardin est plus ancien que le précédent & paroit étre un des premiers qui ont été fait >en Angleterre< dans le gout moderne par la hauteur d'une quantite d'arbres étrangers qui en font une des principales beautés. Devant la maison vous voyes un grand bowling-green ou tapis verd au bout duquel une belle allée vous conduit à un baßin d'eau, formé par le ruißeau de Guilford qui vient s'y jetter par un arc ou espece de grotte (de rocailles) bordé de faules pendans & d'un toufe d'arbres qui forment une idée très-pitoresque. En continuant notre chemin nous trouvames au dela de cette piece d'eau un canal navigable qui traverse le jardin. On le paße sur un pont de bois aßés curieux, que l'on tourne sur un piveau pour laißer le
(Ende der Seite 18)

Walton, auf der linken Seite der Brücke von Cheiseg, zeigen sich Euch Schloß Windsor & Windsor Lodge überall in unterschiedlichen Ansichten. Am Pavillon angekommen, kann das Auge freier schweifen und verliert sich in den heitersten Gegenständen des Landes. Am >Fuße< des Hügels, auf dem sich der Pavillon befindet, schlängelt sich ein Bach entlang, der im Walde von Windsor entspringt und der die Begrenzung des Gartens auf jener Seite bildet. Von dort sind wir auf sanfter Neigung in einen anderen Teil des Gartens gelangt, der zwar tiefer, aber deswegen nicht weniger angenehm gelegen ist. Ein anderer Bach, der von Guilford kommt, durchfließt ihn in regelmäßigem Lauf & bildet mehrere kleine Wasserflächen. Die Alleen, die dort ohne Symmetrie angelegt sind, führten uns unmerklich zu dem Ort, durch den wir unweit von Wooburn eingetreten waren. Mylord Protmore hat ein Landhaus in Weybridge, >genannt Ham-Farm[39]<, dessen Garten älter als der vorgenannte ist & der einer der ersten zu sein scheint, den man >in England< hinsichtlich der Höhe einer Anzahl von ausländischen Bäumen, die darin eine der Hauptschönheiten ausmachen, im modernen Geschmack angelegt hat. Vor dem Hause seht Ihr eine große Rasenfläche, einen grünen Teppich, an dessen Ende Euch eine schöne Allee zu einem Wasserbecken führt, das durch den Guilford-Bach gebildet wird, der sich durch einen Bogen oder eine Art Grotte (von Muschelwerk) darein ergießt, und das von Trauerweiden & einer Baumgruppe gesäumt ist, die ein sehr malerischen Eindruck ergeben. Auf unserem weiteren Wege fanden wir hinter dieser Wasserfläche einen schiffbaren Kanal, der den Garten durchquert. Man überquert ihn auf einer ziemlich seltsamen Brücke, die auf einem Zapfen drehbar gelagert ist, um
(Ende der Seite 18)

chemin libre aux bateau. (que) De l'autre coté *Sept.bre*
du canal le jardin continue jusqu'aux bords de la Tamise, ou il y a une belle
terraße. Le lendemain matin nous allames *le 13*
à Oatland[40] (aß) tout proche de Weybridge. Ce jardin apartient à Milord Lincoln. On y entre par une terraße au milieu de laquelle est une très-belle maison. La vue en est (très-belle) des plus agreables. Tout le jardin est situe presque sur la pente d'une montagne au pied de laquelle Vous voyez serpenter un petite riviére, qui paroit naturelle mais qui neaumoins est faite par l'art. De la nous allames à Walton voir de plus près le pont[41] que (l'on) nous avions vu de loin dans touts ces environs et qui est d'une beauté singuliére. Ce pont n'est que de trois arches, qui peposent sur quatre pilliers de pierre, et tout le reste n'est que de bois. >la voute de< L'arche du milieu est d'une (est d'une hauteur prodigieuse) >espace prodigieuse< et la charpente en est jointe d'une maniére singuliére. Nous mésurames environ soixante pas >entre les deux piliers< d'un pilier a l'autre qui

den Weg für die Schiffe freizulassen. Auf der *September*
anderen Seite des Kanals setzt sich der Garten bis an die Ufer der Themse fort, wo es eine
schöne Terrasse gibt. Am anderen Morgen haben *den 13.*
wir uns nach Oatland[40] ganz in der Nähe von Weybridge begeben. Dieser Garten gehört Mylord Lincoln. Man betritt ihn über eine Terrasse, in deren Mitte sich ein sehr schönes Haus befindet. Die Sicht ist dort höchst angenehm. Der Garten befindet sich fast gänzlich auf dem Hang eines Berges, an dessen Fuße Ihr ein Flüßchen sich schlängeln seht, das zwar natürlich aussieht, aber dennoch künstlich geschaffen worden ist. Von dort begaben wir uns nach Walton, will sagen, nächst der Brücke[41], die wir in dieser ganzen Umgebung von Ferne gesehen hatten und die von einer einzigartigen Schönheit ist. Diese Brücke besteht nur aus drei Bögen, die auf vier steinernen Pfeilern ruhen, und alles andere ist ganz aus Holz. >Die Wölbung< der Bogen in der Mitte ist von einer erstaunlichen Weite, und das Gebälk ist auf einzigartige Weise zusammengefügt. Wir maßen ungefähr sechzig Schritt >zwischen den beiden Pfeilern< von einem der diesen Bogen tragenden

10a Der Garten von Greenhite (Ingress) 1752. Kupferstich aus: John Boydell, A collection of Views, London 1770, Band III, Tafel 19. The Royal Collection© Her Majesty The Queen Elizabeth II. Ingress war der erste Garten in England, den Fürst Franz besuchte. (Siehe Seite 45)

11 Ansicht des Landschaftsgartens von Mr. Hamilton in der Nähe von Cobham von Westen (heute Painshill), Kupfer aus: The Modern Universal British Traveller, London 1779 (wie Abb. 4), Privatbesitz.

soutiennent cette arche. Ce fut M.^{r} Sa-
muel Decker qui fit batir ce pont avec la
permißion du parlement. Il l'achiva en
1750. Ce pont n'est pas moins utile (par)
aux deux provinces de Middlesex et de Sur-
rey qu'il joint par le grand chemin qui
y paße et il sert en même tems d'orne-
ment à touts ces environs. Nous ne paßames
pas Waltonbridge mais nous restames dans
la province de Surrey pour prendre notre
chemin vers Cobham qui est situe tout près
du chemin de Londres à Guilford. Il y a à Cobham[42]
un jardin qui apartient à Mr Hamilton qui
va beaucoup embelli depuis quelques années
et qui travaille encore continuellement à
y ajouter quelque chose. Comme il n'y a point
de maison qui mérite quelque attention on
nous conduisit d'abord au jardin qui est très spa-
cieux et qui consiste en plusieurs collines sur
le sommet desquels on a posé diferents bati
mens qui servent de point de vue et forment par-
tout de très agréables perspectives. Une partie
de ces collines sont faites avec la terre que l'on
(Ende der Seite 19)

Pfeiler zum anderen. Es war Mr. Samuel Decker, der die Brücke mit Genehmigung des Parlaments bauen ließ. Sie wurde 1750 fertiggestellt. Diese Brücke ist den Grafschaften Middlesex und Surrey nicht weniger nützlich, werden diese doch durch die über sie führende große Straße miteinander verbunden, und gleichzeitig dient sie der ganzen Umgebung als Schmuck. Wir überschritten Waltonbridge nicht, sondern blieben in der Grafschaft Surrey, um unseren Weg von London nach Guilford zu nehmen. In Cobham[42] gibt es einen Garten, der Mr. Hamilton gehört und der seit ein paar Jahren sehr verschönert wird. Diese Arbeit ist noch im Gange, um dort noch etwas zu ergänzen. Da es dort überhaupt kein Haus gibt, das Beachtung verdiente, führte man uns zuerst zum Garten, der sehr weitläufig ist und der sich über mehrere Hügel erstreckt, auf deren Gipfeln man verschiedene Bauten gesetzt hat, die als Aussichtspunkte dienen und überall sehr angenehme Anblicke bieten. Ein Teil dieser Hügel ist mit der Erde aufgeschüttet worden, die man
(Ende der Seite 19)

Sept.^{bre}

y a (...) creusé pour faire le canal qui par-
court tout le (terrain) jardin. D'abord nous
arrivames à un espéce de temple gothique
ouvert de touts cotés qui Vous presente (tout
le jardin) une variation d'objet admirable.
Au pied de la (montagne) >coline< sur laquelle le pa-
villon est situé Vous voyez une grande piece
d'eau où le canal >qui sort entre les rochers d'une
montagne qui< vient terminer sa course
irreguliére. Au milieu vous voyéz une Ile
avec une grote qui n'étoit pas encore toute
achevée. Les ruines d'un arc orné de quelques
antiques se presentent de l'autre coté du
canal entre les (arbres) pins et les lauriers.
Tout le >reste du< jardin Vous paroit une foret et comme
il est rempli d'une quantité de diferents arbres
étrangers il >vous montre un paysage< a d'une variation de teintes mer-
veilleuse. Sur la main gauche un petit hermi-
tage décoré très rustiquement semble pendre
sur le précipice d'une coline. Une autre co-

September

ausgehoben hatte, um den Kanal zu bauen, der durch den Garten verläuft. Zuerst kamen wir zu einer Art gotischem Tempel, der nach allen Seiten offen ist und der Euch eine Vielzahl bewundernswerter Dinge bietet. Am Fuße des >Hügels<, auf dem der Pavillon gelegen ist, seht Ihr eine große Wasserfläche dort, wo der Kanal* hervortritt, seinen unregelmäßigen Lauf beendet. In der Mitte seht Ihr eine Insel mit einer Grotte, die noch nicht ganz fertiggestellt war. Die Ruinen eines mit antiken Figuren geschmückten Bogens zeigten sich auf der anderen Seite des Kanals zwischen den Kiefern und Lorbeerbäumen. Der ganze >übrige< Garten erschien Euch wie ein Wald, und da er eine Menge verschiedener ausländischer Bäume hat, >zeigt er Euch eine Landschaft< von einer wunderbaren Farbschattierung. Linker Hand scheint eine kleine, sehr rustikal dekorierte Einsiedelei über dem Abgrund eines Hügels zu hängen. Ein anderer Hügel rechter Hand, aber weiter

** der zwischen den Felsen eines Berges*

line à main droite mais plus loignée Vous montre un très-beau temple de Bacchus, & plus dans le lointain encore une grande tente ou pavillon >à la<turque. Plus au milieu & sur la coline la plus éminente une tour s'éléve, sur laquelle nous montames après avoir fait la tour du jardin. Je dois ajouter encore que la petite rivière nommé le Mole qui paße tout proche du jardin y fournit (...) l'eau neceßaire. Mais comme le lit de cette riviére est bien plus bas on fait monter l'eau par une machine qui ne consiste que dans une roue & qui (conduit l'eau) la fait entrer par le milieu de la montagne d'où le canal semble tirer sa source. Cette machine et comme tout le reste de l'invention du maitre même. Esher[43] est un autre fort jolie endroit, qui a apartenu à M.r Pelham. La maison est batie dans un gout gothique, mais le jardin quoique simple, ne laiße pas d'etre très agréable. Claremont[44] maison du Duc de Newcastle fut bati par M.r John Vanbrugh, connu en Angleterre par son gout singulier pour l'architecture gothique tout contraire au bonnes regles, mais qu'il a su menager de façon à rendre neaumoins ses maisons très logeables. (Cette) La maison de Claremont a une façade aßés longue, mais elle n'est pas haute. Une fort grande place d'un beau gazon devant la maison, la coline qui s'élé-
(Ende der Seite 20)

entfernt, zeigt Euch einen sehr schönen Bacchustempel, und noch weiter entfernt ein großes Zelt oder einen Pavillon in griechischem Stil. Mehr in der Mitte & auf dem bedeutendsten Hügel erhebt sich ein Turm, auf den wir gestiegen sind, nachdem wir den Rundgang durch den Garten gemacht hatten. Ich muß hier noch hinzufügen, daß das Mole genannte Flüßchen, das ganz nahe am Garten vorbeifließt, dort das ganze erforderliche Wasser zu bieten scheint. Aber da das Flußbett zu tief liegt, wird das Wasser mittels einer Maschine angehoben, die nur aus einem Rad besteht & die den Fluß in die Bergmitte eintreten läßt, von wo aus der Kanal gespeist zu werden scheint. Diese Maschine ist wie alles andere auch eine Erfindung desselben Meisters. Esher[43] ist ein anderer sehr hübscher Ort, der Mr. Pelham gehört. Das Haus ist nach gotischem Geschmack gebaut, aber der Garten, wie einfach er auch gehalten sein mag, bleibt angenehm. Claremont[44], Haus des Herzogs von Newcastle, wurde durch Mr. John Vanbrugh erbaut, bekannt in England durch seinen einzigartigen Geschmack für die gotische Architektur ganz im Gegensatz zu den guten Regeln, der aber auf eine Weise zu gestalten gewußt hat, daß seine Häuser dennoch sehr wohnlich sind. Das Haus von Claremont hat eine ziemlich lange Fassade, ist aber nicht hoch. Eine sehr große, schöne Rasenfläche vor dem Hause, der Hügel, nach hinten
(Ende der Seite 20)

ve derriere couverte d'arbres qui aboutèrent *Sept.bre*
au deux ailes du batiment et bordent ce bowling-green feroient croire qu'elle est placée à l'entrée d'un bois. Tout au haut de la montagne a presque une mille derriere la maison vous voyer une tour >ou précisément un pavillon< de la quelle on a la plus belle vue du monde à Londres, à Windsor, à Hamptoncourt & dans touts les environs. Tout le jardin est d'un trèsbel arrangement. Le lendemain *le 14*
nous allames à Richmond[45], où le Roi a un très-grand jardin où il m'a paru que la nature a plus de droit d'étre admiré que l'art. La terraße qui conduit tout le long des bords de la Tamise, les bois, les allées irregulieres, l'hermitage en font les principaux ornemens. Dans les siècles paßés beaucoup des souverains d'Angleterre ont demeuré a Richmond. Le Roi George I. aimait beaucoup ce jardin et y fit beaucoup de changements. Le Roi qui regne aujourd'hui y vient regulièrement plusieurs fois la semaine. Nous rentrames à midi à Londres et le même soir Vous aßistates à la cérémonie du Batéme du Prince Frédéric[46]. Ce fut l'Archevéque de Canterbury qui en fit la fonction dans les apartemens de la Reine où toute la famille Royale étoit aßemblée. La Reine étoit couchée dans un lit très magnifique. Les Pairs du Royaume y aßistèrent, außi bien que ce qu'il y avoit de la première

mit Bäumen bedeckt, die zu den beiden Flügeln *September*
des Gebäudes führen und an jene Rasenfläche grenzen, lassen den Eindruck entstehen, daß es am Eingang eines Waldes gelegen ist. Ganz oben auf dem Berge, fast eine Meile hinter dem Hause seht Ihr einen Turm, oder genau genommen einen Pavillon, von dem aus man den allerschönsten Blick auf London, Windsor, Hamptoncourt und auf die ganze Umgebung hat. Der ganze Garten ist sehr schön angelegt. Am nächsten Tage begaben
wir uns nach Richmond[45], wo der König einen sehr *den 14.*
großen Garten hat und wo es mir schien, als hätte die Natur eher recht als die Kunst bewundert zu werden. Die Terrasse, die immer entlang der Themseufer führt, die Wälder, die unregelmäßigen Alleen, die Einsiedelei machen dort hauptsächlich den Schmuck aus. In den vergangenen Jahrhunderten haben viele Herrscher Englands in Richmond gewohnt. König Georg I. hat diesen Garten sehr geliebt und dort viele Veränderungen vorgenommen. Der heute herrschende König kommt regelmäßig wöchentlich mehrere Male dorthin. Wir kehrten am Mittag nach London zurück, und am selben Abend nahmt Ihr an der feierlichen Taufe des Prinzen Friedrich[46] teil. Der Erzbischof von Canterbury nahm die Handlung in den Gemächern der Königin vor, wo die ganze königliche Familie versammelt war. Die Königin lag in einem sehr schönen Bett. Die Pairs des Königreiches waren zugegen, genauso wie der gesamte Hochadel und ebenso auch die Gesandten der ausländischen Höfe. Ihr nutztet die

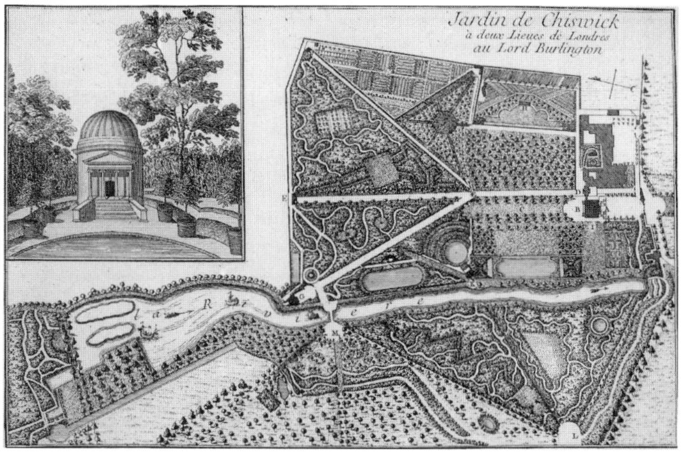

12 Chiswick, Grundriß des Gartens und Ansicht des Tempels im Orangeriegarten, Kupfer aus: G.-L. Le Rouge, Détails des nouveaux Jardins à la mode, 21 Hefte, Paris 1776–87, hier Heft 1, Tafel 22. Kulturstiftung DessauWörlitz.

13 Ansicht des Schlosses oder Königlichen Palastes von Windsor in Berkshire, Kupfer aus: The Modern Universal British Traveller, London 1779 (wie Abb. 4). Privatbesitz.

nobleße de même que les ministres du cours
étrangères. Vous employates les jours sui-
vans à visiter quelques artistes dont je
me reserve de parler plus bas, et à pas courir
cette grande ville où toutes les boutiques
sont remplies des choses dignes de curiosité.
Un matin nous allames voir Chiswick[47] *le 17*
en Middlesex, >où il y a une maison< qui apartient à présent au fils
du Duc de Devonshire, mais qui fut batie
par feu Milord Burlington. Elle paße pour
une des plus belles piéces d'architecture en
Angleterre, et elle est veritablement dans
le gout de l'anciennne Gréce. Une allée de
cédres extrémement hauts qui aboutit a
la belle façade de la maison Vous présente
une entrée des plus majestueuses et semble
Vous conduire dans un temple. Un très-bel esca-
lier & un portique dans l'ordre corinthien devant
(Ende der Seite 21)

folgenden Tage, um einige Künstler aufzusuchen,
wovon zu berichten ich mir für weiter unten
aufspare, und um diese große Stadt eilenden
Fußes zu besichtigen, wo alle Läden mit Dingen
angefüllt sind, die der Neugierde wert sind. Eines
Morgens gingen wir Chiswick[47] in Middlesex *den 17.*
besichtigen, wo es ein Haus gibt, das gegenwärtig
dem Sohne des Herzogs von Devonshire gehört,
jedoch durch den verstorbenen Mylord Burlington
erbaut worden ist. Es gilt als eines der schönsten
Werke der Architektur in England, und es ist
tatsächlich im Stile des alten
Griechenland erbaut. Eine Allee außerordentlich
hoher Zedern geht auf die schöne Fassade des
Hauses zu und präsentiert Euch einen höchst
majestätischen Eingang, der Euch in einen Tempel
zu führen scheint. Eine sehr schöne Treppe und ein
Portikus im korinthischen Stil vor
(Ende der Seite 21)

l'entrée forment la façade principale. Dans le *Sept.bre*
dedans il y a une sale en forme de octagone
qui termine en dome par lequel la lumière
y tombe. Cette sale außi bien que les autres
apartemens sont ornés de marbres, de bronzes,
& d'un bon nombre de beaux tableaux.
La belle proportion et la noble simplicité
tant dans le dedans que dans le dehors de
cette maison (sont) méritent l'admiration
de tout le monde. On pourroit souhaiter
qu'une architecture si elégante eut été
employée pour un batiment plus vaste.
Il m'a encore paru que les apartemens
ne sont pas aßés clairs, ce qui n'est pas
à l'avantage des tableaux. Le jardin est
aßés grand et bien ordonné. Mais tant d'é-
difices, d'obelisques, de statues et de vases
qu'on y trouve partout me font penser
qu'on a travaillé à y étaler les productions
de l'art plus qu'a y erichir les beautés de la
nature. De Chiswick nous allames encore
faire un tour à Grove[48] maison de M.r Eliot
très elégante avec un fort joli jardin, et

dem Eingang bilden die Hauptfassade. Dahinter *September*
gibt es einen achteckigen Saal, der von einer Kuppel
abgeschlossen wird, durch die das Licht einfällt.
Dieser Saal ist ebenso wie die anderen
Gemächer mit Kunstgegenständen aus Marmor,
Bronze und einer guten Anzahl schöner
Gemälde geschmückt. Die schönen Proportionen
und die edle Einfachheit sowohl innen als auch
außen verdienen allgemeine Bewunderung. Man
könnte wünschen, daß eine so elegante
Architektur auf ein weit größeres Gebäude
angewendet worden wäre. Ich hatte auch den
Eindruck, daß die Gemächer nicht hell genug
gewesen sind, was nicht zum Vorteil der
Gemälde ist. Der Garten ist groß genug und
wohlgeordnet. Aber all die Bauwerke, Obelisken,
Statuen und Vasen, die dort überall zu finden
sind, haben mich denken lassen, daß man sich
bemüht hat, eher die Erzeugnisse der Kunst
auszustellen, denn die Schönheiten der Natur zu
bereichern. Von Chiswick haben wir noch eine
Tour nach Grove[48], dem sehr eleganten Haus
des Mr. Eliot, mit einem sehr hübschen Garten

de là à Wimbleton[49] en Surrey. Cette maison qui apartient à Milord Spencer est très bien batie et ornée de beaux tableaux >parmi lesquels< entre autres il y en a deux qui sont gravés par Strange, l'un du Guide representant la modestie & la liberalité, l'autre d'André Sacchi representant le merite récompensé. On travailloit à aplanir une coline ou terrasse du coté du Sud pour procurer une vue plus libre à la maison. Milord Spencer a encore une belle ménagerie à Wimbleton remplie d'oiseaux étrangers. En reprenant notre chemin à Londres nous >vîmes< en paßants encore devant une petite maison aparténante à M.me Pitt qui est très jolie pour son ameublement & pour le parti qu'on a su tirer d'un si petit terrain. Quelques jours après, Monseigneur, quand Vous eutes fini toutes Vos premières visites de cérémonie, nous partîmes de Londres pour aller faire notre premier tour, que començames par Windsor >en Berkshire<. On nomme »Windsor Lodge«[50] le palais où le Duc de Cumberland fait sa demeure ordinaire. La maison n'en est aucunement magnifique mais on y arrive par un très-beau chemin qui paße par le grand parc. Ce parc a 14. miles de circonférence, & le Duc a fait beaucoup de depenses pour l'embellir, a quoi la belle situation lui a *le 23.*
(Ende der Seite 22)

und von dort nach Wimbleton[49] in Surrey unternommen. Dieses Haus, das Mylord Spencer gehört, ist sehr gut gebaut und mit schönen Bildern geschmückt, unter denen es neben anderen auch zwei gibt, die von Strange gestochen sind, eines von Guide stellt die Bescheidenheit & die Freigebigkeit dar, das andere von André Sacchi stellt die belohnten Verdienste dar. Man hat an der Südseite einen Hügel oder eine Terrasse zu planieren unternommen, um einen freieren Blick auf das Haus zu schaffen. Mylord Spencer hat in Wimbleton auch eine schöne Menagerie voller exotischer Vögel. Wir nahmen unseren Weg nach London wieder auf und besichtigten unterwegs noch kurz ein kleines Haus, das Madame Pitt gehört und das sehr hübsch wegen seiner Einrichtung und des ziemlichen Teils, den man aus einem so kleinen Gelände zu erlangen gewußt hat. Ein paar Tage später, als Ihr, Exzellenz, alle Eure ersten zeremoniellen Besuche beendet hattet, verließen wir London, um unsere erste Tour zu machen, die wir mit Windsor in Berkshire begannen. Man bezeichnet mit »Windsor Lodge«[50] das Palais, wo der Herzog von Cumberland gewöhnlich seinen Wohnsitz hat. Das Haus ist in keiner Weise herrlich, aber man kommt dorthin auf einem sehr schönen Wege, der durch den großen Park führt. Dieser Park hat einen Umfang von 14 Meilen; der Herzog hat viel ausgegeben, um ihn zu verschönern, wozu die schöne Lage ihm *den 23.*
(Ende der Seite 22)

Sept.bre

fourni touts les avantages. Les grandes pièces d'eau, le beau pont d'un arche sur lequel on paße une petite rivière, le pavillon à la Chinoise bati et meublé le plus élégament qu'il est poßible dans le gout, la grote avec la cascade font les principaux ornemens (de cet). Il y a encore un autre grand pavillon sur (le haut) une coline des plus hautes nomée Shrub's Hill, d'où l'on a une très-belle vue nonseulement du parc, mais de touts les environs. Quoique le Duc ne se trouvat pas ce matin à sa maison, il >avoit< eut neaumoins l'attention d'y laißer le General Hotson pour Vous y recevoir et d'ordoner des voitures pour la comodité de parcourir un endroit si spacieuse. Ce grand parc est contigu à la foret de Windsor, qui embraße une grande partie de Berkshire. Cette foret est célebre par Mr. Pope qui y naquit a Binfield et qui tira à jamais de l'oubli le nom de la contrée ou il prit sa naißance. Son poeme Windsor-forest[51] est une des plus belles descriptions qu'on ait dans ce gout & comme ce grand homme demeuroit sur le lieu même dans le tems qu'il le composa, on peut dire que c'est un tableau fait d'après nature. Le chateau de Windsor[52] est situé sur le haut d'une montagne et la terraße, qui en entoure une grande partie est fameuse pour ses belles vues. Guillaume le conquerant après s'étre emparé de la couronne, batit (le chateau) >Windsor Castle< et les Rois ses succeßeurs y residerent. Mais ce fut Edouard III. qui le changea tout à fait

September

alle Vorzüge geliefert hat. Die großen Wasserflächen, der schöne Brückenbogen, über den man ein Flüßchen überquert, der chinesische Pavillon, der so elegant, wie das in dieser Geschmacksrichtung möglich ist, gebaut und ausgestattet ist, die Grotte mit dem Wasserfall bilden den hauptsächlichen Schmuck. Es gibt noch einen weiteren großen Pavillon auf einem der höchsten Hügel, Shrub's Hill genannt, von wo aus man eine sehr schöne Aussicht nicht nur auf den Park, sondern auch auf die ganze Umgebung hat. Auch wenn der Herzog sich an jenem Morgen nicht zu Hause befand, hatte er doch nichtsdestoweniger die Aufmerksamkeit, dort General Hotson zu Eurem Empfang zu lassen und Wagen zu bestellen, um ein so weitläufiges Anwesen bequem durchfahren zu können. Dieser große Park grenzt an den Wald von Windsor, der einen großen Teil von Berkshire einnimmt. Dieser Wald ist durch Mr. Pope berühmt, der dort in Binfield geboren wurde und der ständig den Namen der Gegend, wo er geboren worden war, zu vergessen vorgab. Sein Gedicht Windsor Forest[51] ist eine der schönsten Beschreibungen, die es in dieser Geschmacksrichtung gibt, wie denn auch dieser große Mann an Orten zur nämlichen Zeit weilte, da er das Gedicht schuf; man kann sagen, daß es ein Gemälde ist, das der Natur nachgeschaffen worden ist. Schloß Windsor[52] liegt auf der Höhe eines Berges, und die Terrasse, die einen großen Teil davon umgibt, ist für ihre schönen Ausblicke berühmt. Wilhelm

14 Blick auf »Eaton-College« in der Grafschaft Buckinghamshire, Kupfer aus: The Modern Universal British Traveller, London 1779 (wie Abb. 4). Privatbesitz.

15 Blick auf die Stadt Oxford mit der College-Kirche, dem Turm der Marien-Kirche, der Kuppel der Radcliffe-Bibliothek und dem Turm der Schulgebäude, Kupfer aus: The Modern Universal British Traveller, London 1779 (wie Abb. 4). Privatbesitz.

et y érigea le (chateau) >palais< qui y subsiste encore. Enfin Charles II. l'acheva et il y paßait ordinairement l'été. La statue equestre de ce prince est au millieu de la Cour du palais. Les apartemens de ce palais sont grands, meublés un peu à l'antique; et on y voit une quantité de tableaux gatés pour la pluspart. Il y a un apartement qu'on nomme la sale des Beautes, the room of Beauties, ou sont les portraits des plus fameuses beautés sous le regne de Charles II. >peintus par Lely<. Ce sont celles dont les mémoires du Chevalier de Grammont fournißent les anecdotes les plus amusantes. Le chateau de Windsor est encore fameux pour l'institution de l'ordre de la jarretière. Cet ordre fut fondé l'an 1349 par le Roi Edouard III. comme une recompense de service militaire. La jarretière fut (prise) >choisee< (comme le) en signe du lieu d'amitié qui doit joindre l'honneur & la valeur >le courage<. Le Roi
(Ende der Seite 23)

der Eroberer ließ, nachdem er sich der Krone bemächtigt hatte, Schloß Windsor erbauen, und die ihm nachfolgenden Könige residierten dort. Es war jedoch Edward I., der es völlig umgestalten ließ und den Palast errichtete, der noch heute dort steht. Karl II. schließlich vollendete den Bau und verbrachte dort gewöhnlich den Sommer. Das Reiterstandbild dieses Fürsten befindet sich inmitten des Schloßhofs. Die Gemächer des Schlosses sind groß, etwas antik ausgestattet, und man sieht eine Anzahl von großenteils verdorbenen Gemälden. Es gibt ein Gemach, genannt der Saal der Schönen, the room of Beauties, wo sich die von Lely gemalten Portraits der berühmtesten Schönheiten zur Herrschaftszeit Karls II. befinden. Es sind jene, über die in den Memoiren des Chevaliers de Grammont die amüsantesten Anekdoten zu finden sind. Schloß Windsor ist ferner berühmt für den Hosenbandorden. Das Strumpfband wurde als Gleichnis für das Band der Freundschaft gewählt, dem sich die Ehre und die Tapferkeit >der Mut< verbinden sollen. König
(Ende der Seite 23)

Sept.^{bre}

Edouard qui étoit alors en guerre avec la France en prit l'ocasion pour la devise, Honi soit qui mal y pense. Le conte qu'on a inventé de la jarretière de la Comteße de Salisbury a été refuté depuis longtems. Cet ordre consiste >outre le Souverain en< vingte cinq chevalier companions. Il y a encore 18. autres qu'on nomme les pauvres Chevaliers, qui ont une petite pension, mais que ne portent point de marque. Le chevalier s'aßemblent touts les ans à Windsor le jour de St. George, patron d'Angleterre, en l'hommage duquel cet ordre fut institué. La ceremonie d'investir les Chevaliers se fait dans la chapelle de St. George et après la fonction le Roi & les Chevaliers dinent dans la sale de St. George. Cette sale est aßés pien peinte par Verrio[53]. Il y a représente le triomphe du fameux Prince Noir, qui y >a en< méne les rois de France

September

Edward, der sich damals mit Frankreich im Kriege befand, nutzte die Gelegenheit für die Devise »Ein Schelm, der Arges dabei denkt!« Die Geschichte, die über das Strumpfband der Gräfin von Salisbury erfunden wurde, ist schon längst widerlegt. Dem Orden gehören außer dem Herrscher 25 Ritter als Gefährten an. Weitere 18 gehören ihm unter dem Namen arme Ritter an, die eine kleine Pension beziehen, aber keinerlei Erkennungszeichen tragen. Die Ritter versammeln sich jährlich zu Windsor am Tage des Schutzpatrons von England St. Georg, zu dessen Ehren der Orden gegründet worden war. Die Investitur findet für die Ritter in der St. Georgskapelle statt, und nach der Amtshandlung speisen König & Ritter im St. Georgssaal. Dieser Saal ist recht gut von Verrio[53] ausgemalt worden. Es

& d'Ecoße ses prisoniers au Roi Edouard III. son père. On nous aßura que le Roi Charles I. fut enseveli dans la Chapelle de St. George par Ordre du Protecteur, & on nous y montra son tombeau. Vis a vis du chateau de Windsor mais au delà de la Tamise en Buckinghamshire est le College d'Eton[54] qui fut fondé par Henri VI. dont la statue en bronze est encore au milieu de la grande Cour. Ce college est institué pour soixante et dix écoliers qui y sont eléves ou depend du Roi, ou plustôt du college. Outre ceux-ci la plus grande partie des jeunes gens de qualité font leurs premières études à Eton, où ils sont en pension chès les profeßeurs. Il y en avoient jusqu'à 600 dans les tems que nous y fumes. Le batiment au reste n'est pas beau, (mais) >mais très logeable< et le college a une belle Bibliothèque
& £ 5000 de revénus. Le lendemain nous continuames notre chemin à Oxford, et nous ne nous arrètames que quelques momens pour voir la maison de Milord Harcourt à Newnham[55] >entre Dorchester & Oxford<.
Oxford est situé sur les bords de la Tamis à miles de Londres. C'est une des plus grandes villes de l'angleterre & les batimens qui apartiennent à l'université, & qui font près de deux tiers de la ville, sont en partie de très-beaux édifices. L'université consiste en vingt Collèges, dont nous ne vimes >les dedans< que trois, le Collège de l'Université, le College de la Trinité & celui de la Reine, qui est un très-beau batiment. Chacun de ces Collèges a ses profeßeurs àpart, mais letout ensemble ne forme qu'un corps d'universités qui a ses propres magistrats à la tête desquels est un chancelier, qui est élu par l'Université et qui garde sa charge pendant
(Ende der Seite 24)

ist dort der Triumph des berühmten Schwarzen Prinzen dargestellt, der die Könige von Frankreich und Schottland als seine Gefangenen seinem Vater König Edward III. zuführt. Man versicherte uns, daß König Karl I. in der St. Georgskapelle auf Befehl des Protectors begraben wurde, und zeigte uns sein Grab. Gegenüber Schloß Windsor befindet sich in Buckinghamshire auf der anderen Themsenseite das Eton-College[54], das durch Heinrich VI. gegründet wurde. Dessen Bronzestatue steht noch inmitten des großen Hofes. Den Stamm des Colleges bilden 70 Studenten, die dort Zöglinge oder vom König, oder eher vom College abhängig sind. Außer diesen machen die meisten der jungen Leute von Stand ihre ersten Studien in Eton, wo sie bei Lehrern in Pension wohnen. Es gab deren zu der Zeit, als wir dort waren, bis zu 600. Das Gebäude ist sonst nicht schön, aber sehr wohnlich, und das College hat eine schöne Bibliothek und 5000 Pfund Einkommen.
Anderntags setzten wir unseren Weg nach *den 24.*
Oxford fort und hielten uns nur kurz auf, um das Haus von Mylord Harcourt in Newnham[55] zwischen Dorchester & Oxford anzusehen. Oxford befindet sich an den Ufern der Themse, 56 Meilen von London entfernt. Es ist eine der größten Städte Englands, und die Gebäude, die der Universität gehören und die fast zwei Drittel der Stadt ausmachen, sind teilweise sehr schön. Die Universität besteht aus zwanzig Colleges, von denen wir nur drei von innen gesehen haben: das College der Universität, das College der Trinität & das der Königin, ein sehr schönes Gebäude. Jedes College hat seine eigenen Lehrer, aber gemeinsam bilden sie eine einzige Universitätskörperschaft, die ihre eigenen Beamten mit einem Kanzler an der Spitze hat, der von der Universität gewählt wird und das Amt auf
(Ende der Seite 24)

toute sa vie. C'est ordinairement un des Pairs *Sept.bre*
du Royaume ou au moins de la première nobleße; il doit avoir soin de maintenir les anciennes loix de l'Université. On comte à peu près troismille personnes qui forment toute l'université, dont mille sont entretenus aux fraix des diférens Colleges. Outre ces vingt Colleges il y a encore cinq batimens qu'on nomme Halls où il y a außi des profeßeurs & des étudians, mais les étudians y vivent à leurs propres frais. Le Profeßeurs außi bien que les étudians portent une espèce de robe pardeßus de leurs habits et une berette au lieu de chapeau pour leur distinction. Nous allames voir encore quelques autres édifices publics, comme le Theatre où l'on tient les harangues publiques, le Museum, la galerie des peintures, et la fameuse Imprimerie
de Clarendon[56], qui a une belle façade. Nous quitames 25.
Oxford le lendemain pour aller à Woodstock, petite ville renomée pour le beau travail en acier que l'on y fait. Nous allames descendre

Lebenszeit behält. Gewöhnlich ist dies einer der *September*
Pairs des Königreiches oder wenigstens einer vom Hochadel; er soll für die Einhaltung der alten Gesetze der Universität Sorge tragen. Man zählt fast dreitausend Personen, die der Universität angehören, wovon tausend auf Kosten der verschiedenen Colleges unterhalten werden. Außer diesen zwanzig Colleges gibt es noch fünf Hallen genannte Gebäude, wo es auch Lehrer & Studenten gibt, aber die Studenten leben dort auf eigene Kosten. Die Lehrer tragen ebenso wie die Studenten über ihrer Kleidung eine Art Robe und ein Barett als Kopfbedeckung, um sich kenntlich zu machen. Wir gingen noch einige andere öffentliche Gebäude besichtigen, wie das Theater, wo man öffentliche Ansprachen hält, das Museum, die Gemäldegalerie und die berühmte
Druckerei von Clarendon[56], die eine schöne 25.
Fassade hat. Wir verließen Oxford am folgenden Tag, um uns nach Woodstock zu begeben, einer kleinen Stadt, die durch die guten Stahlarbeiten

16 Ditchley, der Landsitz des Earl of Lichfield in der Nähe von Woodstock in Oxfordshire, Kupfer aus: The Modern Universal British Traveller, London 1779 (wie Abb. 4). Privatbesitz.

chez quelques ouvriers, qui nous firent voir des chaînes pour les montre et quantités d'autres petites bagatelles admirablement bien travaillés >et poliés< mais d'une chereté exceßive. Sous le regne de la Reine Anne la Seigneurie de Woodstock fut donnée par un acte du parlement au celèbre Duc de Marlborough en recompense (pour) des services qu'il avait rendu à l'état. De plus le parlement fit bâtir a une (bien) mile de Woodstock le chateau de Blenheim[57] en mémoire de la Bataille que ce >grand< capitaine gagna contre les François et le Bavarois. (le Palais) >Blenheim house< (qui) sera à jamais fameux & par la mémoire des actions éclatantes de ce grandhomme & par celle des bienfaits d'une nation qui ne menage rien quand il s'agit d'elever le mérite. Ce palais est très-vaste & magnifique mais d'une architecture trop lourde, du Chevalier Vanbrugh. Toutefois les apartemens sont superbement meublés de tapißeries de haute liße qui representent les principales victoires que le Duc remporta, et d'un bon nombre de beaux tableaux. La Bibliotheque est très nombreuse et la sale où elle est, est très élégamment arrangée. À l'entrée du chateau feu la Ducheße à fait ériger un arc de Triomphe où la memoire du Duc, de même qu'un obelisque sur la principale avenue du parc avec une inscription qui contient un racont les (princip) actions les plus remarquables. Le Parc est très-vaste mais le jardin n'est pas en-
(Ende der Seite 25)

bekannt ist, die man dort fertigt. Wir begaben uns dort zu einigen Arbeitern, die uns Uhrenketten und andere bewundernswert gut gearbeitete glänzende kleine Dinge zeigten, die allerdings extrem teuer waren. Unter der Herrschaft der Königin Anne wurde die Grundherrschaft über Woodstock durch Parlamentsbeschluß dem berühmten Herzog von Marlborough in Würdigung seiner dem Staate geleisteten Verdienste übertragen. Außerdem ließ das Parlament eine Meile von Woodstock entfernt Schloß Blenheim in Erinnerung an die Schlacht errichten, die dieser große Hauptmann gegen die Franzosen und Bayern gewonnen hatte. Schloß Blenheim[57] wird auf immer durch die Erinnerung an die glänzenden Taten dieses großen Mannes & durch dessen Wohltaten für eine Nation berühmt bleiben, die keine Mühe scheut, wenn es sich darum handelt, Verdienste zu würdigen. Dieses Schloß ist sehr weitläufig & großartig, aber von einer zu schwerfälligen Architektur von Sir Vanbrugh. Immerhin sind die Gemächer prächtig mit Wandbehängen in Hochwebstuhltechnik, auf denen die wichtigsten Siege dargestellt sind, die der Herzog errungen hat, und einer guten Anzahl schöner Gemälde ausgestattet. Die Bibliothek ist reich ausgestattet, und der Saal, in dem sie untergebracht ist, ist sehr elegant eingerichtet. Am Eingang des Schlosses hat die verstorbene Herzogin zur Erinnerung an den Herzog einen Triumphbogen errichten lassen, ebenso wie einen Obelisk auf der Hauptallee des Parks mit einer Inschrift, die über die bemerkenswertesten Taten berichtet. Der Park ist sehr weitläufig, aber der Garten ist noch nicht
(Ende der Seite 25)

core achevé. Le descendans du Duc sont obligés de présenter tout les ans le 2. d'Août jour anniversaire de la victoire de Blenheim, un étendant au Roi en signe d'homage pour la seigneurie de Woodstock. Cet étendant se conserve dans un des apartemens à Windsor. A quelques miles de Blenheim nous nous arretames à Ditchley[58] maison de Milord Litchfield. Elle est bien batie élégament meublée et sa situation me paroit préférable à celle de Blenheim. Milord Shrewsbury a encore une belle maison dans ces envi- *Sept.bre*

fertig. Die Nachkommen des Herzogs sind verpflichtet, alljährlich zum 2. August, dem Jahrestag des Sieges von Blenheim, dem König als Zeichen der Huldigung für die Grundherrschaft von Woodstock eine Standarte zu präsentieren. Diese Standarte wird in einem der Räume von Windsor aufbewahrt. Einige Meilen von Blendheim entfernt haben wir am Hause Ditchley[58] von Mylord Litchfield angehalten. Es ist gut gebaut und elegant eingerichtet, und die Lage schien mir günstiger als jene von Blenheim zu sein. In jener Gegend *September*

rons à Haythorps[59] dont la façade est très magnifique. Elle consiste dans une belle colonnade. Le parc en est fort beau. Nous arrivames

Le 26.
**En Warwickshire à 109. Miles de Londres*

le lendemain à Birmingham* ville remarquable par ses manufactures. On y travaille extrémement bien en fer & en acier. On y fait une très grande quantité d'armes à feu, qui ne sont pas tout à-fait bonnes mais il en va un gran nombre en Amerique pour les sauvages. Nous allames voir un nomme M.r Taylor qui a une fabrique de boutons de métal où il employe un grand nombre d'hommes, de femme & d'enfans. Il fait encore travailler toute sorte d'autres bagatelles en émail, en argent, en pinsbeem. Ce M.r Taylor a amaßé par ce trafic plus de cent mille livres sterlings outre ce qu'il a dans son négoce, & il fait subsister quelques centaines d'habitans. On fait außi à Birmingham toute sorte de petits meubles de fer blanc vernißé et peint le plus joliment du monde. L'imprimerie de Basquevill à Birmingham est en reputation pour la beauté de ses caractères, quoiqu'on aßure qu'on n'y imprime pas trop correctement. Le chevalier Cottrel qui Vous avoit accompagné dans ce petit voyage, Vous avoit invité, mon Prince, de paßer quelques jours à sa maison sur Votre retour à Londres. Sa campagne est à quatre miles de Woodstock, on la nome Rowsham[60].

le 27. En Oxfordshire

Quoique ni la maison ni le jardin ne soyent grand, la belle situation en fait un endroit très agréable. Le jardin est située sur la pente d'une coline, au pied de laquelle coule une petite rivière qui en fait les limites. Une grande chute d'eau sur une coline oposée forme un beau coup d'oeil. La maison est jolliment meublée & il y a quelques bons tableaux. Nous paßames trois jours à Rowsham très-agréablement à courir la chaße. Nous reprimes enfin notre chemin pour Londres par
(Ende der Seite 26)

hat auch Mylord Shrewsbury zu Haythorps[59] ein schönes Haus mit herrlicher Fassade. Diese besteht aus einer schönen Kolonnade. Der Park ist sehr schön.

den 26.
**In Warwickshire, 109 Meilen von London*

Am nächsten Tag sind wir in Birmingham* angekommen, einer wegen ihrer Manufakturen bemerkenswerten Stadt. Es werden dort außerordentlich gute Eisen- und Stahlarbeiten gefertigt. Es werden dort auch große Mengen an Schußwaffen hergestellt, deren Qualität nicht besonders gut ist, aber die in großer Stückzahl nach Amerika an die Wilden gehen. Wir besuchten einen gewissen Mr. Taylor, der eine Metallknopffabrik hat, wo er zahlreiche Männer, Frauen & Kinder beschäftigt. Er läßt auch allerlei andere Dinge aus Emaille und Silber fertigen. Mr. Taylor hat durch diesen Handel hunderttausend Pfund Sterling angehäuft, dazu kommt, was in seinem Geschäft steckt; er unterstützt ein paar hundert Einwohner. Man macht in Birmingham auch kleine Möbelstücke aus Weißblech, die man auf die hübscheste Art von der Welt farbig lackiert. Die Druckerei von Basquevill in Birmingham ist wegen der Schönheit ihrer Buchstaben bekannt, allerdings wird behauptet, daß man dort nicht allzu korrekt druckt. Lord Cottrel, der Euch während dieses kurzen Besuchs begleitete, hatte Euch, mein Fürst, eingeladen, bei Eurer Rückreise nach London ein paar Tage in seinem Hause zu verbringen.

den 27. In Oxfordshire

Sein Haus, das sich vier Meilen von Woodstock entfernt befindet, wurde Rowsham[60] genannt. Weder das Haus noch der Garten sind groß, jedoch ist der Ort wegen der schönen Lage sehr angenehm. Der Garten befindet sich auf dem Hang eines Hügels, an dessen Fuße sich ein Flüßchen windet, das die Grenze bildet. Ein großer Wasserfall an einem gegenüberliegenden Hügel bildet einen schönen Anblick. Das Haus ist hübsch eingerichtet und hat einige gute Gemälde. Wir verbrachten drei Tage in Rousham sehr angenehm mit Jagden. Schließlich setzten wir unsere Reise nach London fort, vorbei am
(Ende der Seite 26)

Octobre 1.

Stow[61] maison de campagne de Milord Temple près de Buckingham à 60. miles de Londres. C'est un jardin très-vaste qui a cinq miles de circonférence. Il est si rempli de temples, de pavillons, d'obelisques, de piramides et de toute sorte de monumens, qu'il faudroit une brochure entière pour en donner la description. Quoique quelquesuns de ces monumens soyent érigés au plus grands hommes d'Angleterre, & que dans la plus part on puiße reconnoitre le genie plus >encore< que le bon gout de (...) Milord Cobham qui arrangea >ordonna< ce jardin,

le tout ensemble me paroit neaumoins une chose beaucoup trop surchargée. Il y a neaumoins quelques grandes parties dans le jardin aßés belles. La maison est fort vaste, bien meublée, mais l'architecture n'y est pas de plus élégantes.

2.

Nous returnames le lendemain à Londres, mais nous ne nous y arrètames qu'une couple de jours.

5.
**à 60. miles de Londres dans Cambridgeshire*

Les courses d'automne qui alloient commencer à Newmarket[62]* Vous engagèrent de prendre Votre tour vers ce coté. La ville en soi-

Oktober 1.

Landhaus Stow[61] von Mylord Temple, das nahe Buckingham, 60 Meilen von London entfernt gelegen ist. Der Garten dort ist sehr weitläufig und hat einen Umfang von fünf Meilen. Er ist voller Tempel, Pavillons, Obelisken, Pyramiden und aller Arten von Denkmälern, deren Beschreibung einer ganzen Broschüre bedarf. Obgleich einige dieser Denkmäler den größten Männern Englands errichtet worden sind & man größtenteils den Genius mehr noch als den guten Geschmack von Mylord Cobham erkennen kann, der >diesen Garten angelegt< die Anlage dieses Gartens verfügt hat, erschien mir das ganze Ensemble nichtsdestoweniger zu überladen. Immerhin sind größere Partien des Gartens recht schön. Das Haus ist sehr geräumig und wohleingerichtet.

2.

Wir kehrten am nächsten Tage nach London zurück, aber wir hielten uns dort nur ein paar Tage auf.

5.
**60 Meilen von London in Cambridgeshire*

Die bevorstehenden Herbstrennen in Newmarket[62]* bewogen Euch, Euren Weg in diese Richtung zu nehmen. Die Stadt selbst verdient

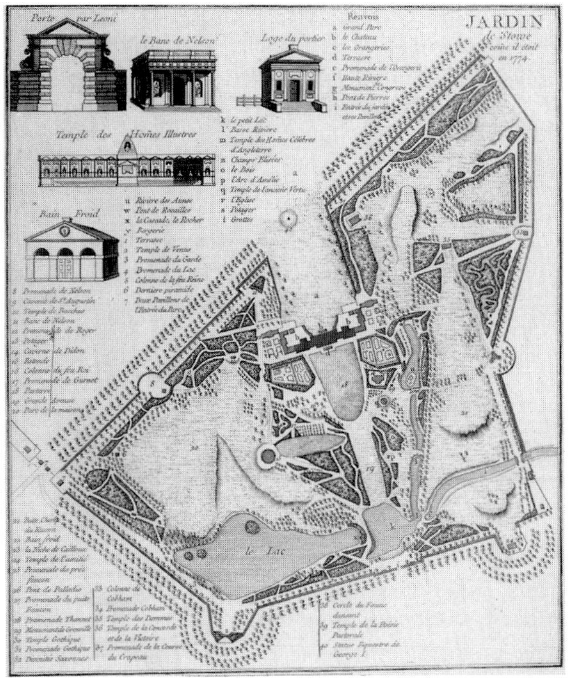

17 Grundriß des Gartens von Stowe im Jahr 1774 mit einigen Parkarchitekturen, Kupfer aus: G.-L. Le Rouge, Détails des noveaux Jardins á la mode, 21 Hefte, Paris 1776–87, hier Heft 4, Taf. 18. Kulturstiftung DessauWörlitz.

même ne mérite pas d'attention elle est située justement sur les frontières de Cambridgeshire & de Suffolk. La ville ne consiste presque que dans une rue de maisons mal baties. (Le Roi) Il y a une maison Royale, où les Rois logeoient autrefois pour voir les courses, mais a présent c'est le Duc de Cumberland[63] qui l'habite pendant cette saison. Il y encore deux ou troix autres maison paßables qui apartiennent (aux) >à quelques< seigneurs. Les courses des chevaux sont un spectacle que l'on ne voit qu'en Angelterre avec cet ordre, & ceux de Newmarket sont les plus fameuses de tout le pays. C'est une chose qu'un etranger >ne laiße pas de mérites< y faße quoique attention, non seulement pour la nouveauté du spectacle, mais principalement pour voir avec quelle paßion les personnes du premier rang et même le peuple s'y abandonnent. Comme on la traite si sérieusement, le parlement a jugé devoir s'en meler, & en a constitué les loix par un acte exprès sous le regne de George II. Il est étonnant de voir les Ducs et Pairs et les premiers seigneurs du Royaume non seulement risquer leur biens dans les paris, mais (...) donner avec une aplication infatigable à l'entretien de leurs chevaux. Ce ne sont plus les mêmes hommes qu'on les voit ou à Londres où à leurs maisons de campagne. Il ne font que courir d'une écurie à l'autre et méditer de nouvelles subtilités & bien souvent de nouveaux moyens pour se tromper les uns les autres. Au reste il ne faut regarder ces courses que comme une sorte de jeu de hazard (Ende der Seite 27)

keine Aufmerksamkeit. Sie befindet sich genau an der Grenze zwischen Cambridgeshire & Suffolk. Die Stadt besteht fast nur aus einer Straße von schlecht gebauten Häusern. Es gibt ein königliches Haus, wo die Könige einst logierten, um die Rennen zu sehen, aber gegenwärtig ist es der Herzog von Cumberland[63], der dort in dieser Saison wohnt. Es gibt noch zwei oder drei andere passable Häuser, die hohen Herren gehören. Die Pferderennen sind ein Spektakel, das man in dieser Weise nur in England erleben kann, und die von Newmarket sind die berühmtesten im ganzen Lande. Es ist dies eine Sache, die mit gewisser Aufmerksamkeit zu bedenken, ein Ausländer sich nicht leicht entgehen läßt, nicht allein wegen der Neuartigkeit des Spektakels, sondern hauptsächlich um zu sehen, mit welcher Leidenschaft Personen ersten Ranges und gar das Volk sich dort gehen lassen. Ernst, wie man die Rennen nimmt, hat das Parlament sich in der Pflicht gesehen, sich dort einzubringen & hat unter der Herrschaft Georgs II. durch einen ausdrücklichen Parlamentserlaß Gesetze aufgestellt. Es ist erstaunlich zu sehen, wie die Herzöge und Pairs und die ersten Herrschaften des Königreiches nicht nur ihr Hab und Gut bei den Wetten riskieren, sondern sich auch mit unermüdlicher Hingabe der Pflege ihrer Pferde widmen. Es sind dies dieselben Männer, die man in London oder in ihren Landhäusern sieht. Sie tun nichts anderes, als von einem Pferdestall zum anderen zu laufen und auf neue Spitzfindigkeit, oft genug auf neue Mittel zu sinnen, um sich einander auszutäuschen. Ansonsten sind diese Rennen nicht anders als eine Art Glücksspiel anzusehen, (Ende der Seite 27)

18 Ansicht der Stadt Cambridge von Westen, Kupfer aus: The Modern Universal British Traveller, London 1779 (wie Abb. 4). Privatbesitz.

19 Ansicht der Kaskade in der Nähe des Heilbades Matlock in Derbyshire, Kupfer aus: The Modern Universal British Traveller, London 1779 (wie Abb. 4). Privatbesitz.

même et pendant même que les chevaux sont déjà à courir c'est un vacarme continuel de gens qui offrent de nouveaux paris, qui vont quelquefois jusqu'à cent contre vingt, contre dix contre cinq. Il est impoßible d'entrer d'abord dans le secret de cet espèce de jeu de hazard, et eux mêmes n'y parviennent qu'au dêpend de bien des sommes & par une longue étude non seulement de la conaißance des races & de l'entretien des chevaux, mais encore plus des artifices qui s'y employent, malgré le dehors d'honetété & de franchise qui y paroit à un etranger. *Oct.bre*
Outre cela, il y a un langage exprès pour ce metier qu'un Anglois même qui n'en est pas instruit ne sauroit comprendre. On sort ordinairement pour voir les courses a une heure après midi. Après les courses on va à la coline qui est l'endroit où l'on monte tous les matins & touts les soirs les chevaux pour les tenir en exercice. Il y en a quelquefois 150 à deux cent sur la place. Il y sont toutjours couverts, les chevaux de chaque seigneur vont ensemble se suivant l'un l'autre. Ceci fait véritablement un très-joli spectacle. Le Duc de Cumberland est un des plus fermes soutiens de ces courses. Il y a perdu des sommes immenses pendant bien des années, mais il gagna considerablement quand nous y fumes. On craint même qu'après sa mort on se relachera beaucoup de l'exactitude & du zéle avec lequel on y aßiste actuellement. Au reste c'est un Prince fort aimé pour sa manière d'agir et sa politeße envers tout le monde. Il sacha de Vous témoigner toutes les attentions poßibles pendant le tems que nous fumes à Newmarket.
La ville de Cambridge[64] n'est qu'a 13. miles de Newmarket et à 52. de Londres La ville en soi est mal batie et n'est connus que par l'Université, qui est arrangée à peu près sur le même ordre que celle d'Oxford, quoiqu'elle ne soit pas si nombreuse. Elle à ses magistrats et son Chancelier qui pourroit être élu touts les trois ans, mais qui par un consentiment la cite garde sa charge pendant toute sa vie. Toute l'Univer- *le 9.*

auch und gerade auch, wenn die Pferde schon im Rennen sind, es herrscht dann ein beständiger gewaltiger Lärm unter den Leuten, die neue Wetten bieten, manchmal bis zu hundert gegen zwanzig, zehn, fünf. Es ist zunächst unmöglich, hinter das Geheimnis dieser Art von Glücksspiel zu kommen, und selbst jene gelangen erst dorthin, nachdem sie beträchtliche Summen ausgegeben haben & durch langes Studium nicht nur dessen, was die Kenntnis der Rassen & die Pflege der Pferde betrifft, sondern mehr noch der Kunstgriffe, derer man sich hier bedient, ungeachtet des Eindrucks, der bei einem Fremden entsteht, daß Ehrlichkeit & Aufrichtigkeit keinen Zutritt haben. Überdies bedient man sich in diesem Fach einer Sprache, die selbst ein Engländer ohne Unterrichtung darin nicht verstehen würde. Man begibt sich gewöhnlich um ein Uhr nachmittags hinaus, um die Rennen zu sehen. Nach den Rennen geht man zu dem Hügel, dem Orte, wo morgens und abends die Pferde bestiegen werden, um sie in Übung zu halten. Manchmal sind dort 150 bis zweihundert auf dem Platze. Sie sind stets aufgezäumt, die Pferde jedes Herrn gehen zusammen, eines dem anderen folgend. Das gibt wirklich ein sehr hübsches Schauspiel. Der Herzog von Cumberland ist eine der entschiedensten Stützen dieser Rennen. Er hat so manches Jahr immense Summen verloren, aber beträchtlich gewonnen, als wir dort waren. Man fürchtet gar, daß man es nach seinem Tode sehr an Exaktheit & Eifer fehlen lassen werde, mit der man dort gegenwärtig zu Werke geht. Übrigens ist er ein Fürst, der wegen seiner Art zu handeln und seiner Höflichkeit gegen jedermann sehr beliebt ist. Er hat Euch während der Zeit unseres Aufenthaltes in Newmarket alle möglichen Aufmerksamkeiten zu bezeugen gewußt. Die Stadt Cambridge[64] liegt nur 13 Meilen von Newmarket und 52 Meilen von London entfernt und ist nur durch die Universität bekannt, die ungefähr genauso eingerichtet ist, wie jene in Oxford, auch wenn sie nicht so *Oktober* *den 9.*

sité consiste en seize colleges. Nous rencontrames
M.r Broket profeßeur pensionné du Roi au College
de la Trinité. Il sacha de nous montrer ce qu'il y
avoit de plus remarquable. Le College de la Trini-
té et fameux par plusieurs des premiers savans
qui y ont fait leurs études entre autres le Chancelier
(Ende der Seite 28)

zahlreich ist. Sie hat ihre Beamten und ihren
Kanzler, der alle drei Jahre gewählt werden
könnte, der aber sein Amt per Übereinkunft
durch die Stadt auf Lebenszeit behält. Die ganze
Universität besteht aus sechzehn Colleges. Wir
sind Mr. Broket begegnet, einem pensionierten
Lehrer des Königs am College der Trinität. Er
wußte uns das zu zeigen, was am
bemerkenswertesten war. Das College der
Trinität ist berühmt für mehrere Wissenschaftler
ersten Ranges, die dort ihre Studien gemacht
haben, unter anderen Kanzler
(Ende der Seite 28)

Bacon & le célébre Newton. On a erigé >depuis peu d'années<
à ce dernier
une aßes belle statue dans la Chapelle de la Tri- *Oct.bre*
nité. Ce grand Philosophe y est representé avec
un prisme à la main dans le moment qu'il de-
couvrit les regles de la refraction des rayons
du soleil. Cette statue est du ciseau de Roubiliac.
La bibliotheque de ce collège est nombreux &
d'une belle architecture. La chapelle du Collè-
ge royal est fort belle et quoique grande il n'y
a aucun pilier et, toute la voute se soutient par
soi-même. Nous allames encore voir le Theatre
où l'on tient les cerermonies et les harangent
à l'ecole publique pour les lectures publiques
fournie d'une belle bibliothèque. Nous conti-
nuames notre de Cambridge sans guère nous
arrèter jusqu'à Derby[65]. Cette ville est à cent vingt *11.*
et deux miles de Londres située sur la rivière
Derwent. Ce qu'il y a de plus remarquable est une
grande machine pour filer la soye (qui) >dont l'idée< a été
(aporte) prise en Italie. On ne la fait pas voir
ordinairement & nous fumes même obligés
de quiter Derby cette fois-ci sans pouvoir y
parvenir. Mais comme depuis nous y fumes
une seconde fois & que nous avions munis d'un
billet du maitre, nous eumes le loisir de la voir
tout à notre aise. Ce fut un nommé Sir Thomas
Lombe qui trouva moyen de s'introduire à Anco-
ne dans (la) une maison oú il y a une semblable ma-
chine & d'en faire secrètement un modèle, que
l'on (nous y) conserve encore >à Derby< en pièces détachées.
Il aporta ce modele en Angleterre & commen-
ça à (faire) >construire< cette grande machine à Derby. Le
Parlement lui donna le privilege d'en avoir
lui seul la proprieté & l'usage pendent quatorze
ans, & après qu'elle furent écoulés, il lui (...)
donna encore une recompense de quatorze mille
livres sterling à condition qu'il permettroit
qu'on copiat un parfait modèle, de peur que
cette invention ne perit un jour après sa mort
ou par quelque accident. Ce modèle fut achevé
et on le conserve dans la Tour à Londres. Cette
machine sert à filer la soye dans une quantité
prodigieuse avec l'aide de peu de personnes, et
avant qu'elle fut construite les Anglois étoient
obligés d'acheter toute la soye filée en Italie.
Le batiment qui y est employé est tres-vaste,
il est situé sur le bord de la Derwent et parle
moyen d'une seule rouë que cette rivière fait
tourner elle fait aller trois machines qui for-
ment le tout ensemble. Elle a 26586. petites
(Ende der Seite 29)

Bacon & den berühmten Newton. Man hat *Oktober*
Letzterem vor einigen Jahren eine recht schöne
Statue in der Trinitätskapelle errichtet. Dieser
große Philosoph wird dort mit einem Prisma in der
Hand in dem Moment dargestellt, als er die
Regeln für die Brechung der Sonnenstrahlen
entdeckte. Diese Statue hat Roubiliac geschaffen.
Die Bibliothek dieses Colleges ist umfangreich &
von schöner Architektur. Die Kapelle des
königlichen Colleges ist sehr schön, hat trotz ihrer
Größe keine Säule, und das ganze Gewölbe trägt
sich selbst. Wir haben auch das Theater besucht,
wo man Feierlichkeiten veranstaltet und Reden
hält & die öffentliche Schule für öffentliche
Vorträge, die mit einer schönen Bibliothek
ausgestattet ist. Wir setzten unseren [Weg]
von Cambridge aus fast ohne Halt bis Derby[65]
fort. Diese Stadt ist zweiundzwanzig Meilen *11.*
von London entfernt am Flusse Derwent gelegen. Am
bemerkenswertesten ist dort eine große Maschine
zum Seidenspinnen, die Idee derselben stammt
aus Italien. Man läßt sie gewöhnlich nicht
besichtigen & wir waren sogar gezwungen, Derby
für dieses Mal zu verlassen, ohne daß wir es
vermocht hätten, dort hinzugelangen. Aber da wir
seither ein zweites Mal dort waren & wir uns mit
einer Besucherkarte des Meisters versorgt hatten,
hatten wir Muße, sie in aller Ruhe zu besichtigen.
Ein gewisser Sir Thomas Lombe hatte eine
Möglichkeit gefunden, sich in Ancona in ein Haus
einzuführen, wo es eine ähnliche Maschine gab &
insgeheim davon ein Modell anzufertigen,
dessen auseinandergenommene Teile man noch
in Derby aufbewahrt. Er hat dieses Modell nach
England mitgebracht und begonnen, diese große
Maschine in Derby zu bauen. Das Parlament gab
ihm das Privileg, daran das alleinige Eigentums-
und Nutzungsrecht vierzig Jahre lang zu haben &
nach Ablauf derselben gab man ihm noch einen
Ausgleich von vierzigtausend Sterling mit der
Bedingung, daß er gestatte, ein perfektes Modell
zu kopieren, aus Sorge, daß diese Erfindung
eines Tages nach seinem Tode oder durch Unfall
verloren gehe. Dieses Modell wurde fertiggestellt
und im Tower von London aufbewahrt. Die
Maschine dient dazu, mit wenigen Menschen
viel Seide zu verspinnen. Bevor sie gebaut
worden war, waren die Engländer gezwungen,
alle gesponnene Seide in Italien einzukaufen.
Das Gebäude zur Nutzung ist sehr geräumig,
es befindet sich am Ufer der Derwent und wird
von einem einzigen Rad angetrieben, das dieser

Fluß antreibt und das drei Maschinen bewegt,
die das Ganze bilden. Sie hat 26586 kleine
(Ende der Seite 29)

rouës & 97746. mouvements produits par la grande Oct.^{bre}
rouë qui tourne trois fois en une minute & à cha-
que tour de laquelle toute la machine file
73726. yards de soye. Un avantage encore est que
l'on peut arreter chaque petite roue à part
sans empécher les autres. On a encore (trouve) inventé
une machine à feu par laquelle touts ces grands
apartemens sont chaufés également à la fois.
Il y a encore une autre machine pour filer
la soye à Derby que l'on montre ordinairement
à tout le monde et qui est pareille à celle qu'on
ce à Utrecht en Hollande mais il n'y a point
de comparaison avec l'autre. La partie occi-
dentale de Derbyshire est extremement monta-
gneuse. On la nomme communément the Peak
& comme elle est remplie de rochers
le pays est >désert< & peu fertile. Il y a pourtant de bons
paturages pour les brebis dont on y trouve de
(grand) >nombreux< troupeaux. Outre cela il y a des mines
de plomb & de fer et des carrières de marbre.
On raconte ordinairement des choses
aßes singulieres des curiosités de Peak.
Vous ne crutez pas devoir negliger d'y aller
faire un tour, comme nous en étions si proches.
Nous allames donc monter le long des bords de
la Derwent et nous nous arrètames quelques
momens à Matlock à 10. miles de Derby. Il y
a dans cet endroit des bains chauds (dont) >et l'on se
sert ces eaux même intérieurement<.
La situation en est agréable, il y a une mai-
son aßés comode et des promenades & de
très belles vues sur une montagne vis à vis des
bains de l'autre coté de la rivière. Nous arri-
vames le soir à Chatsworth[66] où le Duc de 12.
Devonshire a une aßés belle maison. Elle a
quatre façades diférentes & elle est plûtôt arran-
gée dans le gout François qu'Anglois. Le jar-
din n'est extrèmement grand mais sa
situation & les environs d'un pays sauvage
lui donne un air singulier. Il y a une quan-
tité de jets d'eau ce qui n'est pas commune
en Angleterre et une cascade (…)
qui fait un bel effet. Cette maison
est batie des pierres dont ces environt four-
nißent de bonne carrières & même les marbres
qu'on >y< a empoyés sont touts pris sur le lieu
même et sont aßés beaux. Avant que celle ci
fut batie il y en avoit une autre sur la même
place, où l'infortunée Reine Marie d'Ecoße
fut tenue prisonière pendant 17. ans sous la
garde de la Comteße de Shrewsbury. De là nous
(Ende der Seite 30)

Räder & 97746 Bewegungen, die durch das *Oktober*
große Rad erzeugt werden, welches drei
Umdrehungen in der Minute macht, & bei jeder
seiner Umdrehungen spinnt die Maschine 73726
Yard an Seide. Ein weiterer Vorteil ist, daß man
jedes kleine Rad für sich anhalten kann, ohne
die anderen zu behindern. Man hat auch eine
Feuermaschine erfunden, durch die alle großen
Räume gleichmäßig auf einmal beheizt werden.
Es gibt in Derby noch eine weitere Maschine
zum Seidenspinnen, die man gewöhnlich jedem
zeigt und die ähnlich der in Utrecht in Holland ist,
aber sie ist mit der anderen überhaupt nicht zu
vergleichen. Der westliche Teil von Derbyshire
ist äußerst bergig. Man nennt ihn gemeinhin the
Peak, & da er voller Felsen ist, ist die Gegend
öde und wenig fruchtbar. Es gibt immerhin gute
Weiden für die Schafe, von denen man dort
zahlreiche Herden findet. Außerdem gibt es Blei-
& Eisenerzbergwerke sowie Marmorbrüche. Man
erzählt sich gewöhnlich ziemlich seltsame Dinge
von den Merkwürdigkeiten des Peak. Ihr
glaubtet, eine Tour dorthin nicht versäumen zu
dürfen, da wir einmal in der Nähe wären. Wir
begannen denn also, an den Ufern der Derwent
entlang hinaufzusteigen, und wir machten kurz in
Matlock, 10 Meilen von Derby entfernt, halt. Es
gibt dort heiße Bäder und man bedient sich
dieser Wässer sogar innerlich. Die Lage ist
angenehm, es gibt ein ziemlich praktisches Haus
und Promenaden mit sehr schönen Blicken auf
einen Berg gegenüber den Bädern auf der
anderen Seite des Flusses. Wir kamen am
Abend in Chatsworth[66] an, wo der Herzog von 12.
Devonshire ein recht schönes Haus hat. Es hat
vier unterschiedliche Fassaden & ist eher im
französischen, denn im englischen Geschmack
angelegt. Der Garten ist äußerst groß, aber die
Lage & die Umgebung eines rauhen Landstrichs
gibt ihm eine eigentümliche Atmosphäre. Es gibt
dort eine Menge von Fontänen, was für England
nicht gewöhnlich ist, und einen Wasserfall, der
eine schöne Wirkung macht. Dieses Haus ist aus
Steinen erbaut, die aus guten Steinbrüchen der
Umgebung kommen, & selbst der Marmor, den
man dort verwendet hat, ist vom selben Ort
genommen und recht schön. Bevor dieses
erbaut worden war, gab es an selbiger Stelle ein
anderes, wo die unglückliche Königin Maria von
Schottland 17 Jahre lang unter der Bewachung
durch die Gräfin von Shrewsbury gefangen
gehalten worden war. Von dort haben wir uns
(Ende der Seite 30)

allames a Buxton[67] ou il y a encore des eaux miné- Oct.^{bre}
rales & un bain chaud avec une maison aßés bien
batie. Cet endroit est aßés fréquenté (…).
Non loin de là est une caverne qu'on apelle Pool's
hole qui ne mérite pas grande attention quoiqu'
on en faße toute sorte de coutes qui nous engagè-
rent d'y entrer. A 7. ou 8. miles de la il y a une au-
tre espèce de caverne (…)

nach Buxton[67] begeben, wo es auch *Oktober*
Mineralwässer & ein Thermalbad gibt, mit einem
recht gut gebauten Hause. Dieser Ort ist ziemlich
gut besucht. Nicht weit von dort gibt es eine
Höhle, die man Pool's hole nennt, die aber keine
große Aufmerksamkeit verdient, auch wenn man
dort Geschichten aller Art machte, um uns zu
erlocken, dort einzutreten. 7 bis 8 Meilen von

20 Blick auf Schloß und Park Chatsworth in der Grafschaft Derby, Landsitz des Herzogs von Devonshire, Kupfer aus: The Modern Universal British Traveller, London 1779 (wie Abb. 4). Privatbesitz.

21 Ansicht der Berge und Höhlen bei Castleton, »Devil's arse« genannt im »Peak« der Grafschaft Derbyshire, Kupfer aus: The Modern Universal British Traveller, London 1779 (wie Abb. 4). Privatbesitz

qu'on nomme Eden hole qui est aßés singulière. C'est une grande ouverture plus longe que large sur le sommet d'un rocher, qui est d'une si prodigieuse profondeur qu'on n'en a jamais pu trouver le fond avec la sonde. Nous y jettames de großes pierres et le bruit qui dura aßés long tems se perdit peu à peu sans que nous pumes entendre qu'elle (...) arrivat au fond. La plus grande de ces Cavernes du Peak est près d'une petite ville nommée Castleton à laquelle on donne communément le nom de Devil's arse[68]. L'entrée en est très-spacieuse & (...) on y voit dans le dedans plusieurs cabanes habitées de pauvres gens, qui travaillent à filer avec de grandes roues. Les feux qu'ils y font et la lueur qui s'en éclairait >(...)end sur ces fondres habitations et dans< une partie de cette caverne au reste fort (sombre) >obscure< forme une idée si pitoresque ou poetique, que l'on croiroit descendre dans le Tartare.(...)
Ce pouvre peuple, qui vit principalement des largeßes des étrangers que la curiosité y attire, nous eut à peine aperçus, qu'ils vinrent touts s'atrouper autour de nous, pour nous conduire dans ce souterrain. Le chemin est si incomode que nous fumes obligés de nous laißer soutenir par quelques uns de ces gens pour marcher plus surement, tandis que le reste femmes & enfans nous éclairoient d'une cinquantaine de lumières & faisaient retentir les echos de leurs airs rustiques. Et de cette façon nous nous enfonçames quatre ou cinq cent pas dans cette caverne. Nous trouvames quelques fois le paßage si étroit que nous fumes quasi obligés de ramper sur le ventre. Mais en plusieurs endroits les voutes sont tres vastes.
(...) Nous paßames deux ruisseaux, l'un desquels étant aßés large on en fait le trajet dans une espèce de petit bac. Le rocher qui forme cette caverne est d'un beau marbre et de diférentes sortes de pierres minérales. On y trouve encore cette espèce de matière petrifiée qui reßemble tout-à-fait à un bel albatre et dont on travaille de jolies choses.[69]
(Ende der Seite 31)

dort gibt es eine andere Art von Höhle, genannt Eden hole, die recht eigenartig ist. Es ist dies eine große, mehr lange als breite Öffnung oben auf einem Felsen, die derartig tief ist, daß man mit einem Lot noch nie den Grund gefunden hat. Wir haben dort große Steine hineingeworfen, und der Lärm, der ziemlich lange währte, verlor sich allmählich, ohne daß wir gehört hätten, daß sie den Grund erreicht haben. Die größte Höhle des Peak befindet sich nahe einer kleinen Stadt namens Castleton. Sie wird allgemein Devil's arse[68] genannt. Der Eingang ist sehr geräumig & man sieht dort im Inneren etliche, von armen Leuten bewohnte Hütten, die mit großen Rädern spinnen. Die Feuer, die sie machen und das Licht, das diese >diese Behausungen und innen< in einem Teil dieser ansonsten sehr dunklen Höhle verbreiten, machen einen dermaßen malerischen oder poetischen Eindruck, daß man glauben könnte, in den Tartarus hinabzusteigen. Diese armen Leute, die hauptsächlich von der Freigebigkeit der Fremden leben, die durch Neugierde angelockt werden, hatten uns kaum wahrgenommen, als sie auch schon alle kamen und uns umringten, um uns in diesem Untergrund zu führen. Der Weg ist so unbequem, daß wir genötigt waren, uns von einigen dieser Leute stützen zu lassen, um sicherer zu gehen, während die übrigen Frauen & Kinder uns mit an die fünfzig Lichtern leuchteten & die Echos ihrer bäuerlichen Lieder widerhallen ließen. Und auf diese Art kamen wir vier- oder fünfhundert Schritt in dieser Höhle hinein. Wir fanden ein paar Mal den Gang so eng vor, daß wir quasi genötigt waren, auf dem Bauch zu kriechen. Aber an vielen Stellen waren die Gewölbe sehr geräumig. Wir durchschritten zwei Bäche, von denen einer ziemlich breit war und mit einer Art kleinen Fähre überquert wurde. Der Fels, der diese Höhle bildet, ist von schönem Marmor und verschiedenen Arten mineralischer Steine. Man findet dort noch jene Art von Versteinerungen, die durchaus einem schönen Alabaster ähneln und aus denen man hübsche Sachen anfertigt[69].
(Ende der Seite 31)

1 Die vorliegende Edition gibt grundsätzlich den vollständigen Text in Wortlaut, Schreibweise und Zeichensetzung wieder. Die buchstabengetreue Wahrung der Eigenheiten des Originals war oberster Grundsatz. Trotz sauberer Handschrift des Autors sind einige Worte, Erdmannsdorff schrieb lateinisch, stellenweise nur schwer zu entziffern. Das liegt daran, daß alle Blätter beidseitig beschrieben sind und die Schrift an manchen Stellen durchschlägt. Diese Lücken sind in der Transkription mit runden Klammern (...) gekennzeichnet, hingegen sind Verschleifungen am Wortende ausgeschrieben.
Erdmannsdorff hat in der Handschrift Ergänzungen vorgenommen. Diese zwischen den Zeilen oder am Rand notierten Worte und Sätze sind mit spitzen Klammern (> <) gekennzeichnet. Wenn diese Ergänzungen direkt zu einem Wort geschrieben wurden, sind sie in eckigen Klammern ohne Zwischenraum an das Wort anschließend angegeben. Eine Besonderheit ist, daß Erdmannsdorff an verschiedenen Stellen die Wortfolge im Satz korrigierte, indem er kleine Zahlen, die die neue Folge angeben, über einzelne Worte schrieb. Diese Zahlen sind ebenfalls in spitzen Klammern direkt anschließend an die Worte wiedergegeben. Textpassagen, die gestrichen wurden, sind mit runden Klammern markiert. Das »ß« wurde beibehalten. Beibehalten wurde auch die Schreibung von »etoit« oder »pourroit«, statt dem heute üblichen »etait« oder »pourrait«. Erdmannsdorffs Französisch ist in mancher Hinsicht fehlerhaft, wobei diese sprachlichen Unebenheiten in der deutschen Übersetzung – soweit es dem besseren Verständnis diente – ausgeglichen wurden. Orthographische Fehler sind in den Anmerkungen berichtigt, bei Orts- und Eigennamen waren sie häufig, denn die schrieb Erdmannsdorff oftmals nach Gehör.
Die Übersetzung aus dem Französischen ins Deutsche stammt von Herrn Schleif aus dem Leipziger Übersetzungsbüro Comtext Fremdsprachenservice.

2 Das Rittergut Lucklum (Gemeinde Erkerode, Landkreis Wolfenbüttel) war bis zur Aufhebung aller Kommenden des Deutschen Ordens im französisch gelenkten Rheinbund (1809) Sitz einer Komturei, Zentrum der Ballei Sachsen. In welcher Beziehung Fürst Franz zu dem geistlichen Ritterorden stand, ist nicht bekannt. Erwähnenswert ist aber, daß sich in Buro (Burow) bei Klieken an der Elbe, also in unmittelbarer Nachbarschaft zur Residenzstadt Dessau, eine Komturei des Deutschen Ordens befand. Daniel Christoph Graf von der (Schulemburg) Schulenburg (1716–1772), ehemaliger Kapitänleutnant in hannoverschen Diensten, residierte in Lucklum als Landkomtur von 1757 bis 1772. Er galt als ein Anhänger der Aufklärung und hat entsprechend diesem Zeitgeist unter Einbeziehung älterer Gartenpartien die dortige Parkanlage mit dem großen Teich von Daniel August Schwarzkopf ab etwa 1765 nach englischem Vorbild anlegen lassen.

3 Saltzdalen = Salzdahlum, großer barocker Komplex aus Schloß und Park, errichtet von Herzog Anton Ulrich von Braunschweig-Wolfenbüttel als Musensitz, dem Apoll geweiht, Schloßeinweihung 1694; diverse, spektakuläre Parkarchitekturen wie Narcißgrotte, Neue Fontäne, Irrgänge und auch der »Parnaß« mit Wasserspielen und mit einer Pagode – das erste chinoise Bauwerk in der deutschen Architektur; seit Mitte des 18. Jahrhunderts allmählicher Verfall der Anlagen; 1797 Abriß der bedeutenden Orangerie; 1813 Abriß des Schlosses; im Schloß gab es eine »Holländische Küche«, vermutlich ähnlich der im Schloß Oranienbaum – bislang als »Sommerspeisesaal« bezeichnet.
Das Herzogtum Braunschweig-Wolfenbüttel war im Siebenjährigen Krieg mit dem Kurfürstentum Braunschweig-Lüneburg (Hannover), England und Preußen gegen Österreich und Frankreich verbündet.
Prinz Ferdinand, Sohn des Herzogs Karl von Braunschweig-Wolfenbüttel und Erbprinz, heiratete 1764 Augusta, die Tochter des Prinzen von Wales; Ferdinand war einer der populärsten Heerführer des preußischen Lagers im Siebenjährigen Krieg und auch in England gefeierter Kriegsheld; er starb 1806.

4 In Herrenhausen, ehemals Dorf, heute Stadtteil von Hannover, sind das Schloß und der Park nach holländischem Vorbild angelegt – begonnen 1694 unter Kurfürst Georg Ludwig (seit 1714 Georg I. von Großbritannien, Personalunion mit England 1714–1837). Der Garten der Sommerresidenz der Welfen wurde 1696 bis 1714 von dem stark niederländisch beeinflußten französischen Gartenarchitekten Martin Charbonnier gestaltet.

5 Das »Kunsthaus« im umgebauten Ottoneum, dem ersten geschlossenen Theatergebäude in Deutschland, enthielt die Sammlungen der fürstlichen Kunstkammer, unter anderem eine umfangreiche Sammlung von Modellen.
Das »Modellhaus« wurde im Jahr 1711 extra errichtet, um alle Modelle aufzunehmen, die seit Landgraf Karl angefertigt und sich ehedem im Kunsthaus befanden. Laut einer Überlieferung von 1767 soll sich hier auch das über einhundert Meter lange Modell des Wasserwerks auf dem Carlsberg über dem Schloß Weissenstein (ab 1798 Wilhelmshöhe) befunden haben. Das Modellhaus existiert nicht mehr, alle Modelle sind verloren.
Siehe hierzu: Die Bau- und Kunstdenkmäler im Reg. bez. Kassel, Bd. VI, Kreis Kassel-Stadt, bearb. v. Alois Holtmeyer, Marburg 1923, S. 534ff. und S. 542ff. Für diese Angaben habe ich Herrn Klaube vom Stadtarchiv Kassel zu danken.

6 Prinzessin Henriette Amalie von Anhalt-Dessau (Dessau 7. 12. 1720 – 5. 12. 1793 ebd.) war die Tochter des »Alten Dessauers« – Fürst Leopold I. von Anhalt-Dessau; 1745 Kanonissin, 1764 Dekanissin, 1779 Koadjutorin vom Stift Herford, 1793 Stifterin der Amalienstiftung Dessau.

7 Vom Genremaler Johann Conrad Seekatz (Grünstadt 1719–1768 Darmstadt) sowie vom »Landschaftsmaler« Christian Georg Schütz (Flörsheim 1718–1791 Frankfurt a.M.) befanden sich später Gemälde im Schloß Luisium in Dessau-Waldersee. Das sogenannte »Rhein-Schütz-Zimmer« in der ersten Etage dieses Bauwerks erinnert sogar namentlich mit fünf Rhein-Ansichten an diesen von Fürst Franz hochgeschätzten Frankfurter Künstler.

8 La Favorite, Garten des Kurfürsten von Mainz, angelegt unter dem Kurfürsten Lothar Franz von Schönborn (1695–1729) von Maximilian von Welsch (1668–1745) in den Jahren 1705–1720; 1793 restlos von französischen Truppen zerstört.

9 Die Deutschordens-Kommende, auch »Deutschhaus«, 1730–1738 errichtet unter Franz Ludwig Pfalzgraf bei Rhein-Neuburg in den strengeren Formen des französischen Barock als einer Vorstufe zum Klassizismus, Baumeister war Anselm Ritter zu Grünsteyn (1700–1765), heute Landtag von Rheinland-Pfalz.

10 Schlangenbad im Taunus (Rheingaugebirge) westlich von Wiesbaden, bereits im 18. Jahrhundert berühmter, kurmainzisch-hessischer Badeort, 1694 vom Landgrafen Karl von Hessen errichtet.

11 Brühl, Schloß Augustusburg, Lust- und Jagdschloß von Clemens August, seit 1723 Kurfürst von Köln, stirbt 1761. Eines der glanzvollsten Gesamtkunstwerke des 18. Jahrhunderts in Europa, Grundsteinlegung 1725, Baubeginn unter J. C. Schlaun aus Münster, 1728–1740 Umbau unter F. Cuvilliés, 1754–1770 Vollendung. Barocker Bau mit klassizistischen Tendenzen, regelmäßige Anlage als Wasserschloß.

12 Düsseldorf, Galerie, die Sammlungsgeschichte beginnt mit Kurfürst Johann Wilhelm von der Pfalz (1658–1716), eine der bedeutendsten Gemäldesammlungen in Deutschland, ab 1805 überführte man die pfälzisch-bayerische Sammlung nach München, bereits 1719 erster Bestandskatalog.

13 Colonel Clavering = Sir John Clavering (1722–1777), dritter Sohn von Sir James Clavering of Greencroft in Lanchester/Durham, begann seine militärische Laufbahn im Coldstream Garde-Regiment; unter General Barrington kommandierte John Clavering im Jahr 1759 die englischen Truppen bei der Einnahme der französischen Insel Guadeloupe: »Clavering is the real hero of

Guadeloupe«, schreibt Horace Walpole in einem Brief an Horace Mann; im gleichen Jahr wurde er zu einem der königlichen Adjudanten ernannt und erhielt den Rang eines »Colonel of Foot«; 1760 wurde er nach Hessen-Kassel entsandt, um die militärischen Aktionen des Landgrafen während des Siebenjährigen Krieges zu beobachten.

14 Maastricht, Hauptstadt der niederländischen Provinz Limburg; ab 1621 wurde Maastricht zu einer der stärksten Festungen Europas ausgebaut, die den Süden der Niederlande decken sollte.

15 Amsterdam, Lager der Admiralität; »Die allgemeine Obliegenheit derselben ist, daß sie für die Sicherheit zur See, auf den Flüssen und in den Häfen sorgen, Kriegsschiffe ausrüsten, und die Kauffahrtenschiffe wider die Feinde und Seeräuber schützen. Jede der Kammern (insgesamt 5, Anm. d. Verf.) hat für den ihr bestimmten Antheil der Flotte zu sorgen, und ihn zu unterhalten, nämlich die zu Amsterdam ein Drittel, und jeder der vier übrigen ein Sechstel.« Zitiert nach Johann Jacob Volkmann, Neueste Reisen durch die Vereinigten Niederlande, vorzüglich in Absicht auf die Kunstsammlungen, Naturgeschichte, Oekonomie und Manufakturen, Leipzig 1783, S. 109.
Amsterdam, Rathaus, Hauptwerk des niederländischen Klassizismus, dreigeschossiges Gebäude von 1648 bis 1665 von Jacob van Campen (1595–1657) errichtet, im Erdgeschoß Statuen von Artus Quellinus, Stiche davon in Wörlitz, Felseninsel Stein, Villa Hamilton, Grünes Kabinett, Decke.
Amsterdam, Börse, in der Nähe des Rathauses gelegen, 1608 Baubeginn;
»Ein Fremder wird nicht unterlassen, zur Börsenzeit diesen Ort einmal zu besuchen, wo oft in der einen Stunde für Millionen Geschäfte geschlossen werden, wo man von dem halb laut reden, und dem summenden Ton von einigen Tausend Stimmen betäubt wird, und wo sich alle zu einem einzigen Zweck, nemlich Gewinn und Verdienst, versammeln, den jedoch ein jeder auf eine besondre seinem Privatinteresse gemäße Art zu erreichen sucht.« (zit. n. Volkmann, siehe oben, hier S. 304f.)

16 Das Gemäldekabinett von Bramkan (bei Volkmann »Braamkamp«, s. Anm. 15) wurde in den 1770er Jahren durch die Kaiserin von Rußland aufgekauft, jedoch gingen die besten Bilder davon während des Transports (Schiff im Sturm gesunken) verloren.

17 Mit dem »Maison du Bois« – Huis Ten Bosch –, das zwischen 1645 und 1648 ursprünglich als »villa suburbana« (Sommerhaus) für den Statthalter Friedrich Heinrich, Prinz von Oranien, und seine Frau Amalia von Solms errichtet wurde und als das berühmteste Bauwerk des Architekten Pieter Post gilt, hat Erdmannsdorff ein weiteres wichtiges Bauwerk des holländischen Klassizismus kennen- und schätzengelernt.

18 Das »Raritätenkabinett« in Den Haag, gegenüber der Residenz gelegen, gehörte dem Erbstatthalter Wilhelm, Prinz von Oranien, der es im Jahr 1756 von seiner Mutter, Anna von Hannover, erbte. Es galt als einzigartig in Europa, wurde ständig durch Stücke, die die Seeleute von ihren Reisen mitbrachten, erweitert und war, seit 1763 von Peter Simon Pallas betreut, zu regelmäßigen Öffnungszeiten zu besichtigen.

19 Mit dem »Garten von Sorgfleet« (Sorgvliet) ist sicher derjenige des Grafen von Bentinck – nicht Bentheim – gemeint. Den außergewöhnlichen Charakter dieses Gartens beschreibt – allerdings zwanzig Jahre später – auch J. J. Volkmann (s. Anm. 15, hier S. 179f.): »Auf dem Weg nach Schevelingen muß man nicht versäumen, Sorgvliet, den schönen Landsitz des Grafen Bentink, zu besehen. Er ist in der Anlage ganz von den gewöhnlichen gezwungenen holländischen Garten unterschieden, und hat den Vorzug, daß Fremde solchen zu allen Zeiten besehen können, welches in Holland sonst nicht üblich ist. Er ist über 1 1/4 Stunde lang, und halb so breit: und in diesem Raume hat man der Natur nach englischer Art glücklich nachgeahmt, und eine Landschaft vorgestellt, ohne die Kunst ängstlich dabey zu Hülfe zu nehmen. Er ist nur etwa 2000 Schritte vom Meere entfernt, nur Schade, daß er keine freye Aussicht hat, und etwas dumpfig ist. Vor dem Eingange liegt ein Irrgarten aus geschnittenen Weißbuchenhecken. Auf der Nordseite sind Felder zum Obstgarten und Küchengarten eingerichtet. Die Sommerwohnung des Grafen liegt in einer Art von Wildniß, mit einer Wiese umgeben, zunächst an einem Wassergraben; sie verfällt aber, weil sie nicht bewohnt wird. Dasselbe Schicksal widerfährt auch einer artigen Grotte, die einen Tempel vorstellt. Von hier nordwärts geht man durch Gebüsche zu einem Tempel mit Säulen auf einem Rasenhügel, der mit Kieseln gepflastert ist.«

20 Bergopzoom, Hauptstadt der gleichnamigen Grafschaft, kam 1722 durch Heirat an Pfalz-Sulzbach; als besonders starke Festung berühmt, hatte 10 Bollwerke, 5 Hornwerke sowie viele andere Festungswerke und auch der Hafen war durch Schanzen gedeckt.

21 »Prinz Karl« ist Karl Alexander, Prinz von Lothringen (1712–1780), Schwager von Maria Theresia, österreichischer Generalfeldmarschall, Generalgouverneur der österreichischen Niederlande; während des Siebenjährigen Krieges mehrfach von Friedrich dem Großen geschlagen, Verlust des Oberbefehls des kaiserlichen Heeres, ab 1757 wieder Gouverneur in Brüssel.

22 Charles-Philippe-Jean Cobenzl (Karl Graf von Cobenzl) (21. Juli 1712 in Laybach [heutiges Slowenien] – 27. Januar 1770 in Brüssel); aufgrund der hohen Position, die ihm durch seine Vorfahren übertragen wurde (sein Vater war Berater am Wiener Hof und großer Kammerherr des Kaisers Karl VI.), weilte er im »inneren Zirkel« am Hofe des Herzogtums Österreich. Er erfüllte verschiedene Missionen im Auftrag der Kaiserin Maria Theresia, bis er am 13. Mai 1753 als »Generalbevollmächtigter Minister Seiner Kaiserlichen und Königlichen Majestäten der Niederlanden« (konkreter wäre südliche Niederlanden) in Brüssel seinen Dienst antrat und diese Stellung bis zu seinem Tod behielt. Zu dieser Zeit war Prinz Karl von Lothringen Statthalter in Brüssel. Graf Cobenzl wurden aufgrund seiner Fähigkeiten auch die Vollmachten des Statthalters während dessen Abwesenheit übertragen. Als Kunstkenner und großer Sammler beförderte er maßgeblich die Einrichtung einer Kunstakademie in Genf, und er ließ erstmals das Brüssel im Süden einschließende und bis Waterloo reichende Waldgebiet (forêt de soignes – Buchenwald) kartographieren.

23 Colonel Clavering, siehe Anm. 13.

24 Johann Jacob Volkmann, der Schüler Winckelmanns und »Baedeker der Goethezeit« (W. Richter, Rostock), siehe auch Anm. 15, beschreibt Chatham in seiner großartigen Publikation »Neueste Reisen durch England, vorzüglich in Absicht auf die Kunstsammlungen, Naturgeschichte, Oekonomie, Manufakturen und die Landsitze der Großen«, 4 Bde., Leipzig 1781–82, hier Bd. 1, S. 332: »Man kann wohl das hiesige Arsenal das vollständigste der Welt nennen. Ein Engländer, der da weiß, daß die Sicherheit und der Wohlstand der Nation von der Stärke der Seemacht abhängt, kann die Anstalten zu Chatham nicht ohne Vergnügen besehen. Die schwersten Schiffe werden hier gebauet, und können in der Medway wegen ihrer großen Tiefe vor Anker liegen.« Darüber hinaus machte Fort Sheerneß, auf der Insel Shepey an der Mündung der Medway gelegen, die Strecke bis Chatham zum sichersten Hafen der Welt.

25 Trotz der Bedeutung dieser Gartenanlage für die Dessauer Reisegruppe konnte ich bisher keine weiteren Hinweise über sie in der Literatur finden. Eine Verwechslung Erdmannsdorffs mit »Grays Inn«, kleinen Gartenanlagen in den »Inns of Court« innerhalb Londons, ist nicht anzunehmen. Viel eher ist zu vermuten, daß er einen heute nicht mehr existierenden Park bei Ingress Abbey (Inngress = Inn Grays) beschreibt sowie das Haus des Architekten Vanbrugh oberhalb von Greenwich. Dieses »Schloß« gibt es heute noch, dagegen sind die Bollwerke und der Park nicht mehr vorhanden. Für diese Hinweise bedanke ich mich sehr herzlich bei John Harris, London.

26 John Calkraft, Earl of Ormonde (1726–1772) – Erdmannsdorff schreibt fälschlicherweise den Namen nach Gehör »Calkrat« – war zunächst durch den Einfluß des Marquis Gransby im »pay office« angestellt. Sein späterer Gönner Henry Fox, 1st Lord Holland – »paymaster general« – ernannte ihn im Siebenjährigen Krieg zum Agenten für zahlreiche Regimenter und verhandelte über ihn mit vielen Armeeführern. Nach Jahren der Tätigkeit als »deputy commissary-general of musters« zog Calkraft sich aus dem Staatsdienst zurück und avancierte zum »Finanzbeamten« zahlreicher Landsitze in England. Er selbst war inzwischen durch Ankauf Eigentümer mehrerer Ländereien geworden, darunter Rempston, Corfe Castle (seit 1757), Wareham (seit 1767) und, wie Erdmannsdorff erwähnt, wohl auch Eigentümer von »Inn Grays« (Ingress Abbey), siehe Anm. 25.

27 Seit dem späten Mittelalter war Greenwich Residenz der englischen Könige. Von einem 1660 von John Webb geplanten Schloßbau wurde nur der Westflügel ausgeführt und nach 1695 von Christopher Wren in das von Königin Anna gegründete Marinehospital – Greenwich Hospital – eingegliedert. Anstelle der projektierten Dreiflügelanlage entstanden seit 1699 zwei gegenüberliegende Baublöcke (1704) und eine Kapelle (1735). Zwischen beiden stellen Kolonnaden eine Sichtbeziehung zu dem 1616–1637 von Inigo Jones als erstem Landhaus in streng palladianischem Stil errichteten Queen's House her. Das oberhalb des Parks gelegene Observatorium wurde 1675 von Christopher Wren erbaut.

28 James Radclyffe (Radcliffe), 3rd Earl of Derwentwater (1689–1716), ältester Sohn von Edward Radclyffe (gest. 1705) und der Lady Mary Tudor, einer natürlichen Tochter Charles II., wurde am Exil-Hof von St. Germain aufgezogen. Seine unloyale Gesinnung gegenüber dem Hause Braunschweig veranlaßte die Regierung, ihn mit anderen Aufständischen zum Tode durch Enthauptung (1716) zu verurteilen. Nach dem Tod seines einzigen Sohnes John (1731) wurde ein Teil der ausgedehnten Derwentwater-Besitzungen in Northumberland und Cumberland dem Greenwich-Hospital übereignet.

29 James O'Hara, Lord Kilmaine und 2nd Lord Tyrawley (geb. 1690), hatte eine außergewöhnliche Karriere durchlaufen; seit 1703 Leutnant im Regiment seines Vaters, dem er 1724 als Lord Tyrawley folgte, daran anschließend seit 1727 Adjutant von König Georg II., bis 1741 Sondergesandter am portugiesischen Hof, 1743–1745 Gesandter in Rußland, seit 1761 General sowie ab 1762 Geschworener im Geheimen Kronrat Georgs II. und ab 1763 – im Jahr des Treffens mit Fürst Franz – war er Feldmarschall und Gouverneur von Portsmouth. Lord Tyrawley, der einen Landsitz in Blackheath hatte, starb am 14. Juli 1773 in Twickenham/Middlesex.

30 Teile der Oberschicht, die nicht aus beruflichen Gründen an die Londoner City gebunden waren, lebten das Jahr über fern von Hof und Metropole, über ganz England verstreut, in ihren Wahlkreisen auf ihren Landsitzen. Sie hielten sich nur während der »London Season« im Frühsommer in der Stadt auf. Man nutzte die »Season«, um Politik zu betreiben, Beziehungen zu knüpfen, Geschäfte zu machen und nicht zuletzt, um das kulturelle Leben der Metropole zu genießen.

31 Vermutlich bezieht sich Erdmannsdorff hier auf die Veröffentlichung von Beat Ludwig von Muralt, Lettres sur les Anglois et les Francois et sur les voiages, Köln 1725 (hrsg. v. Charles Gould, Paris 1933; Bibliothèque de la Revue de la littérature comparée, Bd. 86). Der Patrizier Muralt (1665–1749) war kein Franzose, sondern ein in Bern gebürtiger Schweizer mit deutscher Muttersprache und französischer Erziehung. Als Offizier in der französischen Armee kam er im Jahr 1694 nach England.

32 »Sion Hill« (Syon Hill) war der Landsitz von Mylord Holderness = Robert D'Arcy, 4th Earl of Holderness (1718–1778). Er bekleidete zahlreiche hohe Ämter, beispielsweise begleitete er in seiner Funktion als einer der »Lords of the King's bedchamber« (seit 1741) den König 1743 nach Hannover, seit 1751 folgte er John, 4th Duke of Bedford, im Amt als einer der »principal secretaries of state« in Henry Pelhams Ministerium. Anläßlich der Thronbesteigung Georges III. war er beim ersten Treffen der Minister zusammen mit dem Duke of Newcastle im »Royal closet« anwesend. Die Gartenanlage, die er in »Sion Hill« anlegen ließ, ist heute nicht mehr vorhanden.

33 »Sion House« (Syon House), am Nordufer der Themse (Greater London), gehörte Mylord Northumberland = Sir Hugh Smithson (nahm den Namen Percy an und wurde später Duke of Northumberland), verheiratet mit Elizabeth Seymour. Nach dem Tod des vorherigen Eigentümers, des Duke of Somerset, fiel das Haus 1748 gemeinsam mit Alnwick Castle an Sir Hugh Smithson und seine Frau. Deren außerordentlicher Reichtum erlaubte die Umgestaltung dreier ihrer Residenzen durch Robert Adam (1728–1792): Alnwick Castle, Northumberland House am Trafalgar Square und Syon House. Das zuletzt genannte wurde zwischen 1762 und 1765 von Adam umgestaltet, das heißt die Arbeiten waren während der Reise des Fürsten Franz Mitte September 1763 in vollem Gange.

34 Hampton Court, am Nordufer der Themse gelegen, wurde von Thomas Wolsey, Erzbischof von York und später Kardinal, ab 1515 errichtet, der als königlicher Botschafter einen nur mit dem König selbst zu vergleichenden verschwenderischen Lebensstil führte. Als er jedoch 1528 in Ungnade fiel, mußte er Hampton Court an den König abgeben, der Erweiterungen und Veränderungen vornahm. Bis in die Mitte des 18. Jahrhunderts blieb es eine der wichtigsten Residenzen der englischen Monarchie; der letzte König, der es nutzte, war George II. Unter seinem Enkel und Nachfolger George III. wurde Hampton Court umgewandelt in Wohnungen für königliche Beamte.

35 Der Bildnis- und Historienmaler Gottfried Kneller (Kniller) (geb. Lübeck 1646), der in Amsterdam, Rom, Neapel und Venedig ausgebildet wurde und dessen Name heute fast vergessen ist, galt lange Zeit als der beste Portraitmaler seiner Generation. Als Hofmaler der Könige Jakob II. und Wilhelm III. wurde er 1692 geadelt. Im Jahr 1723 wird er im Garten des Whitton House zu Twickenham beigesetzt. Im Gegensatz zum allgemeinen Kunsturteil des 18. Jahrhunderts wie auch dem des Fürsten Franz 1763 wird Kneller in der Gegenwart unverdientermaßen vielfach unterschätzt.

36 Sir James Thornhill (1675–1734), ausgebildet auf Reisen in Holland, Belgien und Frankreich, war als Maler neben Hampton Court (Queen Anne's Bed-Room) auch in Greenwich Hospital (Painted Hall) tätig. Seit 1719/20 »serjant painter to the king«, im gleichen Jahr geadelt. Wie Kneller erfuhr auch er zu Lebzeiten größte Wertschätzung ganz im Gegensatz zu heute.

37 Im Jahr 1516 vollendete Raffael die insgesamt zehn Kartons der dann in Brüssel gewebten Teppiche zur Apostelgeschichte für die Sixtinische Kapelle. In Hampton Court wurde für die Aufbewahrung der von Charles I. angekauften Kartons 1695 ein besonderer Raum (Cartoon Gallery) gestaltet. Die Originale befinden sich heute im Victoria & Albert Museum, London.

38 Woburn Farm in Surrey gehörte Philip Southcot (1698–1758), der ab 1734 die ursprüngliche Heidelandschaft in eine sogenannte >ornamented farm< verwandelte. Das heißt, er wertete das Wirtschaftsland im neuen, »natürlichen« Stil auf und demonstrierte, wie man aus einer naturalistischen Parkgestaltung »wirkliche« Landschaft hervorbringen kann, unter Einbeziehung von Äckern und Weiden: von insgesamt 130 Acres waren nur 35 Acres gestaltet (vgl. hier William Shenstone, The Leasowes/Shropshire).

39 Ham Farm in der Nähe von Weybridge/Surrey war das Landhaus von Charles Colyear, 2nd Earl of Portmore – nicht Protmore (1700–1785). Die hier von Erdmannsdorff erwähnte »ziemlich seltsame Brücke, die auf einem Zapfen drehbar gelagert ist, um den

Weg für die Schiffe freizulassen«, mag möglicherweise als Vorbild für die ehemalige sogenannte »Drehbrücke« aus Holz (1782) in den Wörlitzer Anlagen (heute Agnesbrücke) gedient haben.

40 Eigentümer des Parks von Oatlands/Surrey war damals Henry Fiennes Clinton, 9th Earl of Lincoln, 2nd Duke of Newcastle-under-Lyne (1720–1794). Durch den großen Einfluß seines Onkels, des Premierministers Henry Pelham, bekleidete er zahlreiche wichtige Posten des öffentlichen Lebens. 1759 wurde er beispielsweise zum »High Stewart of Westminster« ernannt. Der Landschaftsgarten von Oatlands, der sich heute noch in gutem Zustand befindet, wurde ab 1740 durch William Kent, Lord Burlington und möglicherweise auch Southcot angelegt; ab 1750 war Stephen Wright der zuständige Architekt. Bis 1788, dem Jahr als ihn der Herzog verkaufte, hatte er eine Ausdehnung von 227 Hektar.

41 Erbaut im Jahr 1750 von Mr. Samuel Decker, einem westindischen Kaufmann, mit Einwilligung des Parlaments.

42 Charles Hamilton, jüngster Sohn des 6th Earl of Abercorn (1704–1786) und in Irland geboren, begann ab Mitte der vierziger Jahre (nach seiner Grand Tour 1725) mit der Anlage seines berühmten Gartens in Cobham (heute Painshill) in Surrey. Neben Henry Hoare (1705–1785), dem Schöpfer von Stourhead, war Hamilton einer der bedeutendsten Gartenschöpfer seiner Zeit. Zwischen 1738 und 1773 gestaltete er die etwa 200 Acres umfassende Fläche. Die Dessauer Reisegesellschaft hat sich bei ihrer Besichtigung exakt an die damals vorgegebene Führungslinie gehalten. Den zumeist kleineren Bauwerken, die von Hamilton aus Geldmangel nicht sehr massiv gebaut waren, kommt im Vergleich zur Landschaft eine eher untergeordnete Bedeutung zu. Die von Erdmannsdorff erwähnte »Insel mit einer Grotte« (Vorbild für die Felseninsel Stein in den Wörlitzer Anlagen?) war erst 1765 fertiggestellt. Sie war über Jahre hinweg eine gefeierte Nachahmung der Höhlen um den Golf von Neapel, die Vergil gerühmt hat. Die ebenfalls erwähnte »Maschine«, ein Wasserrad mit dem beeindruckenden Durchmesser von zwölf Metern, wurde von Hamilton 1750 installiert und war das von Zeitgenossen am meisten bestaunte Objekt. Wegen finanzieller Probleme mußte Hamilton im Jahr 1773 seinen Besitz verkaufen, der inzwischen zu den berühmtesten und am meisten besuchten Landschaftsgärten in England gehörte.
»In der Familie Hamilton«, schreibt 1845 Friedrich Reil, der Biograph des Fürsten Franz, »war er (Fürst Franz, Anm. d. Verf.) wie zu Hause, ihr Kind, ihr Zögling, der in ihr Seine ganze menschliche Bildung empfangen… . Hier empfing er die Weihe der Humanität… .«

43 Esher Place in Surrey gehörte Henry Pelham (geb. 1696), dem Bruder von Thomas Pelham, Earl of Clare, später Duke of Newcastle, Schöpfer von Claremont. 1721 Lord of the Treasury, 1722 Abgeordneter für Sussex County, 1730 Paymaster of the Forces, ab 1743 Premierminister bis zu seinem Tod im Jahr 1754.
Zwei Tafeln in Campbell's »Vitruvius Britannicus« (1739, Taf. 110/111), wovon Fürst Franz eine Ausgabe in seiner Wörlitzer Schloßbibliothek besaß (Im handschriftlichen Verzeichnis aus dem Jahr 1778 die Numern 203–205. Kambel's Vitruvius, 3 Vol.), zeigen verschiedene Ansichten von Esher, zum einen verschiedene »riverside-walks«, zum anderen Tempel und Monumente. Außerdem existiert ein Entwurf William Kents für ein chinesisches Gebäude in Esher, wahrscheinlich das früheste Beispiel chinoiser Gartenarchitektur auf den Britischen Inseln. Volkmann (s. Anm. 24) beschreibt zwei Jahrzehnte später den Garten von Esher ausführlicher: »Den hiesigen Landsitz Esher-Place hat eigentlich Cardinal Wolsey angelegt. Der verstorbene Esquire Heinrich Pelham riß das Gebäude bis auf die beyden an der Vorderseite stehenden gothischen Thürme ein, und ließ mit diesen ein neues Gebäude vollkommen im gothischen Geschmack verbinden, welches sich ganz gut ausnimmt; nur schade, daß es tief liegt, und wegen der hinten vorbey fließenden Mole feucht ist. Auf einem Hügel linker Hand vom Eingange steht ein Lusthaus, von dem man viele Meilen weit längst beyden Seiten der Themse um sich sehen kann. Der ganze Platz und Park ist völlig simpel und ungekünstelt, vielleicht hat aber nicht wenig Kunst dazu gehört, ihm dies Ansehen zu geben. Doch ist an einer Ecke eine mit Gängen versehene und mit allerley immer grünen Bäumen bepflanzte Wildniß, darinn eine Grotte und verschiedne Sitze angebracht sind.«

44 Sir John Vanbrugh hat südwestlich von Esher ein erstes Haus im Jahr 1708 für sich selbst errichtet. 1714 verkaufte er es an seinen Freund Thomas Pelham, Earl of Clare, später Duke of Newcastle. Vanbrugh baute in seinem Auftrag große Flügel an das jetzt nach dem neuen Eigentümer ›Claremont‹ genannte Haus an und Charles Bridgeman gestaltete ab 1716 Pleasureground und einen formalen Garten (siehe den Plan in Campbell's »Vitruvius Britannicus«, III. Band, 1725). Erst mit dem Tod des Herzogs im Jahr 1768 wurde das Anwesen an Lord Clive verkauft, der das Haus abreißen ließ. In seinem Auftrag entwarfen Lancelot Brown und Henry Holland ein neopalladianisches Landhaus, William Kent wandelte den formalen Garten in einen Landschaftsgarten um. Obwohl mit den Bauarbeiten für das Haus schon 1769 begonnen wurde, sind die letzten Zeichnungen nicht vor 1771 fertig. Als bislang vielzitiertes Vorbild für das Wörlitzer Schloß (1769–1773) kommt Claremont deshalb auf keinen Fall in Frage, da Fürst Franz im Rahmen seiner Grand Tour (1765–1767) diesen Ort nachweislich nicht mehr besuchte. Die allgemeine Wertschätzung dieses englischen Landsitzes in Wörlitz kommt jedoch darin gut zum Ausdruck, daß Fürst Franz in der »Blauen Kammer« des Gotisches Hauses ein Kupfer präsentierte mit der Ansicht: »Vue de Clair Mount avec des maisons de plaisir du Duc de Newcastle.«

45 Den königlichen Garten von Richmond (-upon-Thames) in Surrey, heute der größte Park innerhalb von Greater London, hat im Auftrag von Königin Caroline, geborene Prinzessin von Ansbach (gest. 1737) und Frau von König Georg II. (1683–1760), William Kent (1685–1748) entworfen. Ausgeführt wurden seine Pläne von Charles Bridgeman. Die berühmte Einsiedelei (um 1731–1732), welche Büsten von fünf bedeutenden britischen Wissenschaftlern, Philosophen und Theologen (Boyle, Newton, Locke, Wollaston und Clark) beherbergt, und Merlin's Höhle (1735) mit sechs Statuen, darunter der Zauberer Merlin, Königin Elisabeth und die Göttin Minerva.
Die Landschaft entlang der Themse um Richmond und Twickenham wurde wegen der Ansammlung von prächtigen Landsitzen schon im Jahr 1722 als das »Frascati Englands« bezeichnet. (S. John Macky, A Journey Through England, in: Familiar Letters from a Gentleman Here, To His Friend Abroad, (1722), 4. Aufl. (o. O.) 1724, S. 62).

46 Prinz Friedrich August (16. 8. 1763 – 5. 1. 1827), Herzog von York, der zweite Sohn König Georgs III. von Großbritannien und seiner Frau Königin Charlotte, geborene Prinzessin von Mecklenburg-Strelitz, war mit sechs Monaten bereits Bischof von Osnabrück. Von 1781 bis 1785 hielt er sich in Deutschland auf, heiratete 1791 die Prinzessin Friederike von Preußen, die zweite Tochter des Königs Friedrich Wilhelm II. Nach ihr ist die Prinzessinbrücke in Wörlitz benannt: »Prinzessin Friederike von Preußen fuhr zuerst über diese vollendete Brücke und erlaubte, sie nach ihr zu nennen am XX. August MDCCLXXXIIX.«

47 Zwischen 1726 und 1729 errichtete Richard Boyle, 3rd Earl of Burlington (geb.1695), einer der Hauptrepräsentanten des Palladianismus und gern als »Apollo of Arts« tituliert, in unmittelbarer Nähe zu seinem bereits existierenden Landhaus (1788 abgerissen) in Chiswick, westlich von London am Ufer der Themse gelegen, nach seinen Plänen eine Villa in palladianischem Stil. Für die Innenausstattung des Hauses und den Gartenentwurf war William Kent verantwortlich. Es wird angenommen, daß

Burlington auf seinem Landsitz sowohl mit seinen frühen Gartenarchitekturen (der heute nicht mehr vorhandenen Orangerie, dem Casino und dem Ionischen Tempel), als auch mit der Villa selbst eine Art Gartenmuseum zu Ehren palladianischer Architektur schaffen wollte. Den Eingang der Villa flankierten Statuen von Andrea Palladio und Inigo Jones. Mit dem Tod Burlingtons 1753 gelangte der Besitz über seine Tochter an die Herzöge von Devonshire.

48 Bei dem »Haus von Mr. Eliot« in Grove unweit von Chiswick handelt es sich möglicherweise um Broomfield Lodge von Edward James Eliot in Surrey.

49 Der Landsitz Wimbleton (Wimbledon) in Surrey wurde von Sarah Churchill, Witwe des Herzogs von Marlborough angelegt. Sie hinterließ ihn John Spencer (1734–1783), seit 1765 Earl of Spencer, dem Bruder des verstorbenen Herzogs von Marlborough.

50 Windsor Lodge und zugehöriger Park in Berkshire waren der Landsitz von William Augustus, Herzog von Cumberland (1721–1765), Sohn von König George II. und Königin Caroline. Bemerkenswert sind die Aktivitäten des Herzogs in bezug auf die großräumige Landschaftsgestaltung. Zum Beispiel schuf er mit hohem finanziellen Aufwand aus vielen kleinen Bächen einen breiten Kanal, auf dem Boote und Lustschiffe fahren konnten; darüber führte eine Bogenbrücke von recht beachtlicher Größe. Die von Erdmannsdorff erwähnte Grotte wurde 1768 durch einen heftigen Regen zerstört. Im angrenzenden Forst legte der Herzog eine Pferderennbahn an, angeblich die schönste in England, die der Autor trotz der Vorliebe des Dessauer Fürsten für Pferde erstaunlicherweise nicht erwähnt.

51 Das zu Beginn dieses Aufsatzes zitierte Motto gibt die sechzehnte und siebzehnte Zeile des beschreibenden Gedichts »Windsor Forest« von Alexander Pope (1688–1744) wieder, das 1704 (1.Teil) und 1714 (2.Teil) entstanden ist und das Pope dem »Right Honourable George, Lord Lansdown« gewidmet hat. Siehe hierzu: The poetical works of Alexander Pope, Hrsg. v. Adolphus William Ward, London 1879. Im handschriftlichen Verzeichnis der fürstlichen Schloßbibliothek in Wörlitz aus dem Jahr 1778 finden wir unter der Nummer 163–171: »Pope's work's, 9 Tom.« (London 1751, Ausgabe von Warburton).

52 Schloß Windsor/Berkshire ist nicht nur wegen seiner langen Baugeschichte (seit dem 12. Jahrhundert) von größtem Interesse, sondern auch wegen seines ausgedehnten Parks, der im Mittelalter ein riesiges Waldgebiet von Guildford bis nach Buckinghamshire umfaßte. »Windsor Forest« war ausschließlich für die königlichen Jagdgesellschaften reserviert. Die heutigen Parkanlagen entstanden im 17. und 18. Jahrhundert und sind teilweise zugänglich (Great Park).

53 Antonio Verrio (Lecce 1639–1707 Hampton Court), als Maler unter anderem in Venedig, Neapel und Paris ausgebildet, seit etwa 1676 in England tätig, wo er – nacheinander in Diensten Karls II., Jacobs II. und Wilhelms III. stehend – die Schlösser Windsor und Hampton Court sowie Adelssitze mit allegorischen und mythologischen Decken- und Wandmalereien schmückte.

54 Eton am Nordufer der Themse, bis heute die berühmteste und größte Privatschule Englands, und das unmittelbar danach von der Dessauer Reisegesellschaft besuchte Oxford mit seiner Universität waren vermutlich Vorbild bei der Einrichtung einer »Philantropinum« genannten Bildungs- und Erziehungsanstalt, die in Dessau Ende des Jahres 1774 eröffnet wurde. Die grundlegend neuen Ansätze im Bildungswesen stammten maßgeblich von Johann Bernhard Basedow (1724–1790), der 1771 aus Altona nach Dessau kam und als einer der Hauptvertreter der deutschen Aufklärungspädagogik (Philantropismus) gilt.

55 Simon Harcourt (1714–1777), 1st Earl Harcourt in Newnham (Nuneham), wurde vermutlich besucht, weil Fürst Franz ihn kennengelernt hatte, als er 1761 nach der Thronbesteigung König Georgs III. von Großbritannien als »special ambassador« nach Mecklenburg-Strelitz gesandt wurde, um die Heirat zwischen dem König und der Mecklenburger Prinzessin Charlotte zu verhandeln. Über dessen zwischen 1756 und 1764 von Stiff Leadbetter und James Stuart errichteten und von Lancelot Brown nach 1778 erweiterten Haus schreibt J. J. Volkmann in seiner Reisebeschreibung 1781/1782 durch England: »Die Zimmer sind für Feuergefahr alle gewölbt: man hat aus denselben wegen der hohen Lage die herrlichste Aussicht über die schlängelnde Themse nach Abingdon und Berkshire, und nordwärts nach Oxford. Der verstorbene Graf hat den Park und die Gärten mit vielem Geschmack angelegt, und auch die Pfarrkirche als einen römischen Tempel aufführen lassen.« (Bd. 3, S. 46). Im Garten ließ Simon Harcourt Büsten von Cato, Rousseau und eine Statue der Hebe aufstellen sowie einen Tempel der Flora errichten.

56 Clarendons Druckerei wurde im Jahr 1711 gegründet. Das Kapital hierfür stammte aus dem Verkauf der »Geschichte des Lord Clarendon«, deren Manuskript seine beiden Söhne der Universität Oxford geschenkt hatten. Die Vignette aller in dieser Druckerei erschienenen Bücher zeigt das Scheldon'sche Theater, das gegenüber der Druckerei lag.

57 Schloß Blenheim/Oxfordshire wurde auf Parlamentsbeschluß zum Andenken an die Schlacht von Blenheim im Spanischen Erbfolgekrieg (1701–1713/14) errichtet, die John Churchill, 1st Duke of Marlborough (1650–1722), als Oberbefehlshaber der britisch-niederländischen Armee gegen die Franzosen (verbündet mit Bayern) gewonnen hatte. Architekt des Schlosses war Sir John Vanbrugh. Das Gelände war das frühere königliche Jagdrevier von Woodstock und gehörte zu Woodstock Manor. Der Park wurde ab 1760 von Lancelot »Capability« Brown (1716–1783) für den vierten Herzog zu einem Landschaftsgarten umgeformt unter Einbindung des formalen Gartenteils.

58 Ditchley/Oxfordshire, der Landsitz von George Henry Lee, 3rd Earl of Lichfield (1718–1772) – damals Litchfield, wie Erdmannsdorff schreibt –, mit schönem Blick auf Blenheim Palace, liegt nicht weit von dort auf einer Anhöhe. Der Entwurf für das Landhaus stammt von James Gibbs, dem auch die Entwürfe für Triumphbögen und Tempel im Park (nicht ausgeführt) zugeschrieben werden. Ab etwa 1750 entstand im Tal ein Tiergarten, dazwischen eine chinesische Brücke über einem Fischteich und eine Grotte. Ab 1760 wandelte Stiff Leadbetter einige Partien zu einem Landschaftsgarten um und errichtete einen Rundtempel auf der gegenüberliegenden Seite des Sees. Sehenswert war neben der beeindruckenden Architektur des Hauptgebäudes mit den zwei Seitenflügeln, die durch Kolonnaden verbunden waren, die großartige Gemäldesammlung mit Bildern von Rubens, van Dyck und Holbein. Mylord Lichfield war seit 1762 Kanzler der Universität Oxford und Vizepräsident der Society of Arts.

59 Heythrop in Oxfordshire, nicht wie Erdmannsdorff schreibt »Haythorps«, wurde 1697 durch Charles Talbot, 12th Earl und dem ersten und einzigen Herzog von Shrewsbury, erworben. Nachdem er zwischen 1700 und 1705 im Rahmen seiner Grand Tour Italien besuchte, erhielt Thomas Archer den Auftrag, ein durch dieses Land inspiriertes Landhaus zu bauen (1716 fertiggestellt). Volkmann (Bd. 3, S. 56) beschreibt es als ein Haus mit vier »Fronten«, wobei der Giebel der Eingangsfront auf vier korinthischen Säulen ruht. »Die Zimmer sind im besten Geschmack und haben schöne Stuccaturarbeit, marmorne Tische und Kamine, und verschiedene gute Gemälde. Insonderheit ist die Stuccaturarbeit in der Bibliothek vortrefflich. Die Gärten sind mit vielem Geschmack angelegt; eine angenehme Scene folgt der anderen. Die Kunst ist so glücklich versteckt, daß man es kaum merkt, wo sie der Natur hülfreich Hand geleistet hat.«

60 Der ungefähr zwanzig Kilometer nördlich von Oxford gelegene Landschaftsgarten von Rousham (Erdmannsdorff schreibt

phonetisch Rowsham) House ist die einzige Gartenanlage des berühmten Baumeisters und Gartenarchitekten William Kent (1684–1748), die noch fast vollständig erhalten geblieben ist. Ursprünglich im Auftrag von General James Dormer (1679–1741) und seinem Bruder Colonel Robert Dormer (gest. 1737), die beide Alexander Pope und Jonathan Swift freundschaftlich verbunden waren, errichtet, ging der Besitz nach dem Tod von James Dormer an Sir Clement Cottrel über. An diesem Beispiel dürften Fürst Franz und seine Begleiter zum ersten Mal gesehen haben, daß Gotik und Klassik in einem Landschaftsgarten keinesfalls sich widersprechende Stile sind, sondern ihre Rolle als Bedeutungsträger allein entscheidend ist. Eine Erkenntnis, die später in den Wörlitzer Anlagen beispielsweise beim Bau des Wörlitzer Schlosses (1769–1773) und des Gotischen Hauses (1773–1813) eine entscheidende Rolle gespielt haben dürfte.

61 Mit der Gestaltung von Stowe(Stow)/Buckinghamshire wurde im Auftrag von Sir Richard Temple, Viscount Cobham (1669–1749), im Jahr 1715 begonnen. Die Entstehungsgeschichte des Gartens umfaßt bis zum Jahr 1749 insgesamt sechs Phasen. Der Neubau des Schlosses – heute Internat – und verschiedene gestaltete Gartenbereiche basieren auf Plänen von Sir John Vanbrugh und Charles Bridgeman. Hauptsächlich William Kent (frühe Phase der Gartengestaltung) und Lancelot »Capability« Brown (Weiterführung der Gartengestaltung) haben etwa ab den dreißiger Jahren den Park zu einem malerischen Landschaftsgarten umgestaltet (parallel zu Rousham, siehe Anm. 60). Einer der Neffen von Lord Cobham, Sir Richard Grenville (1711–1779), ab 1750 Lord Cobham, führte die Arbeiten weiter. Obwohl Stowe zu den bedeutendsten Landschaftsgärten in England zählt, erscheint er Erdmannsdorff als »zu überladen«. Dennoch haben der Fürst und seine Begleiter diese Anlage während der zweiten Englandreise (1766/1767) ein zweites Mal besucht, und zahlreiche Einflüsse belegen die Bedeutung dieses Gartens für Wörlitz. Beispielsweise ist das Vorbild für die Fassade des Wallwachhauses Mittelhölzer höchstwahrscheinlich »The Lady's Temple« in Stowe, der heute nicht mehr existiert.

62 Bei der bekannten Vorliebe des Fürsten Franz für Pferde und die Parforcejagd ist es nachvollziehbar, daß er nach Newmarket zu reisen wünschte. Zweimal jährlich, im April und Oktober, fanden dort traditionell Pferderennen, die »berühmtesten im ganzen Lande« statt. Auch zwanzig Jahre später noch erwähnt J. J. Volkmann die besondere Vorliebe der englischen Gesellschaft für diesen Ort: »Es ist zu dieser Zeit hier ein unglaublicher Zusammenfluß von Menschen, und es finden sich auch gemeiniglich eine Menge von Spielern und Abentheurern ein. Der Adel ist nicht weniger zahlreich, und vertheilt große Summen, theils durch übertriebne Wetten, welches Pferd den Sieg behalten wird, und über die angestellten Hahnengefechte, theils durch hohes Spiel. König Carl II. wohnte dem Pferderennen allezeit bey, und sein Pallast gehört noch den Königen, welche aber zu unsren Zeiten nicht mehr herkommen. Auch viele Adelige haben hier eigne Häuser.« (J. J. Volkmann, Neueste Reisen durch England, 1781–1782, Bd. 1, S. 242f.)

63 Der Titel eines Herzogs von Cumberland wurde erstmals durch König Karl I. von England vergeben. Wilhelm August Herzog von Cumberland (geboren 15. 4. 1721), dritter Sohn des britischen Königs Georg II., wurde bei seiner militärischen Laufbahn nicht gerade von großer Fortune begleitet. Als Oberbefehlshaber der britisch-hannoverschen Armee zur Verteidigung des Kurfürstentums Braunschweig-Lüneburg unterlag er im Siebenjährigen Krieg bei Hastenbeck 1757 den Franzosen. Als er in der Konvention von Kloster Zeven die Räumung Hannovers zugestand, wurde er abberufen und konnte sich seitdem bis zu seinem Tod im Jahr 1765 vor allem seiner Passion – dem Pferderennen in Newmarket – widmen. Daran sollte auch das Reiterstandbild erinnern, das von »Lieutenant General William Strode, In Gratitude and For his private Kindneß, In honour, For his public virtue« am 4. 11. 1770 aufgestellt wurde.

64 Wie zuvor Eton und Oxford war Cambridge mit seiner Universität nun die dritte Station, die Fürst Franz besuchte, um sich über die berühmten englischen Bildungseinrichtungen zu informieren, die jahrhundertelang einen bestimmenden Einfluß auf das geistige Leben Englands ausübten. J. W. von Archenholz charakterisiert diese englischen Bildungseinrichtungen in seinem Buch über »England und Italien« in folgender Weise: »Die Universitäten Oxford und Cambridge werden ganz durch eigene Gesetze regiert, und sind also von der bürgerlichen Gewalt unabhängig; sie sind ferner von Auflagen befreyt, und senden eine jede zwey Repräsentanten ins Parlament …«. (Carlsruhe, 2. Aufl. 1791, hier 3. Teil, S. 250).

65 Wie schon vorher an einigen Stellen in diesem Bericht wird vor allem bei der Besichtigung von Sehenswürdigkeiten in der Stadt Derby/Derbyshire deutlich, daß Fürst Franz und seine Begleiter die Englandfahrt nicht ausschließlich wegen kunsthistorischer Sehenswürdigkeiten unternommen hatten, sondern auch um die hochentwickelte Technik in verschiedenen Bereichen kennenzulernen und genauestens zu studieren. Diese Erkenntnisse wurden in den Folgejahren im Fürstentum Anhalt-Dessau konsequent in die Praxis umgesetzt. Beispielhaft sei hier die »Feuermaschine aus England« erwähnt, die sich Fürst Franz für sein Wörlitzer Schloß bestellte.

66 Chatsworth, Landsitz des Herzogs von Devonshire = William (1720–1764), seit 1755 4th Duke of Devonshire; heiratete die Tochter und Erbin Richard Boyles, Earl of Burlington (Chiswick); von November 1756 bis Mai 1757 war er Premierminister. Das Schloß und der Park zählten zur Zeit ihrer Entstehung zu den schönsten formalen Anlagen in England – daher zu den »Wundern des Peak« gezählt. Teile der Landschaft davon wurden im Auftrag des Herzogs von Lancelot »Capability« Brown umgestaltet.

67 Das Thermalbad von Buxton, das schon die Römer wegen der warmen, schwefeligen und salzhaltigen Quellen sehr schätzten, gehört dem Herzog von Devonshire. »Das Wasser ist wohlschmeckend, erweckt den Appetit, öffnet die Verstopfungen, und ist bey rheumatischen, scorbutischen Zufällen und Nervenschwäche sehr wirksam«, schreibt J. J. Volkmann in seiner Reisebeschreibung 1781/1782 (Bd. 3, S. 473).

68 »Devil's arse« und die beiden anderen Höhlen in der näheren Umgebung von (Castledon) Castleton (Pooles- und Elden-Höhle) zählen wie der Landsitz von Chatsworth ebenfalls zu den »Wundern des Peak«. Die Unergründlichkeit der Höhlen bestätigten sich die Besucher selbst auch zwanzig Jahre später noch mit der gleichen simplen Methode: »… wie tief sie aber sey, ist ein unergründliches Geheimniß, ob man gleich allerley Versuche gemacht hat, sie zu erforschen. Das Getöse von großen Steinen verschwindet allmählig, und wie in einer großen Entfernung.« (J. J. Volkmann, Bd. 3, S. 472).

69 Bei diesen »hübschen Sachen« handelt es sich um Objekte aus Flußspat, sogenannte »Blue-John-Gefäße«. Solche Gegenstände – zumeist Vasen oder Pokale – waren zur Dekoration klassizistischer Innenräume in englischen Landhäusern äußerst beliebt. Um die zwanzig solcher Gefäße befanden sich wohl auch im Besitz des Fürsten Franz, wobei zur Zeit zwei davon auf dem Kamin seines Schlafzimmers im Wörlitzer Schloß stehen. Bis heute ist über den Erwerb kaum etwas bekannt. Wie eine Liste im Landesarchiv Oranienbaum belegt, schickte zum Beispiel gegen Ende des 18. Jahrhunderts der Leipziger Kunsthändler Carl Christian Heinrich Rost (1741–1798) ein Kaufangebot an den Fürsten Franz. Auf Grund der hier zum ersten Mal vorgestellten Beschreibung der Reise von 1763 ist es aber auch durchaus möglich, daß er während seiner ersten Reise direkt in Castleton einige Stücke erworben und im Reisegepäck mit nach Dessau transportiert hat.

VERZEICHNIS DER AUSGESTELLTEN WERKE

Uwe Quilitzsch
Daniela Clare

Lutz Winkler, Rousseau-Insel, Wörlitz (Kat.Nr. 82.9)

»Retour à la nature«

Jean-Jacques Rousseau

EINLEITUNG

Geographische Situation

Das Fürstentum Anhalt-Dessau, das Gartenreich des Fürsten Leopold III. Friedrich Franz (1740–1817), erstreckte sich an mittlerer Elbe und unterer Mulde auf einer Fläche von etwa 700 Quadratkilometern – ein relativ kleines Land im Vergleich zu anderen Staaten des Heiligen Römischen Reiches Deutscher Nation. Die Residenzstadt Dessau war mit circa 10 000 Einwohnern, einem Drittel der Gesamtbevölkerung, die größte Stadt des Fürstentums.

Das historische Gartenreich umfaßte verschiedene Parkschöpfungen, die sich wie Perlen einer Kette aneinanderreihten und größtenteils bis zum heutigen Tag erlebbar sind.

Im Westen erstreckt sich der ab 1805 vom Erbprinzen Friedrich von Anhalt-Dessau (1769–1814) angelegte *Kühnauer Park* mit einer Fläche von 77,5 Hektar. Die südlich davon gelegene Rokokoanlage von *Mosigkau* (5,7 Hektar) – eine Schöpfung der Anna Wilhelmine von Anhalt-Dessau (1715–1780), einer Tante des Fürsten Franz – wurde in die Gestaltungen des Gartenreichs einbezogen. Nördlich der Stadt Dessau in einem Auenbruchwald liegt das ab 1780 entstandene *Georgium* (118 Hektar), eine großzügige Anlage Johann Georgs (1748–1811), des jüngeren Bruders des Fürsten. Der heute nicht mehr vorhandene *Lustgarten* am Dessauer Stadtschloß und die Gestaltungen des *Tiergartens* markierten die östliche Eingangssituation der Residenzstadt. Verläßt man diese in Richtung Osten, gelangt man zunächst zu dem als *Luisium* bezeichneten Garten (14 Hektar) mit einem eleganten klassizistischen Landhaus, das Fürst Franz 1774 bis 1778 für seine Gattin Luise (1750–1811) errichten ließ. Architekt des Hauses und aller übrigen klassizistischen Bauwerke im Gartenreich war der in Dresden gebürtige Friedrich Wilhelm von Erdmannsdorff. Einige Kilometer weiter elbaufwärts breitet sich die »Waldeinsamkeit« auf dem *Sieglitzer Berg* aus, ein nach 1777 entstandener Waldgarten. Über eine auf dem Hochwasserdeich geführte, durch Obstpflanzungen und Wallwachhäuser in regelmäßigen Abständen belebte Allee erreicht man schließlich den am weitesten östlich gelegenen Garten des Fürstentums, die *Wörlitzer Anlagen*. Der zwischen 1764 und 1800 entstandene früheste Landschaftsgarten Deutschlands mit einer Fläche von 112,5 Hektar bildet den Höhepunkt der Gartenschöpfungen des Fürsten Franz und ist bis zum heutigen Tag in nahezu unveränderter Form erhalten geblieben. Mit dem etwa fünf Kilometer südlich von Wörlitz gelegenen niederländisch geprägten Barockensemble von *Oranienbaum* (28 Hektar), einer Schöpfung der Urgroßmutter des Fürsten, Henriette Catharina von Nassau-Oranien (1637–1708), wurde eine weitere ältere Anlage in das Gartenreich einbezogen. Innerhalb des Barockparks ließ Fürst Franz den einzigartigen, heute noch erhaltenen Englisch-chinesischen Garten von 1792 bis 1797 anlegen.

Angeregt durch Studienreisen nach England und Italien und durch die Literatur der Aufklärung, verwirklichte Fürst Franz ein umfassendes Reformprogramm. Es beinhaltete neben Neuerungen auf sozialen, ökonomischen und pädagogischen Gebieten vor allem die künstlerische Aufwertung des gesamten Fürstentums durch untereinander verbundene Gärten und Architekturen. Ein Gartenreich dieser Dimension ist in Europa ohne zweites Beispiel.

1 Abb. S. 28–29

Johann Conrad Probst
Nach Michael Seutter
CARTE DES POSTES D'ALLEMAGNE ET DE PAYS VOISINS
1790
Kupferstich, koloriert
52,4 x 64,0 cm
Bezeichnet: unten rechts »Johann Conrad Probst sculpsit Augsburg 11. Aprili 1790«
Institut für Auslandsbeziehungen

Reisen war im 18. Jahrhundert beschwerlich, nahm viel Zeit und Entbehrungen in Anspruch. Besser ausgebaute Fahrwege waren mit den Postwegen identisch. Gewöhnlich reisten die Menschen mit der Postkutsche. Lediglich vermögende Bürger und Aristokraten benutzten private Equipagen. Wie Fürst Franz seine erste Reise über Deutschland und die Habsburgischen Niederlande nach England 1763 absolvierte, ist nicht bekannt. Die Grand Tour unternahm er 1765 bis 1767 laut Journal seines Reisemarschalls Georg Heinrich von Berenhorst mit einem Landauer und einer schweren »Vaisseau de Guerre«.

2 Abb. S. 8–9

KARTEN DER PREUSSISCHEN URVERMESSUNG
1851–1852
Feder, aquarelliert
Staatsbibliothek zu Berlin Preußischer Kulturbesitz

a) Band XI. Blatt 5 (Aken)
44,5 x 45,8 cm
Bezeichnet: »aufgenommen und gezeichnet im Jahre 1852 von Franke«

b) Band XI. Blatt 6 (Dessau)
44,3 x 45,8 cm
Bezeichnet: »aufgenommen und gezeichnet im Jahre 1852 von Riese Prem. Lieutenant im 39ten Infant. Reg.«

c) Band IX. Blatt 1 (Wörlitz)
44,4 x 45,8 cm
Bezeichnet: »aufgenommen und gezeichnet von Riese Lieut. im 39ten Infant. Reg. (1851)«

d) Band XI. Blatt 2 (Wittenberg)
44,3 x 45,8 cm
Bezeichnet: »aufgenommen und gezeichnet im Jahre 1851 von Schrabisch Pr. Lieut. im 2. Garde Reg. z. F.«

e) Band XIII. Blatt 5 (Quellendorf)
44,5 x 45,9 cm
Bezeichnet: »aufgenommen und gezeichnet im Jahre 1852 von von Rosenzweig I. Lieutenant im 13ten Inf. Regmt.«

f) Band XIII. Blatt 6 (Raguhn)
44,2 x 45,9 cm
Bezeichnet: »aufgenommen und gezeichnet im Jahre 1852 von Veith, Prem. Lieutenant im 7ten Artill. Regiment«

g) Band XIII. Blatt 1 (Graefenhainichen)
44,5 x 46,0 cm
Bezeichnet: »aufgenommen und gezeichnet im Jahr 1852 von Riese Lieut. im 39ten Inf. Regim.«

h) Band XIII. Blatt 2 (Kemberg)
44,4 x 45,8 cm
Bezeichnet: »aufgenommen und gezeichnet im Jahre 1851
von Kamecke, Pr. Lieut. im Garde Art Reg.
von Behr, Prem. Lieut. im 4. Infanterie Regim.
von Schrabisch, Pr. Lt. im 2. Garde Reg. z. F.
Riese, Lieutnant. im 39. Infanterie Regim.
Gez. im Jahre 1851 von von Schrabisch Pr. Lieut. im 2. Garde Rgt. z. F.«

Die Karten der preußischen Landesvermessung entstanden im Maßstab von 1:25.000. Ihre Detailtreue und Informationsdichte sind ausgezeichnete Quellen für die Erforschung des historischen Gartenreichs von Dessau-Wörlitz. Etwa 30 Jahre nach dem Tod des Fürsten Franz von Anhalt-Dessau entstanden, geben sie die Gartenanlagen und die verbindenden gestalterischen Elemente der Entstehungszeit ebenso wieder, wie die Neuanlagen, die unter Herzog Leopold Friedrich vorgenommen wurden.

4 Abb. S. 16–17

Johann Christian Püschel (1718–1771)
Nach von Reck
STAMMBAUM DES HAUSES ANHALT
1757
Kupferstich, koloriert
42,3 x 40,2 cm
aus Johann Christoph Beckmann: »Accessiones Historiae Anhaltinae. Zerbst 1716«
Bezeichnet: unten links »Püschel sc. L.«
Kulturstiftung DessauWörlitz

Der Kupferstich ist dem Fürsten Carl George Leberecht von Anhalt-Köthen (1730–1789) gewidmet, der als Feldmarschall-Leutnant der Kavallerie in der kaiserlichen Armee diente. Der Stammbaum ist nachträglich in das Buch einmontiert worden. Ursprünglich war er für die von Samuel Lenz 1757 herausgegebene Publikation »Becmannus enucleatus« vorgesehen.

Das unter dem Fürsten Joachim Ernst erst 1570 vereinigte Anhalt wurde unter seinen vier Söhnen nach langer Auseinandersetzung 1603 erneut geteilt. Die vier entstandenen souveränen Linien starben jedoch aus und fielen an Dessau zurück: Anhalt-Zerbst 1793, Anhalt-Köthen 1847 und Anhalt-Bernburg 1863. Fürst Leopold Friedrich Franz von Anhalt-Dessau verlor als Erbprinz im Alter von 11 Jahren beide Eltern, so daß zunächst Prinzregent Dietrich, Bruder des verstorbenen Leopold Maximilian, die Regierungsgeschäfte bis zur Volljährigkeit des Prinzen Franz 1758 übernahm. Fürst Franz mußte den Tod seines einzigen Sohnes, Prinz Friedrich (1769–1814), vermählt mit Christiane Amalie von Hessen-Homburg (1774–1846), miterleben. So wurde sein Enkel Leopold Friedrich Thronfolger im Jahr 1817.

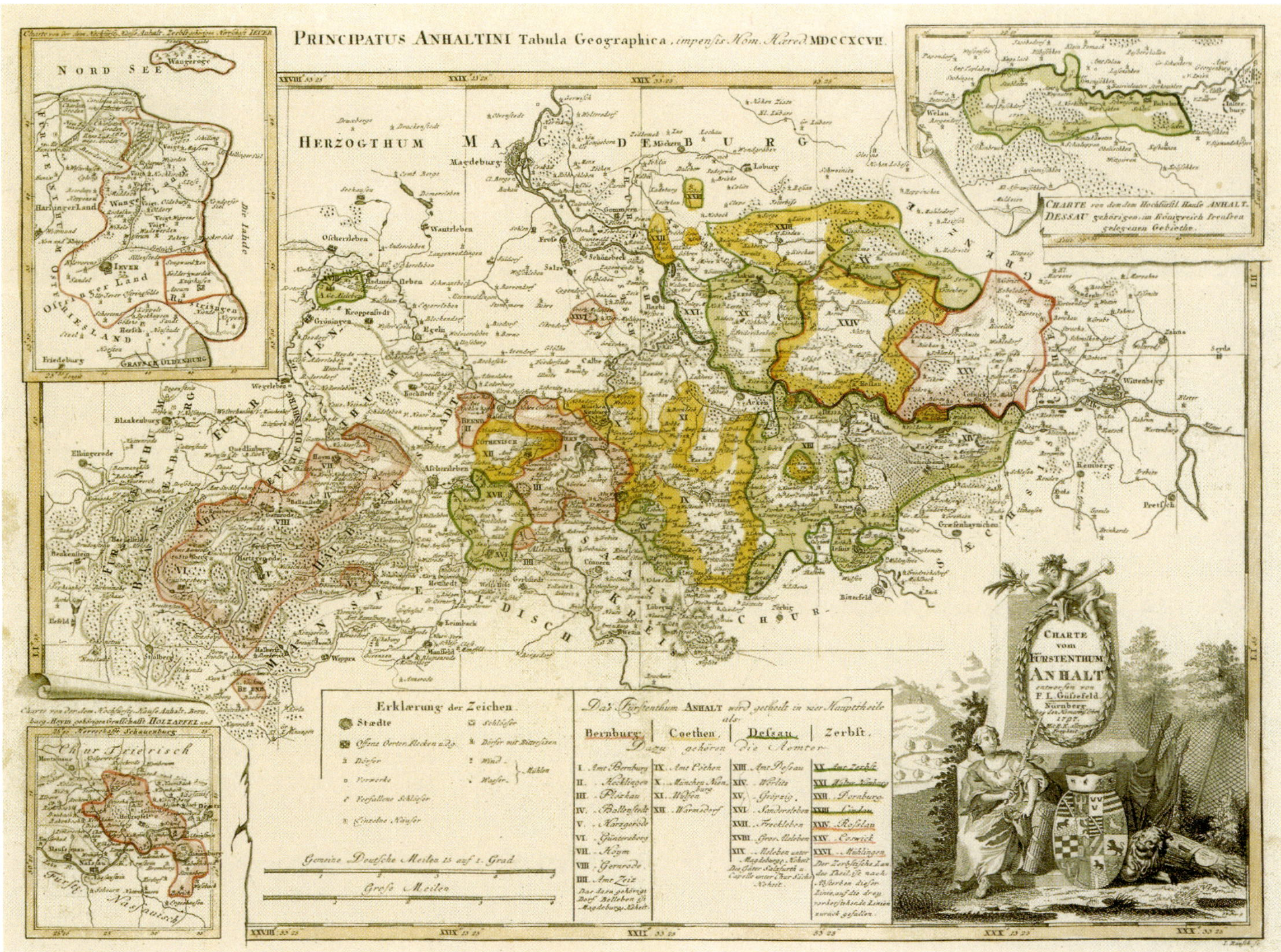

3
I. Rausch (Lebensdaten unbekannt)
Nach F. L. Güssefeld (Lebensdaten unbekannt)
CHARTE VOM FÜRSTENTHUM ANHALT
1797
Kupferstich, koloriert
49,5 x 68,0 cm
Bezeichnet: unten rechts »I. Rausch fc.«
Kulturstiftung DessauWörlitz

Die präzise Karte gibt die vier souveränen Fürstentümer Anhalts wieder. Sehr interessant ist die Darstellung der Besitzungen außerhalb der Grenzen des Stammlandes.
Von großer Bedeutung waren die dem »Hochfürstl. Hause Anhalt-Dessau gehörigen im Königreich Preußen gelegenen Gebiethe«, da auf den verpachteten landwirtschaftlichen Gütern von über 10.000 Hektar Fläche beachtliche Mittel erwirtschaftet wurden.
Die Dessauer Fürsten besaßen in Bubainen ein ansehnliches Schloß, das jedoch während des Siebenjährigen Krieges in der Schlacht von Großjägersdorf 1757 durch russische Truppen zerstört wurde. Fürst Franz ordnete später den Abriß an.

Leopold III. Friedrich Franz, Fürst und seit 1807 Herzog von Anhalt-Dessau, trat 1758 die Regentschaft seines Landes an, die nach dem frühen Tod der Eltern seit 1751 unter der Vormundschaft seines Onkels, des Fürsten Dietrich (1702–1769), geführt worden war. Zuvor hatte Franz seine militärische Laufbahn in der preußischen Armee beendet und die Unabhängigkeit seines Landes im Siebenjährigen Krieg (1756–1763) erklärt – ein Schritt mit schweren politischen Folgen, den König Friedrich II. von Preußen (1712–1786) belastete das Land mit hohen Kontributionsforderungen.
Im Sommer 1763 unternahm Fürst Franz seine erste Reise durch Deutschland und die Niederlande nach England. Nach seiner Rückkehr verfügte er eine Reihe von Reformen, mit Hilfe derer sich sein Land von den Folgen des Krieges erholen sollte. Anhalt-Dessau wurde Keimzelle des Klassizismus, der Neugotik und der Gartenkunst englischen Stils in Deutschland.
Bei der Realisierung seines Reformwerkes unterstützten den Fürsten zahlreiche Helfer – Ökonomen, Pädagogen, Gärtner und Künstler. Die herausragende Persönlichkeit unter ihnen war Friedrich Wilhelm von Erdmannsdorff (1736–1800). Der aus Dresden stammende Erdmannsdorff wurde nach seinem Studium in Dresden und Wittenberg dem Anhalt-dessauischen Erbprinzen Franz an dessen 16. Geburtstag vorgestellt und war fortan sein engster Vertrauter und Berater. Besonders sein architektonisches Schaffen – nach seinen Entwürfen entstanden die meisten Bauten im Gartenreich – ist heute noch nachvollziehbar.
Fürst Franz heiratete 1767 seine Cousine Luise Henriette Wilhelmine, Prinzessin von Brandenburg-Schwedt (1750–1811). Die Ehe wurde auf Wunsch des preußischen Königs geschlossen. Dies zeigt, wie weit die Macht Preußens über den Nachbar Anhalt reichte, während der Fürst Franz versuchte, unter allen Umständen die Souveränität des Landes zu wahren. Zu den Pflichten der Fürstin zählten verschiedene Aufgaben im Armen- und Witwenwesen Anhalt-Dessaus. Von 1774 bis 1778 ließ ihr Gatte für sie ein kleines englisches Landhaus errichten und gleichzeitig einen Garten anlegen, das spätere Luisium. Luise galt als musisch begabte Person. Lavater, Goethe und Alexander von Humboldt zählten zu ihren Vertrauten. Ihren Gatten begleitete sie 1775 während seiner dritten Englandreise. Sie unternahm 1795 bis 1796 eine eigene Reise nach Italien.

LEOPOLD FRIED. FRANZ
HERZOG Z. ANH. DESSAU
GEST. IX AUG. MDCCCXVII

5 Abb. S. 80

Friedemann Hunold 1773–1840

BÜSTE DES FÜRSTEN LEOPOLD III. FRIEDRICH FRANZ VON ANHALT-DESSAU

Um 1820

Weißer Marmor

Höhe: 54,5 cm

Inschrift: LEOPOLD FRIED: FRANZ/HERZOG/GEB: X. AUGUST MDCCXL./GEST: IX. AUG: MDCCCXVII.

Kulturstiftung DessauWörlitz

Die Büste des Fürsten Franz von Anhalt-Dessau wurde nach seinem Tod im sogenannten »Monument« in Wörlitz, einem 1801 bis 1805 vom Fürsten errichteten Memorialbau zum Andenken an seine Vorfahren, aufgestellt. Der Dessauer Dichter Wilhelm Müller (1794–1827) verfaßte eine Inschrift für die Nische, in der die Büste ihren Platz fand:
»GOTT ERBAUETE ER KIRCHEN. DER ARMUTH HUETTEN./DEN KUENSTEN UND WISSENSCHAFTEN WUERDIGE TEMPEL./ALLES SCHOENEN FREUND UND KENNER. ALLES GUTEN FOERDERER./SEINES VOLKES VATER./SEINES LANDES ZWEITER SCHOEPFER. DIESES GARTENS GRUENDER.«

6 Abb. S. 81

Friedrich Wilhelm Eugen Doell 1750–1816

Nach Bartolomeo Cavaceppi um 1716–1799

BÜSTE DER FÜRSTIN LUISE VON ANHALT-DESSAU

1789

Weißer Marmor

Höhe: 61,0 cm

Kulturstiftung DessauWörlitz

Henriette Wilhelmine Luise, Tochter des Markgrafen Friedrich Heinrich von Brandenburg-Schwedt und Enkelin des »Alten Dessauers«, wurde 1767 unter maßgeblichem Einfluß des Preußenkönigs Friedrich II. mit Franz vermählt. Sie war gebildet, feinsinnig, künstlerisch hochbegabt und verkehrte mit bedeutenden Künstlern und Gelehrten, wie der vorwiegend in Rom tätigen Malerin Angelica Kauffmann (1741–1807), dem Dichter Friedrich von Matthisson (1761–1831), der ihr Vorleser und Reisebegleiter war, und dem Schweizer Pfarrer und Physiognomen Johann Kaspar Lavater (1741–1801). Franz urteilt über seine junge Gemahlin: »Sie ist schöner als alle alten Köpfe, und in ihrem Charakter, der stets das Vorzüglichste ist, übersteigt sie jedes Ideal.« Für sie ließ er ab 1774 Schloß und Park Luisium bei Dessau anlegen.

7

Friedemann Hunold 1773–1840

BÜSTE DES FRIEDRICH WILHELM FREIHERR VON ERDMANNSDORFF

Um 1798

Gips

Höhe: 50,5 cm

Kulturstiftung DessauWörlitz

Erdmannsdorff wurde an der Ritterakademie seiner Geburtsstadt Dresden erzogen und studierte an der Wittenberger Universität. Den Dessauer Erbprinzen lernte er bereits 1756 kennen. Er unternahm 1761 bis 1763 eine Kavalierstour nach Italien und begleitete den Fürsten später auf allen wichtigen Reisen. Bis zu seinem Tod blieb er in Diensten des Fürsten Franz, arbeitete aber auch in Gotha, Potsdam und Berlin. Goethe veranlaßte 1798 die Aufstellung der Büste Erdmannsdorffs in der Weimarer Hofbibliothek.

8 Abb. S. 85

ÜBERSICHTSKARTE: REISEN DES FÜRSTEN FRANZ VON ANHALT-DESSAU

Die Reisen des Fürsten Franz von Anhalt-Dessau dienten verschiedenen Zwecken.
1763 bis 1764 unternahm er eine Studienreise durch Deutschland und die Habsburgischen Niederlande nach England, auf der er wichtige Persönlichkeiten der europäischen Politik kennenlernte. Von 1765 bis 1767 führte ihn eine Grand Tour nach Italien, Frankreich und England. Mehrere Aufenthalte in der Schweiz dienten der Erholung und Bildung. 1775 reiste er mit seiner Gattin und von Erdmannsdorff erneut nach England. In London trafen sie die Naturforscher und Weltumsegler Johann Reinhold Forster und dessen Sohn Georg. In Bath engagierte der Fürst eine Erzieherin für den Erbprinzen Friedrich. Einige Inspektionsreisen führten zu den Gütern in Ostpreußen, andere Reisen anläßlich der Vermählung des Grafen von Waldersee nach Schlesien und aus gesundheitlichen Gründen nach Karlsbad.
Kaiser Napoleon besuchte der inzwischen zum Herzog erhobene Fürst Franz von Anhalt-Dessau 1808 in Paris, kurz darauf war er 1810 in Wien Gast des Kaisers Franz von Österreich.

Vernunft, Freiheit, Streben nach Glückseligkeit – das sind Schlagworte des 18. Jahrhunderts, des Jahrhunderts der Aufklärung in Europa. Wissenschaft und Kunst führten zur Herausbildung eines Weltbildes, das sich von der Theologie gelöst hatte. Die sich entfaltende Publizistik vermittelte einer breiten Öffentlichkeit die neuen Werte: Humanität, Selbstdenken, Würde des Menschen, Streben nach gesellschaftlicher Nützlichkeit, Toleranz...

Fürst Franz von Anhalt-Dessau galt als aufgeklärter Monarch im Zeitalter des Absolutismus. Prägend für die Anschauungen des Fürsten waren sowohl die europäische Aufklärungsliteratur, als auch die persönliche Erfahrung zahlreicher Reisen. Viermal besuchte er England. Das bestehende moderne Staatswesen, die Mobilität innerhalb der Sozialverfassung, die dem Bürgertum Entfaltungschancen bot, der »public spirit« der Bevölkerung, das aufblühende Manufakturwesen, die leistungsfähige Landwirtschaft und nicht zuletzt Architektur und Gartenkunst hatten allgemein ein großes Interesse an der neuen Weltmacht zur Folge.

Nach dem Vorbild englischer Landlords unternahmen Fürst Franz, Prinz Johann Georg (1748–1811), Georg Heinrich von Berenhorst (1733–1814) und Erdmannsdorff 1765 bis 1767 eine Grand Tour, deren erstes Ziel Italien war. In Rom führte sie Johann Joachim Winckelmann zu den wichtigsten antiken Stätten und durch die Sammlungen des Kardinals Albani und vermittelte Kontakte zu Künstlern wie Charles-Louis Clérisseau, Bartolomeo Cavaceppi, den Gebrüdern Adam und Giovanni Battista Piranesi. Die Aufmerksamkeit der Reisenden galt auch den Werken der italienischen Renaissancekunst, besonders den Groteskendekorationen Raffaels, die Erdmannsdorffs Innenraumgestaltungen beeinflußten, sowie den Bauten Palladios in Vicenza und Venedig.

In Neapel bestiegen sie den Vesuv und besuchten die Ausgrabungen der antiken Städte Pompeji und Herculaneum. Sie lernten den Diplomaten, Vulkanologen und Kunstkenner Sir William Hamilton (1730–1803) kennen. Später entstand in Wörlitz eine architektonische Nachbildung des Golfes von Neapel – einschließlich einer Villa Hamilton.

Das Gesamtkunstwerk des Dessau-Wörlitzer Gartenreichs spiegelt in enzyklopädischer Form die Kultur des aufgeklärten 18. Jahrhunderts wider. Die zitierten Vorbilder werden in einzigartiger Weise künstlerisch und reformpädagogisch interpretiert. Heute noch bestens ablesbar sind die vielfältigen Einflüsse auf Anhalt-Dessau in den erhalten gebliebenen Landschaftsgärten und Bauwerken des Gartenreichs.

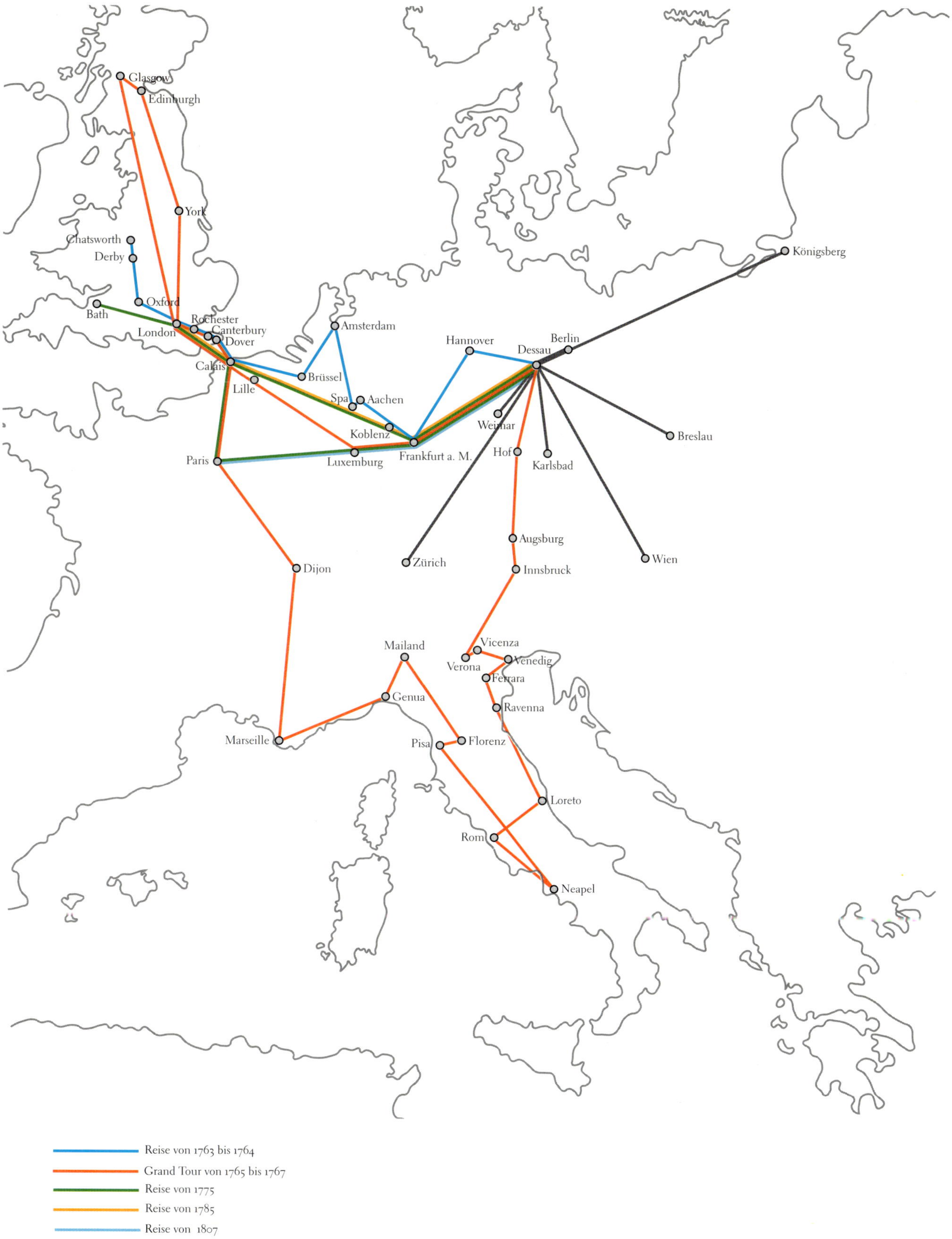

Reisen des Fürsten Franz von Anhalt-Dessau – schematisch – (Kat.Nr. 8)

9
ROUSSEAU-DENKMAL AUF DER PAPPELINSEL IN WÖRLITZ
1782
Kunststoff (maßstabsgerechter Abguß vom Original aus Sandstein)
Höhe: 300,0 cm
Inschrift: DEM ANDENKEN J. J. ROVSSEAV/BVERGERS ZV GENF/DER DIE WITZLINGE ZVM GESVNDEN VERSTAND/DIE WOLLVESTIGEN ZVM WAHREN GENVSS./DIE IRRENDE KVNST ZVR EINFALT DER NATVR/DIE ZWEIFLER ZVM TROST DER OFFENBARVNG/MIT MAENNLICHER BEREDTSAMKEIT ZVRVECKWIES/ER STARB D. II. JVL. MDCCLXXVIII.
Kulturstiftung DessauWörlitz

Das von Pappeln umsäumte Sandsteinmonument auf einer kleinen Insel im Wörlitzer See ahmt die erste Version des Grabmals Jean-Jacques Rousseaus (1712–1778) in Ermenonville bei Paris nach. Die philosophischen Ideen des französischen Aufklärers haben die geistige und kulturelle Entwicklung in Anhalt-Dessau nachhaltig beeinflußt. 1775 trafen Fürst Franz und Fürstin Luise den Philosophen in Paris. Das Denkmal mit einer vom Fürsten selbst verfaßten Inschrift entstand 1782 nach einem Entwurf Erdmannsdorffs.

10
Friedrich Wilhelm Eugen Doell 1750–1816
BÜSTE DES JOHANN JOACHIM WINCKELMANN
Zwischen 1777 und 1782
Kunstharz, bronziert, Gips (maßstabsgerechter Abguß des Originals aus Bronze)
Höhe (mit Sockel): 66,0 cm
Kulturstiftung DessauWörlitz

Die Begegnung mit Winckelmann in Rom ein Jahr nach der Veröffentlichung seines Hauptwerkes, der »Geschichte der Kunst des Altertums« (1764), hatte großen Einfluß auf die ästhetischen Ansichten des Dessauer Fürsten und seines Baumeisters Friedrich Wilhelm von Erdmannsdorff. Ein halbes Jahr lang studierten sie unter seiner Anleitung die Kunst der Antike in Rom und machten Ausflüge nach Tivoli, Frascati und Palestrina. Der rege Briefkontakt und Winckelmanns Absicht, den Fürsten in Dessau zu besuchen, sind Ausdruck einer tiefen Freundschaft.

11
Martin Gottlieb Klauer 1742–1801
BÜSTE DES JOHANN KASPAR LAVATER
1783
Weimarer Kalkstein
Höhe: 70,0 cm
Signatur: auf der Rückseite der Büste unter der Drapierung
»Klauer fec. 1783«
Kulturstiftung DessauWörlitz

Lavater (1741–1801) erlangte vor allem durch seine physiognomischen Studien große Beachtung. Er entwickelte die Theorie, daß ausgehend von den Linien des Menschenprofils auf den Charakter der Person geschlossen werden kann. Sein Hauptwerk, die »Physiognomischen Fragmente zur Beförderung der Menschenkenntnis und Menschenliebe«, erschien 1775 bis 1778 in vier Bänden. Im Jahre 1776 wandte er sich erstmals an den Dessauer Fürsten und erbat dessen Portrait für seine Studien. Lavater stand zeitweilig in engem Kontakt zu Franz und Luise, letztere lebte 1783 mehrere Wochen bei seiner Familie in Zürich. Lavaters Büste wurde 1784 im Labyrinth in Neumarks Garten aufgestellt. Ein Gemälde mit dem Bildnis Lavaters befindet sich in der Bibliothek des Wörlitzer Schlosses.

12
Martin Gottlieb Klauer 1742–1801
BÜSTE DES CHRISTIAN FÜRCHTEGOTT GELLERT
1784
Weimarer Kalkstein
Höhe: 71,0 cm
Kulturstiftung DessauWörlitz

Gellert (1715–1769), der Professor für Poesie und Philosophie in Leipzig war, galt als großer Sittenlehrer seiner Zeit und vertrat ein aufklärerisch-empfindsames Tugendideal. Den Auftakt der Grand Tour des Fürsten 1765 bildete ein Besuch bei Gellert in Leipzig. Franz und Luise besuchten den Moralphilosophen und Dichter nochmals 1767, um sich von ihm Privatkollegs abhalten zu lassen. Das Fürstenpaar stellte Gellerts Büste in der allegorischen Partie des Labyrinths in Wörlitz auf.

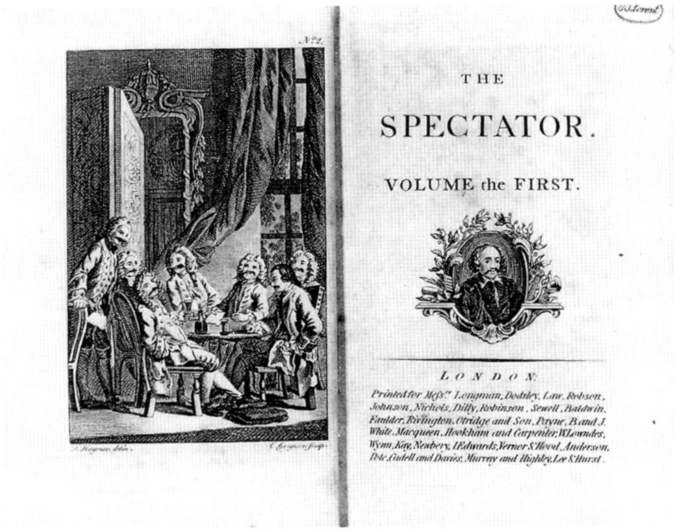
THE
SPECTATOR.
VOLUME the FIRST.
LONDON:

13
Joseph Addison 1672–1719
und Sir Richard Steele 1672–1729
THE SPECTATOR (Nr. 1 bis 80)
London: Longman, Dodley und andere, o. J.
18,0 x 11,5 cm, 344 Seiten
Kulturstiftung DessauWörlitz

Der »Spectator«, eine moralistische Essaysammlung, erschien als Einblattdruck täglich von 1711 bis 1712 und nochmals 1714. Er lag in Clubs und Kaffeehäusern aus und erreichte auf diese Weise geschätzt 60000 Leser in Großbritannien, abgesehen von dem kaum noch faßbaren Leserkreis der zahlreichen Buchausgaben. Die im wesentlichen von Addison verfaßten Aufsätze behandeln moralische und philosophische Themen, Dichtung und Kunst und geben Anweisungen zum richtigen gesellschaftlichen Verhalten. Sie hatten einen erheblichen Einfluß auf die öffentliche Meinung und das Weltbild einer ganzen Schicht.

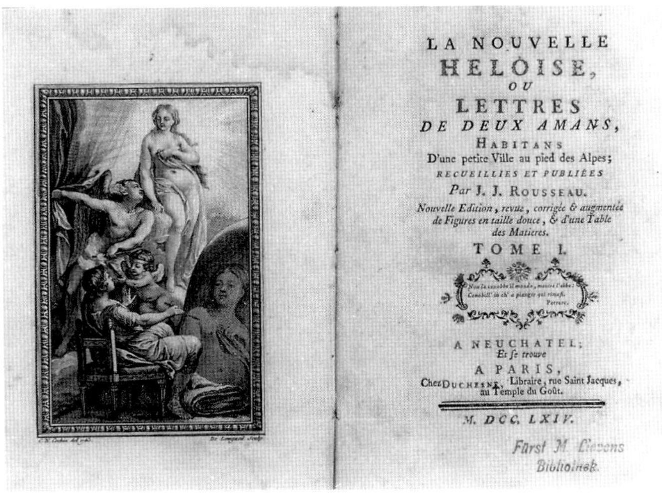
LA NOUVELLE
HÉLOISE,
OU
LETTRES
DE DEUX AMANS,
Habitans
D'une petite Ville au pied des Alpes;
RECUEILLIES ET PUBLIÉES
Par J. J. ROUSSEAU.
Nouvelle Edition, revue, corrigée & augmentée de Figures en taille douce, & d'une Table des Matieres.
TOME I.
A NEUCHATEL:
Et se trouve
A PARIS,
Chez DUCHESNE, Libraire, rue Saint Jacques, au Temple du Goût.
M. DCC. LXIV.

14
Jean-Jacques Rousseau 1712–1778
LA NOUVELLE HÉLOISE OU LETTRES DES DEUX AMANS, HABITANS D'UNE PETITE VILLE AU PIED DES ALPES
Band 1, Paris: Duchesne 1764
18,0 x 12,5 cm, 408 Seiten
Kulturstiftung DessauWörlitz

Der vielbeachtete Roman behandelt die Überwindung sinnlicher Leidenschaften und deren Läuterung zu inniger Freundschaft. In diesem Prozeß kommt der Natur als Mittel zur Selbstfindung eine zentrale Rolle zu. Der Roman hatte großen Einfluß auf die kontinentale Gartenkunst und beförderte in Frankreich die Idee des englischen Landschaftsgartens. Eine Ausgabe befand sich in der Wörlitzer Schloßbibliothek.

15
Alexander Pope 1688–1744
VERSUCH AN DEM MENSCHEN. IN VIER SITTEN BRIEFEN AN HENRICH ST. JEAN, GRAFEN VON BOLINGBROKE ÜBER DIE NATUR UND DEN ZUSTAND DES MENSCHEN.
Frankfurt am Main: Frank Varrentrapp 1741
20,0 x 13,5 cm, 191 Seiten
Kulturstiftung DessauWörlitz

Popes philosophisches Lehrgedicht »Essay on Man« wurde eines der meistgelesenen und einflußreichsten Gedichte des 18. Jahrhunderts und trug wesentlich zur Verbreitung der englischen Philosophie in Deutschland bei. Auch in der Wörlitzer Schloßbibliothek befand sich eine Ausgabe. Henry St. John Lord Bolingbroke, an den das Gedicht gerichtet war, prägte mit seinen deistischen Anschauungen die Dichtung des befreundeten Pope.

Des Ritters ALEXANDER POPE
Versuch an dem Menschen,
In Vier Sitten-Briefen
An Henrich St. JEAN, Grafen von BOLINGBROKE.
über
Die Natur und den Zustand
des Menschen.
Zuerst aus dem Englischen in das Frantzösische, durch den
Hn. Abt DU RESNEL, und nunmehr in das Teutsche
übersetzet.
Nebst einigen andern Uebersetzungen.

Franckfurt am Mayn,
****
Bey Frantz Varrentrapp.
****
MDCC XXXXI.
P. S. ... Schnell.

To the most Noble Lord
Richard Boyle
Earl of
BURLINGTON and CORK &c. &c.
This New Edition of
Palladio's Architecture
is most humbly Dedicated
By his Lordships
most Obed.t humble Serv.t
Benj.n Cole.

16
Andrea Palladio 1508–1580
ARCHITECTURE IN FOUR BOOKS. CONTAINING A DISSERTATION ON THE FIVE ORDERS…
London: Cole and Wilcox 1736
35,5 x 24,5 cm, 121 Seiten, 61 Kupfertafeln
Mit Widmung an Lord Burlington
Kulturstiftung DessauWörlitz

Das theoretische Hauptwerk des italienischen Architekten Andrea Palladio »I quattro libri dell'architettura« erschien ab 1570 in mehreren Ausgaben und Übersetzungen. In den nachfolgenden Jahrhunderten wurde es zur Grundlage der klassizistisch orientierten Architektur. Dieses Exemplar ist mit einer Widmung an Richard Boyle, dem dritten Earl of Burlington, versehen, der zum Protagonisten Palladios in England wurde. Auch Erdmannsdorffs architektonisches Schaffen zeugt vom Einfluß Palladios. Dabei waren dessen Bauten in Italien ebenso Anregung wie die Werke des Neopalladianismus in England, besonders die in dieser Tradition stehenden Landhäuser der englischen Aristokratie.

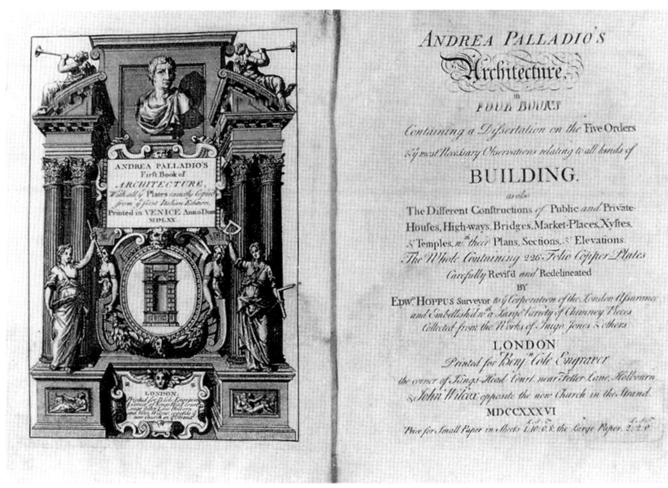

ANDREA PALLADIO'S
Architecture,
in
FOUR BOOKS
Containing a Dissertation on the Five Orders
& y.e most Necessary Observations relating to all kinds of
BUILDING.
as also
The Different Constructions of Public and Private
Houses, High-ways, Bridges, Market-Places, Xystes,
& Temples, w.th their Plans, Sections, & Elevations.
The Whole Containing 226 Folio Copper Plates
Carefully Revis'd and Redelineated
BY
EDW.D HOPPUS Surveyor to y.e Corporation of the London Assurance
and Embellish'd w.th a Large Variety of Chimney Pieces
Collected from the Works of Inigo Jones & others
LONDON
Printed for Benj.n Cole Engraver
the corner of Kings-Head Court, near Fetter Lane, Holbourn
& John Wilcox opposite the new Church in the Strand.
MDCCXXXVI
Price for Small Paper in Sheets 1.10.0 & the Large Paper 2.2.0

17
Christian Fürchtegott Gellert 1715–1769
GEISTLICHE ODEN UND LIEDER
Leipzig: bei M. G. Weidmanns Erben und Reich 1763
19,9 x 13,3 cm, 160 Seiten
Privatbesitz

Als Gellerts Büste im Labyrinth des Wörlitzer Gartens aufgestellt wurde, wählte man für die Sockelinschrift eine Passage aus dem geistlichen Lied »Trost des ewigen Lebens«: »Heil dir! denn du hast mein Leben, Die Seele mir gerettet; du!«

18
François de Salignac de La Mothe Fénelon 1651–1715
LES AVANTURES DE TÉLÉMAQUE, FILS D'ULYSSE (BEZIEHUNGSWEISE DIE BEGEBENHEITEN TELEMACHS, DES SOHNS DES ULYSSES. EIN HELDENGEDICHT)
Französisch und deutsch, Ulm: Christian Ulrich Wagner 1771
18,8 x 12,2 cm, 821 Seiten, 25 Kupfertafeln
Privatbesitz

Das Portrait Fénelons befindet sich an der der Gesetzgebung und Sittenlehre gewidmeten Wand der Schloßbibliothek in Wörlitz. In seinem Werk »Les Avantures de Télémaque« stellt Fénelon Muster der Weisheit und der fürstlichen Erziehung auf.

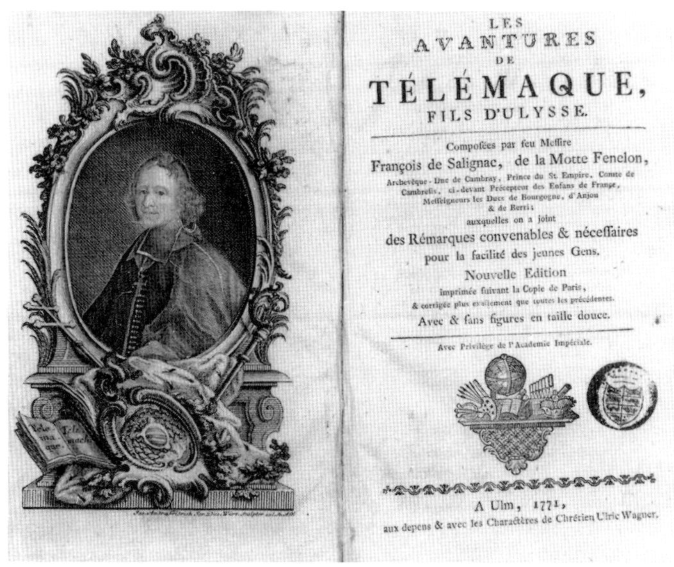

Geschichte

Anhalt wurde 1212 selbständiges Fürstentum und bis 1918 von Souveränen aus dem Geschlecht der Askanier regiert. Nach mehreren Teilungen entstanden 1603 die Linien Anhalt-Dessau, Anhalt-Bernburg, Anhalt-Köthen und Anhalt-Zerbst als eigenständige Kleinstaaten.
Anhalt-Dessau, das im 18. Jahrhundert unter dem Fürsten Leopold III. Friedrich Franz von Anhalt-Dessau seine größte Blüte erreichte, erlebte bereits im 17. Jahrhundert durch den holländischen Einfluß infolge der Hochzeit Johann Georgs II. mit Henriette Catharina von Nassau-Oranien, einer der vier Töchter des Erbstatthalters der Niederlande, einen bedeutenden Aufschwung. Der Anschluß an das Goldene Zeitalter der Niederlande bewirkte neben einer wirtschaftlichen Belebung auch einen inneren Ausbau des Landes. Durch ausgedehnte Deichbaumaßnahmen holländischer Spezialisten wurde neues Land gewonnen und vor Hochwasser gesichert. Fürstin Henriette Catharina schuf mit Oranienbaum die dritte oranische Stadtgründung nach Oranienburg bei Berlin und Oranienstein bei Diez an der Lahn. Fürst Johann Georg II. diente ab 1657 in der Armee des brandenburgischen Kurfürsten und begründete damit die preußisch-anhaltische Militärtradition, die unter seinem Sohn Leopold I., dem »Alten Dessauer«, ihren Höhepunkt erreichte. Innenpolitisch bedeutsam war, daß Fürst Leopold den gesamten landsässigen Adel aus Anhalt-Dessau verdrängte und somit die wirtschaftliche Grundlage für das Reformwerk seines Enkels schuf.
Unter Fürst Franz erlebte Anhalt-Dessau einen kulturellen Aufschwung. Seine Regentschaft begann mit gewaltigen Herausforderungen. Mitten im Siebenjährigen Krieg, der damals Europa erschütterte, wurde das kleine Anhalt-Dessau von preußischen Kontributionsforderungen fast ruiniert.
Nach dem Tode Friedrichs des Großen 1786 erfolgte eine vorsichtige Annäherung an Preußen. Anhalt-Dessaus geringes Engagement während der Koalitionskriege gegen Frankreich wirkten sich nach dem Untergang des Heiligen Römischen Reiches Deutscher Nation positiv auf das Fortbestehen des winzigen Fürstentums aus. Während der Herrschaft Napoleons betrieb der inzwischen zum Herzog erhobene Fürst Franz eine diplomatisch geschickte Politik. Anhalt-Dessau wurde weder unter Napoleon noch im Zuge des Wiener Kongresses mediatisiert.
1817 starb Herzog Franz von Anhalt-Dessau nach einer 59jährigen Regierungszeit. Die ökonomischen Neuerungen, die pädagogische und künstlerische Neuorientierung wirkten weit über die Grenzen hinaus und lockten zahllose interessierte Reisende in das Land an Elbe und Mulde.

19
Johann Heinzelmann 1641–1693 (ODER 1700?)
Nach Jacques Vaillant 1625–1691
»JOHANN GEORG II. VON ANHALT-DESSAU«
1692
Kupferstich, (Lichtdruckkopie)
55,5 x 40,5 cm
Bezeichnet: am unteren Bildrand »J. Vaillant ad vivum pingeba. Joan Hainzelmann ser.mi El.is Brandenb.ci sculptor, jnv. del. et sculp. C. Privil. 1692. Berl.«, darüber auf dem Sockel »IOANNES GEORGIUS/PRINCEPS ANHALTINUS.«
Kulturstiftung DessauWörlitz

Johann Georg II., der Urgroßvater des Fürsten Franz, heiratete auf Vermittlung des Kurfürsten von Brandenburg 1659 Prinzessin Henriette Catharina von Nassau-Oranien. Kurz nach Ende des Dreißigjährigen Krieges flossen so in großem Umfang finanzielle Mittel aus den Niederlanden in das ausgeplünderte Anhalt-Dessau. Somit kam der bis dahin unbedeutende Staat in Mitteldeutschland in den Genuß des Goldenen Zeitalters der Niederlande. Als Statthalter in der Kurmark war Fürst Johann Georg aufs engste mit dem Berliner Hof verbunden. In Brandenburg tätige Künstler wie Ryckwaert, Vaillant, Hanneman und andere waren auch in Dessau tätig.

20
Cornelis Vischer um 1619–1662
Nach Gerhard von Honthorst 1590–1656
»HENRIETTE CATHARINA VON NASSAU-ORANIEN«
1695
Kupferstich, (Lichtdruckkopie)
41,5 x 29,0 cm
Bezeichnet: unterhalb des Bildausschnittes links »Cornelis Vischer sc.«, rechts »Ger. v. Honthorst pinx.«
Kulturstiftung DessauWörlitz

Henriette Catharina wurde am 31. Januar 1637 als Tochter des Erbstatthalters der Niederlande Friedrich Heinrich geboren. 1659 vermählte sie sich mit Johann Georg II. von Anhalt-Dessau. Sie brachte, wie ihre Schwester Luise Henriette nach Brandenburg, niederländischen Geist nach Anhalt-Dessau. Dazu gehörten der Landesausbau und die Aufnahme von Juden. Wirtschaft und Kultur erlebten in Anhalt-Dessau, oft in enger Bindung zu Brandenburg, einen Aufschwung.

21
Johann Gottfried Krugner um 1684?–1769
Nach Johann Tobias Schuchart gest. 1711
SCHLOSS ORANIENBAUM
Vor 1710
Kupferstich aus Johann Christoff Beckman »Historia Des Fürstenthums« Anhalt, Zerbst: Zimmermann, 1710
37,0 x 77,6 cm
Bezeichnet: unterhalb des Bildausschnittes links »I. T. Schuchart delin.«, rechts »I. G. Krügner fc. Lips.«
Institut für Auslandsbeziehungen

Im Jahre 1660 erhielt Henriette Catherina von Nassau-Oranien, Gemahlin des Fürsten Johann Georg II. von Anhalt-Dessau, den wüsten Flecken Nischwitz als Hochzeitsgabe. Sie förderte den Ausbau des Ortes, für den 1673 erstmals der Name Oranienbaum belegt ist. 1683 begann Cornelis Ryckwaert, ein in brandenburgischen Diensten stehender Baumeister niederländischer Herkunft, mit der Errichtung des Schlosses. Verbunden damit war die planmäßige Anlage der Stadt auf schachbrettartigem Raster und die Anlage eines großen Gartenparterres nach niederländischem Vorbild. Oranienbaum zählt zu den wenigen erhaltenen Barockensembles niederländischer Prägung in Deutschland.

22

PUTTO VOM ALTAN DES SCHLOSSES ORANIENBAUM

Um 1700

Sandstein

Höhe: 80,0 cm

Kulturstiftung DessauWörlitz

Der gnomenhafte Putto vom Altan des Schlosses in Oranienbaum ist als Trommler in Landsknechtstracht dargestellt. Es handelt sich um die künstlerische Reflexion der unmittelbar überwundenen Ereignisse des Dreißigjährigen Krieges.

23

OFENKACHEL MIT ANHALTISCHEM WAPPEN

Um 1710

Ton, glasiert

57,5 x 38,0 cm

Kulturstiftung DessauWörlitz

Die Ofenkachel zeigt als Motiv das kleine Dessauer Wappen, den halben brandenburgischen Adler und das sächsische Rautenschild. In Anspielung auf den Adelsrang wird das Wappen von einem Fürstenhut bekrönt. Im Schloß Oranienbaum haben sich zeitgenössische Öfen erhalten, deren Kacheln neben Wappen auch Früchtestilleben zeigen.

24
ANHALTISCHES WAPPEN
Nach 1836
Zinkguß
76,0 x 68,5 x 7,0 cm
Kulturstiftung DessauWörlitz

Das Wappen wird vom Haus Anhalt in dieser Form seit der Mitte des 17. Jahrhunderts geführt. Das Herzschild, das auch als kleines Wappen verwendet wurde, geht auf Albrecht den Bären (1212–1260) zurück, der sowohl den Titel eines Herzogs von Sachsen als auch eines Markgrafen von der Nordmark führte. Daher rühren das sächsische Rautenschild und der halbe brandenburgische rote Adler.
Die drei Wappen in der obersten Reihe sind Anspruchswappen, die Fürst Johann Georg II. von Anhalt-Dessau 1689 in das Wappen aufnahm. Damit werden die alten Ansprüche des Hauses Anhalt auf die mittelalterlichen Herzogtümer Sachsen, Engern und Westfalen dokumentiert.

Lutz Winkler, Chinesische Partie, Oranienbaum (Kat.Nr. 82.1)

»All Gardening is Landscape Painting«

Alexander Pope

»In lieto aspetto il bel giardin s'aperse:
Acque stagnanti, mobili cristalli,
Fior vari, e varie piante, herbe diverse,
Apriche collinette, ombrose valli,
Selve, e spelunche in una vista offerse.
E quel, che'l bello, e'l caro accresce à l'opre,
L'arte che tutto fa, nulla si scopre.«

Torquato Tasso

»Ungeheure Eichenwälder, die aus mehr als hundertjährigen Stämmen bestehen, und bis zur Krone hinauf mit dem dichtesten Laub prangen, erstrecken sich in unabsehlicher Ausdehnung und unter ihnen zieht sich ein sammtner Wiesenteppich fort, auf dem Kräuter und Blumen aller Art in üppiger Fülle sprießen und mit dem lieblichsten Wohlgeruche die Luft durchdüften. Die Ufer der Elbe sind vortrefflich auf beiden Seiten mit dichtem Laubgebüsch besetzt, das amphitheatralisch bis in das anspülende Wasser hinabsteigt. In mäßigen Krümmungen wälzt der Strome eine Zeitlang sich langsam fort, ... rollt jetzt durch reife Kornfelder, jetzt durch Wiesen und Felder in gebogenen Schlangenlinien immer weiter fort, bis er endlich in der Ferne verdämmert...«

Die Schilderung des lange Zeit in Dessau tätigen Zeichners und Radierers Carl Wilhelm Kolbe aus dem Jahre 1795 vermittelt einen Eindruck der Landschaft, die den Ausgangspunkt für das Entstehen des Dessau-Wörlitzer Gartenreiches bildete. Anhalt-Dessau liegt in der eiszeitlich geprägten Flußtallandschaft von Elbe und Mulde. Die weiten Auenlandschaften mit ihren Eichen und Ulmenbeständen, freie Wiesenflächen mit einzelnen Bäumen, deren charakteristisches Erscheinungsbild sich durch die extensive Schweinemast in den Eichenwäldern vom Mittelalter bis ins 18. Jahrhundert herausgebildet hat, und ausgedehnte Landwirtschaft prägten das Bild und wurden vom Fürsten Leopold Friedrich Franz in die Gestaltungen mit einbezogen. Nach Hochwasserkatastrophen 1770 und 1771 entstanden kilometerlange, das gesamte Fürstentum durchziehende Deiche und im Abstand von etwa vier Kilometern Wachhäuser, in denen Gerätschaften für anfallende Reparaturen untergestellt waren und die gleichzeitig die Landschaft ästhetisch aufwerteten. Interessant ist die Einbeziehung der Deiche in die Landschaftsgestaltung und Gartenkunst. Besucher spazieren auf erhöhten Wegen und können von dort aus den weiten Blick in die Kunstlandschaft genießen.

Die parkähnliche Landschaft mit ihren hochstilisierten Gartenanlagen, die untereinander durch Alleepflanzungen und Sichtachsen verbunden waren, erfuhren im 19. und 20. Jahrhundert Einschnitte. Mangelnde Pflege während und nach den Weltkriegen stellten die Denkmalpflege in den vergangenen Jahrzehnten vor große Probleme. Durch umfangreiche Restaurierungs- und Instandsetzungsmaßnahmen, verstärkt seit 1990, ist ein großer Teil des Gartenreichs wieder erlebbar.

25
Christian Haldenwang 1770–1831
Nach Heinrich Theodor Wehle 1778–1805
»SIELITZERBERG AM UFER DER ELBE«
1800
Aquatinta
25,6 x 33,7 cm
Bezeichnet: unter dem Bildausschnitt links »gez. von Wehle.«, rechts »geaetzt von Haldenwang.«, Mitte »Sielitzerberg/am Ufer der Elbe./Chalcographische Gesellschaft zu Dessau 1800.«
Institut für Auslandsbeziehungen

Inmitten des von Zeitgenossen als geordnete Natur, nicht als künstlich gestalteter Garten empfundenen Sieglitzer Berges zwischen Vockerode und Dessau erhob sich ein klassizistischer dorischer Tempelbau, die sogenannte »Solitude«. Das Gebäude mit seiner der Elbe zugewandten viersäuligen Vorhalle wurde 1777 bis 1784 nach Entwürfen Erdmannsdorffs errichtet. Bei der Gestaltung des Gartens hat der Fürst landschaftliche Gegebenheiten wie Gewässer und Waldungen einbezogen und durch »ordnende« Eingriffe zu verschönern gesucht, ohne dem Ganzen den Anschein des Künstlichen zu geben. Die Solitude wurde um 1970 vollständig zerstört.

26
Christian Haldenwang 1770–1831
»DIE MULDBRÜCKE UND DAS SCHLOSS ZU DESSAU«
1799
Aquatinta
25,8 x 33,3 cm
Bezeichnet: unter dem Bildausschnitt links »gezeichnet und in Kupfer«, rechts »gearbeitet von Haldenwang«, Mitte »Die Muldbrücke/und das Schloß zu Dessau./Chalcographische Gesellschaft zu Dessau 1799.«
Institut für Auslandsbeziehungen

Das Blatt zeigt die Muldelandschaft bei Dessau mit einem Blick auf die Stadt von Nordosten. Man erkennt die 1796/97 von Erdmannsdorff errichtete Muldbrücke, dahinter die fürstlichen Mühlen und den Ostflügel des Residenzschlosses, dessen ursprüngliche Renaissanceformen 1748 bis 1753 durch den Berliner Baumeister Georg Wenzeslaus von Knobelsdorff umgestaltet wurden. Die Situation ist heute gänzlich verändert. Die Muldbrückenhäuser mußten 1936 dem Autobahnzubringer weichen, die Mühlen sind abgerissen und das Schloß wurde am 7. März 1945 weitgehend zerstört.

27
Carl Wilhelm Kolbe 1759–1835
PARKLANDSCHAFT
Um 1800
Radierung, 27,6 x 34,8 cm
Bezeichnet: unter dem Bildausschnitt rechts »C. W. K. f.«
Kulturstiftung DessauWörlitz

Der Zeichner und Graphiker Kolbe, der von Zeitgenossen auch »Eichenkolbe« genannt wurde, schuf zahlreiche Ansichten des Gartenreichs. Seine Landschaften sind fast ausnahmslos Baumlandschaften, wobei er der Eiche als dem Symbol des Goldenen Zeitalters der Antike seine besondere Aufmerksamkeit zuwandte. Kolbe war seit 1780 eng mit Anhalt-Dessau verbunden, dessen Landschaft die günstigsten Voraussetzungen für sein Schaffen bot. Er wirkte zeitweise als Französischlehrer am Philanthropin und nach einem Kunststudium in Berlin ab 1795 bis zu seiner Pensionierung 1828 als Lehrer für Französisch und Zeichnen an der Dessauer Hauptschule.

Lutz Winkler, Wolfskanal, Wörlitz (Kat.Nr. 82.2)

»Hier ist's iezt unendlich schön…
Die Götter haben dem Fürsten erlaubt,
einen Traum um sich zu schaffen…«

Johann Wolfgang von Goethe

Gartenkunst

Bürgerliche Emanzipationsbestrebungen und literarisch-philosophische Anregungen führten im ersten Drittel des 18. Jahrhunderts in England zur Herausbildung eines neuen Gartenideals, das im Landschaftsgarten seinen Ausdruck fand.
Der Wörlitzer Garten, in seiner Einheit von Gartenkunst, Architektur und bildender Kunst, wurde zum Wegbereiter des englischen Stils in Deutschland. Nicht mehr der formale, sich der Architektur unterordnende barocke Park war Ideal der Gartenkünstler. Vielmehr wurde die »wahre«, unberührte Natur zum Maßstab erhoben. Bäume durften sich frei entfalten, Wege verliefen geschwungen, die Übergänge zwischen gestalteter Natur und Landschaft waren fließend. Der naturnahe Führungsweg leitete zu den beabsichtigten Stimmungsbildern. Von Wegbiegungen, Sitzgelegenheiten, Brückenscheiteln und Aussichtspunkten verlief ein geordnetes System von Sichtachsen. Allein für die Wörlitzer Anlagen sind davon über 300 nachgewiesen.
Nach der ersten Englandreise 1763 bis 1764 und dem Studium der Gartenanlagen von William Kent und Lancelot Brown begann Fürst Franz mit der Anlage eines Gartens in Wörlitz im englischen Stil. Die Arbeiten wurden bis etwa 1800 fortgeführt, befördert durch Erfahrungen weiterer Englandreisen und das Studium der zeitgenössischen Literatur.
Bauwerke, Plastiken und Stimmungsbilder sind Zielpunkte von Sichtachsen, die sich mitunter fächerartig in verschiedene Richtungen erstrecken und die einzelnen Gartenteile miteinander verbinden. Große Teile des Gartens wurden landwirtschaftlich genutzt. Hierin, wie in den geschmacksbildenden, zur Nachahmung anregenden Werken der Architektur und Kunst, zeigen sich die aufklärerischen, pädagogischen Tendenzen des allgemein zugänglichen Wörlitzer Gartens.
Wörlitz als dem Ausgangspunkt der landesverschönernden Maßnahmen in Anhalt-Dessau folgten weitere englische Gartenanlagen, die untereinander durch gestaltete Alleen und Sichtachsen verbunden waren. Unter Einbeziehung älterer Anlagen entstand so das von Zeitgenossen vielgepriesene Gartenreich.

Betender Knabe, um 1780
(Kat.Nr. 45)

29
Heinrich Sulze 1888–1958
SCHLOSS UND PARK MOSIGKAU, SÜDLICHE ANSICHT
1952
Aquarell (Kopie)
73,0 x 49,5 cm
Signiert: am unteren Bildrand rechts SULZE, 52
Kulturstiftung DessauWörlitz

Die Isometrie zeigt einen Rekonstruktionsentwurf des Dresdner Gartenkunstprofessors Heinrich Sulze für den Mosigkauer Schloßgarten. Die spätbarocke Anlage von Mosigkau im Westen des Gartenreichs entstand ab 1752/53 für Anna Wilhelmine, eine Tante des Fürsten Franz. Teile des Lustgartens mit Karussell, Heckenkegelbahnen und Irrgarten wurden ab 1777 im englischen Stil umgestaltet. Das dreiflügelige Schloß entstand vermutlich nach Entwürfen des Berliner Baumeisters Georg Wenzeslaus von Knobelsdorff, der in dieser Zeit am Umbau des Dessauer Residenzschlosses wirkte. Die Anlage von Mosigkau ist eines der wenigen weitgehend erhaltenen Rokokoensembles Mitteldeutschlands.

28
G. Heisinger (Lebensdaten unbekannt)
Nach Jacobo Pozzi 1814–1897
SCHLOSS ORANIENBAUM, PARKSEITE
1861
Stahlstich
15,2 x 23,8 cm, beschnitten
Bezeichnet: unter dem Bildausschnitt links »J. Pozzi del.t«, rechts »G. Heisinger scul.t«, Mitte »Schloss Oranienbaum./ Anhalt Dessau./Darmstadt. G. G. Lange«
Kulturstiftung DessauWörlitz

Henriette Catharina von Oranien-Nassau begann ab 1683, Oranienbaum als Sommerresidenz umzugestalten. Nach Entwürfen des Architekten Cornelis Ryckwaert entstand das einheitliche barocke Ensemble von Schloß, Park und Stadtanlage. Hinter dem dreiflügeligen Bauwerk erstreckte sich ein heute weitgehend veränderter formaler Garten niederländischer Prägung, der große Ähnlichkeit zum von Daniel Marot entworfenen Garten von Zeist in Holland aufwies. Kernstück des in Quartiere aufgeteilten Gartens bildete das Parterre. Weiterhin gab es einen Teich- oder Inselgarten, einen Irrgarten, Tiergarten, Fasanengarten und Orangengarten. Zu ersten Veränderungen kam es unter dem Fürsten Franz, der den östlichen Inselgarten in eine Englisch-chinesische Anlage umgestaltete. Der Stich zeigt den Zustand des Gartenparterres mit den typischen großen Beetanlagen des 19. Jahrhunderts.

30
Israel Salomon Probst (tätig um 1784)
Nach Johann Christian Neumark 1741–1811
»ERKLÄRUNG DES GRUNDRISSES DES GARTENS ZU WÖRLITZ«
1784
Kupferstich
53,2 x 46,6 cm
Bezeichnet: unter dem Bildausschnitt links »Neumark f.«, rechts »J. S. Probst. sculp Dessau 1784«
Institut für Auslandsbeziehungen

Ab 1764 entstand in Wörlitz ein als »Zierde und Inbegriff des 18. Jahrhunderts« gepriesener Garten, das erste bedeutende Beispiel englischer Landschaftsgartenkunst in Deutschland, die Wiege des Klassizismus und der Neugotik. Für den bald auf über 100 Hektar anwachsenden Garten wurde 1788 von August Rode im Auftrag des Fürsten die erste Beschreibung herausgegeben. Die zweite Auflage von 1798 enthält diesen leicht ergänzten Gartenplan des Wörlitzer Hofgärtners Johann Christian Neumark aus dem Jahr 1784. Die relativ einfache und schematische, aber detaillierte Wiedergabe für den Besucher zeigt den Zustand der Anlagen fünfzehn Jahre vor ihrer Fertigstellung.

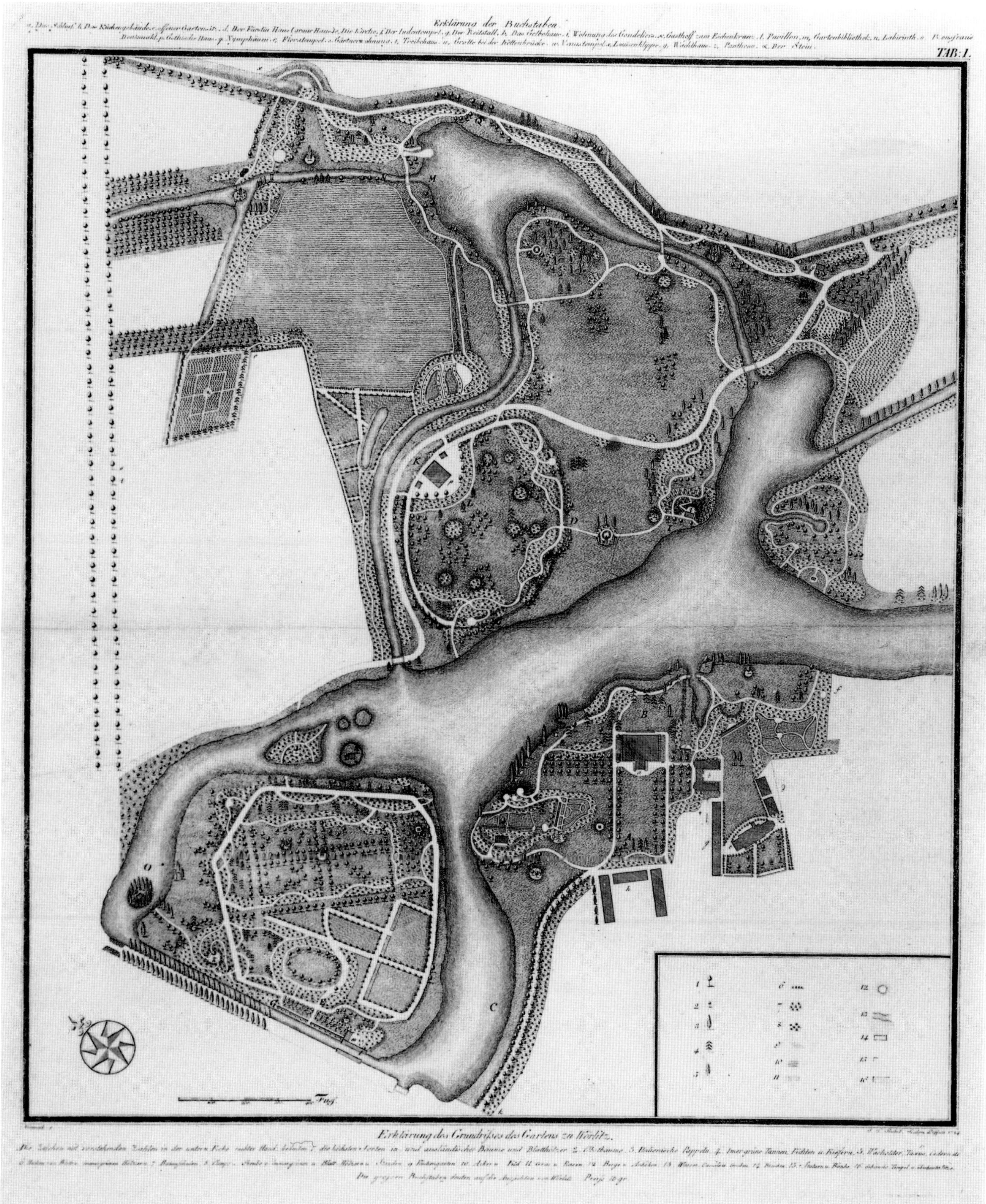
Erklärung der Buchstaben
TAB: I.
Fuß
Erklärung des Grundrisses des Gartens zu Wörlitz.

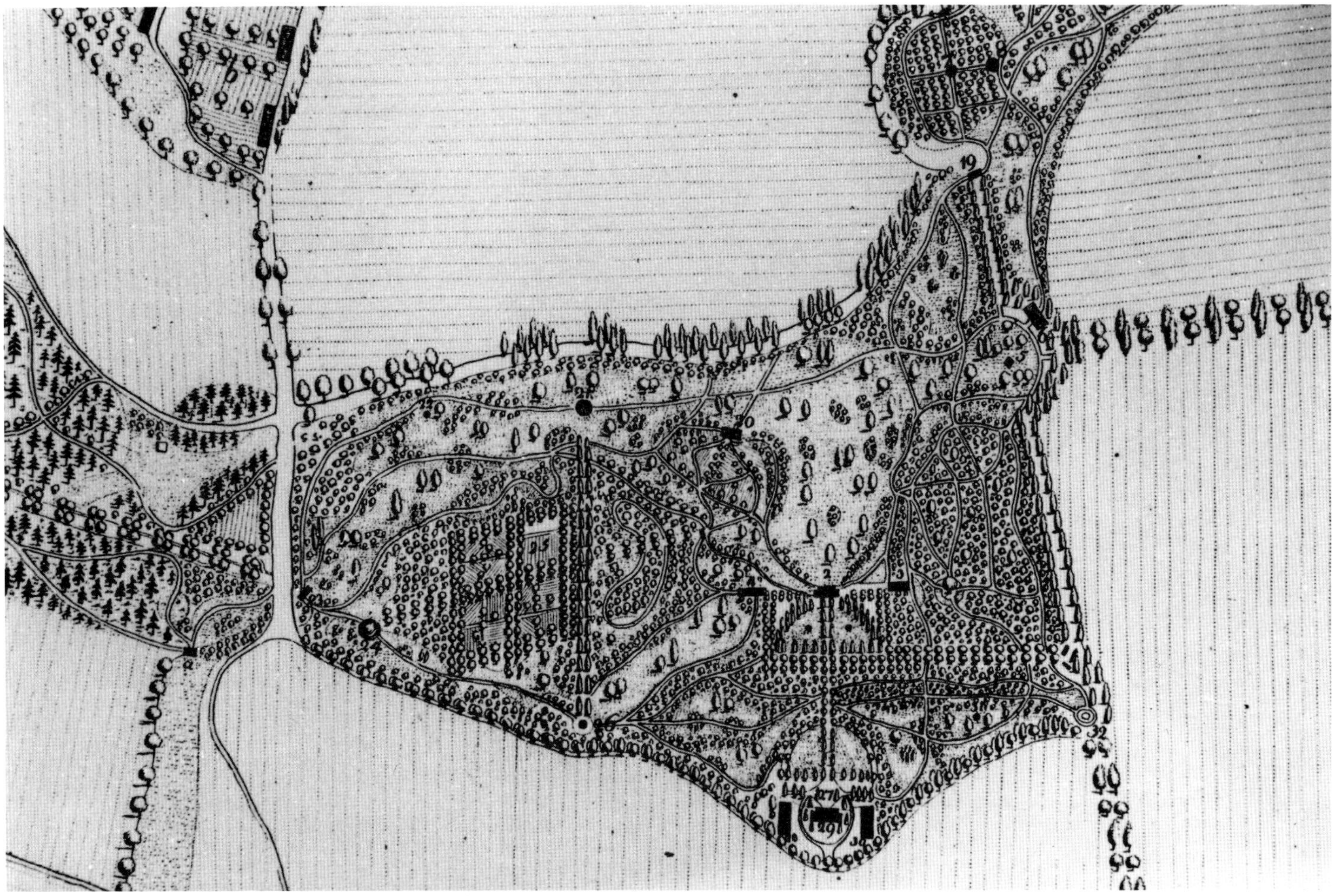

31
Johann Friedrich Rosmaesler um 1775–1858
Nach Dietrich Klewitz 1767–1840
GESAMTPLAN DER ANLAGEN DES PRINZEN HANS JÜRGE (GEORGENGARTEN)
1796
Kupferstich (Kopie)
91,4 x 59,0 cm
Bezeichnet: unter dem Bildausschnitt links »Dietrich Klewitz del.«, rechts »Rosmaesler sc.«
Kulturstiftung DessauWörlitz

Der Georgengarten, Höhepunkt des Gartenreichs im Westen, wurde ab 1780 als Sommerresidenz des Prinzen Hans Jürge, dem jüngeren Bruders des Fürsten Franz, angelegt. Er ließ sich nördlich von Dessau in einem Auenwald durch Erdmannsdorff ein kleines Landhaus errichten, das den Namen Georgium erhielt. Die Gegend um das Gebäude wurde zu einer großzügigen Gartenanlage im englischen Stil umgewandelt und erhielt, vergleichbar mit Wörlitz, Parkbauten in klassizistischen Formen. Gartenplastiken vervollständigten das Ensemble. Wegen seiner Großzügigkeit und Natürlichkeit wurde der Georgengarten von manchen Zeitgenossen noch über die Wörlitzer Anlagen gestellt.

V e r z e i c h n i ß

der

Ein- und Ausländischen

Bäume, Sträucher, Pflanzen
und Stauden

so

in dem Hochfürstl. Wörlitzer Garten

befindlich.

Vom Fürstl. Hofgärtner

Gottl. Schoch, zu Wörlitz.

N 2

I. Bäume und Sträucher.

1. Acer Pseudoplatanus. Gemein weißer Ahorn.
2. Acer Platanoides. Lenne.
3. Acer campestre. Der kleine deutsche Ahorn.
4. Acer majus foliis variegatis. Gemeiner Ahorn mit scheckigen Blättern.
5. Acer striatum. Nordamerikanisch gestreifter Ahorn.
6. Acer Plàtanoides foliis variegatis. Lenne mit gescheckten Blatt.
7. Acer sacharinum. Zuckerahorn.
8. Acer rubrum. Nordamerikanischer rothblühender Ahorn.
9. Acer tasiocarpos. Ist eine Abänderung von dem Acer rubrum.
10. Acer Pensylvanicum. Nordamerikanischer Bergahorn.
11. Acer Monspessulanum. Der französische Ahorn.
12. Acer Tartaricum. Tartarischer Ahorn.
13. Acer creticum. Der kleinblättrige Kretische Ahorn.
14. Acer Negundo. Virginischer Eschenblättriger Ahorn.
15. Acer Opalus. Der Italiänische Opalbaum.
16. Acer laciniatum. Spitzahorn mit tief eingeschnittenen runzlichen Blättern.
17. Acer sempervirens. Immergrüner Ahorn.
18. Aesculus Hippocastanum. Gemeine Roßkastanie.

32
Johann George Schoch 1758–1826
VERZEICHNIS DER EIN- UND AUSLÄNDISCHEN BÄUME, STRÄUCHER, PFLANZEN UND STAUDEN SO IN DEM HOCHFÜRSTL. WÖRLITZER GARTEN BEFINDLICH
in: August Rode, »Beschreibung des Fürstlichen Anhalt-Dessauischen Landhauses und Englischen Gartens zu Wörlitz«, Dessau 1814
Je 19,5 x 25,0 cm
Kulturstiftung DessauWörlitz

Die Pflanzenliste des Gärtners Johann George Schoch führt 462 Gehölzarten sowie 644 Stauden und exotische Gewächse auf, die in den Wörlitzer Anlagen zu finden waren oder in den Baumschulen herangezogen wurden. Der Fürst selbst bemühte sich um die Einführung seltener Gewächse und brachte Samen von seinen Reisen mit. Die Wörlitzer Baumschulen belieferten bald über die Grenzen des Landes hinaus die entstehenden englischen Gärten mit seltenen Gehölzen.

33
Vergile und Carlo Agroste (tätig um 1800)
PFLANZGEFÄSS VOM BLUMENTHEATER IM FLORAGARTEN
Um 1800
Terrakotta
Höhe: 42,0 cm, Durchmesser: 54,0 cm
Kulturstiftung DessauWörlitz

Für sein »Blumentheater« im Wörlitzer Floragarten erwarb Fürst Franz in Impruneta Terrakottagefäße. Die im Halbrund angeordneten Stufen des Blumentheaters erinnern in ihrer Form an antike Amphitheater und dienten als Topfstellage. In Töpfen und Vasen waren die nicht sehr dauerhaften Blütenpflanzen leichter austauschbar.
Pflanzen, Töpfe und klassizistische Bauwerke bildeten eine gestalterische Einheit und sollten an das Herkunftsland Italien erinnern.

34
Friedemann Hunold 1773–1840
PORTRAITRELIEF DER HERZOGIN LUISE VON ANHALT-DESSAU
1823
Gips (maßstabsgerechter Abguß des Originals aus Marmor vom fürstlichen Grabmal im Turm der Jonitzer Kirche)
Durchmesser: 54,0 cm
Kulturstiftung DessauWörlitz

Das Portraitmedaillon ziert die Vorderseite des Sarkophags von Luise, der in dem als Mausoleum gestalteten Turm der Jonitzer Kirche aufgestellt wurde. Franz leitete die 1816 beginnenden Bauarbeiten vom Luisium aus, erlebte die Fertigstellung jedoch nicht mehr. Unter seinem Nachfolger und Enkel Leopold Friedrich wurde das Gebäude vollendet und folgende Inschrift verfaßt: »Luise Henriette Wilhelmine/Herzogin zu Anhalt/geb. Markgräfin zu Brandenburg Schwedt, Prinzeß. von Preuß./geb. XXIV. September MDCCL. gest. XXI. Dezember MDCCXI./Sie war hohen Herzens u. Geistes. Wohlthaeterin der Dürftigen.«

35
Christian Haldenwang 1770–1831
Nach Heinrich Theodor Wehle 1778–1805
»LUISIUM VON DER SEITE DES GARTENS«
1799
Aquatinta
25,8 x 33,6 cm
Bezeichnet: unter dem Bildausschnitt links unten »Gezeichnet von H. Wehle.«, rechts »geätzt von C. Haldenwang.«, Mitte »Luisium/von der Seite des Gartens./Chalcographische Gesellschaft zu Dessau 1799.«
Institut für Auslandsbeziehungen

Fürst Franz ließ das auf dem Blatt dargestellte, kleine klassizistische Landhaus durch Erdmannsdorff 1774 bis 1778 als Wohnsitz für seine Gattin Luise errichten, deshalb der Name Luisium. Im Vordergrund des zweigeschossigen Gebäudes ist der See zu erkennen, um den sich die Gestaltungen im Luisium gruppieren. In der Vorgängeranlage, dem »Vogelherd«, hatte Fürst Franz seine Jugend verbracht, im dargestellten Haus verstarb er am 9. August 1817 an den Folgen eines Reitunfalls.

36
Christian Haldenwang 1770–1831
»GUSTAV ADOLF UNWEIT DESSAU AUF DEM WEGE NACH WOERLITZ«
1799
Aquatinta
25,6 x 32,9 cm
Bezeichnet: unter dem Bildausschnitt links unten »Gezeichnet und in Kupfer«, rechts »gearbeitet von Haldewang«, Mitte »Gustav Adolf/unweit Dessau auf dem Wege nach Woerlitz./Chalcographische Gesellschaft zu Dessau 1799.«
Institut für Auslandsbeziehungen

Das als »Gustav Adolf« oder auch »Schwedenhaus« bezeichnete neugotische Gebäude an der Straße von Dessau nach Wörlitz ließ Fürst Franz 1784 bis 1786 zunächst als Wallwachhaus zum Hochwasserschutz errichten. Später schenkte er es dem schwedischen Baron von Greifenheim als Landhaus. Die Frontseite war mit einem über die beiden Obergeschosse reichenden Sandsteinrelief verziert, das den Schwedenkönig Gustav Adolf (1594–1632) zu Pferde und die ihn krönende Siegesgöttin Viktoria zeigte. Der Legende nach soll sich Gustav Adolf während des Dreißigjährigen Kieges in der Nähe vor feindlichen kaiserlichen Truppen versteckt haben. Das Schwedenhaus wurde 1982 zerstört.

gezeichnet von Wehle. — geätzt von Haldenwang

DAS SCHLOSS ZU DESSAU

aus dem Thiergarten gesehen.

Chalcographische Gesellschaft zu Dessau 1800.

Gezeichnet von Kunz. — geätzt von Schlotterbeck.

AUSSICHT ZU WOERLITZ

über den See nach dem Schochschen Garten.

Chalcographische Gesellschaft zu Dessau 1800.

37 Abb. S. 111

Christian Haldenwang 1770–1831
Nach Heinrich Theodor Wehle 1778–1805
»DAS SCHLOSS ZU DESSAU AUS DEM THIERGARTEN GESEHEN«
1800
Aquatinta
25,5 x 34,2 cm
Bezeichnet: unter dem Bildausschnitt links »gezeichnet von Wehle.«, rechts »geätzt von Haldenwang.«, Mitte »DAS SCHLOSS ZU DESSAU/aus dem Thiergarten gesehen./Chalcographische Gesellschaft zu Dessau 1800.«
Kulturstiftung DessauWörlitz

Der Blick führt vom Tiergarten zum Südostflügel des Dessauer Stadtschlosses, der 1747 durch den vor allem in Preußen tätigen Baumeister Georg Wenzeslaus von Knobelsdorff (1699–1753) errichtet wurde. Der alte Renaissancegarten wurde 1775 von Erdmannsdorff zu einem Lustgarten in der Form eines antiken Hippodroms umgestaltet.
Im Vordergrund erblickt man das sogenannte »Gestänge« über dem Muldewehr, das den Zugang zum Tiergarten bildete. Der Tiergarten war ursprünglich ein eingehegtes fürstliches Jagdrevier. Erste Gestaltungen mit Gehölzpflanzungen und breiten Durchsichten erfolgten bereits im 17. Jahrhundert. Während der Regierungszeit des Fürsten Franz wurde der Tiergarten als östliche Eingangssituation der Stadt Dessau ästhetisch aufgewertet.

38 Abb. S. 111

Wilhelm Friedrich Schlotterbeck 1770–1819
Nach Karl Kuntz 1770–1830
»AUSSICHT ZU WOERLITZ ÜBER DEN SEE NACH DEM SCHOCHSCHEN GARTEN«
1800
Aquatinta
25,7 x 33,2 cm
Bezeichnet: unter dem Bildausschnitt links unten »Gezeichnet von Kunz.«, rechts »geäzt von Schlotterbeck.«, Mitte »Aussicht zu Woerlitz/über den See nach dem Schochschen Garten./Chalcographische Gesellschaft zu Dessau 1800.«
Institut für Auslandsbeziehungen

Zu der von der Chalcographischen Gesellschaft Dessau herausgegebenen Serie mit Ansichten aus dem Gartenreich gehörte auch dieses Blatt vom Wörlitzer Schloßgarten. Die noch aus der barocken Vorgängeranlage stammenden, ehemals kastenförmig geschnittenen Linden konnten sich im 18. Jahrhundert, als man ein neues Naturgefühl entwickelt hatte, frei entfalten. Im Hintergrund erkennbar sind das Stimmungsbild der Muschelsucherin, die Roseninsel und die Gestaltungen am jenseitigen Seeufer. Am rechten Bildrand erscheint die Gartenfassade des Gotischen Hauses im sogenannten »Schochschen Garten«.

39

Christian Haldenwang 1770–1831
Nach Heinrich Theodor Wehle 1778–1805
»WALLWITZBERG ZU DEN ANLAGEN VOM GEORGEN GARTEN GEHÖRIG«
1800
Aquatinta
25,8 x 33,9 cm
Bezeichnet: unter dem Bildausschnitt links »gez. von Wehle«, rechts »geätzt von Haldenwang«, Mitte »Wallwitzberg/zu den Anlagen vom Georgen Garten gehörig./Chalcographische Gesellschaft zu Dessau 1800.«
Institut für Auslandsbeziehungen

Die künstliche Ruine der Wallwitzburg wurde Ende des 18. Jahrhunderts im Norden des Georgengartens in Dessau in gotischen Formen errichtet. Sie lag auf einem Hügel etwa 30 Meter über dem Niveau der Elbe und bot vorzügliche Ausblicke in die umgebende Landschaft bis nach Zerbst und Wörlitz. Heute ist das Gebäude gänzlich verfallen.

40

Wilhelm Friedrich Schlotterbeck 1770–1819
Nach Karl Kuntz 1770–1830
»DAS NYMPHEUM IN WOERLITZ«
1800
Aquatinta
26,7 x 34,0 cm
Bezeichnet: unter dem Bildausschnitt links »gezeichnet von Kunz.«, rechts »geaetzt von Schlotterbeck.«, Mitte »Das Nympheum in Woerlitz./Chalcographische Gesellschaft zu Dessau 1800.«
Institut für Auslandsbeziehungen

Das 1767 bis 1768 von Erdmannsdorff errichtete Nymphaeum war das erste Gebäude auf dem jenseitigen Seeufer. Es war den Wassernymphen, den Najaden, gewidmet und diente als Gartensitz und Aussichtspunkt für den gegenüberliegenden »Englischen Sitz« im Schloßgarten. Der Dichter Matthisson hielt sich gern hier auf, weshalb die in der Bildmitte dargestellte Platane im Volksmund als »Matthisson-Platane« bezeichnet wird. Am rechten Bildrand ist die 1789 bis 1790 erbaute Synagoge als verkleinerter Nachbau des vermeintlichen Vestatempels am Tiberufer in Rom zu erkennen.

WALLWITZBERG

zu den Anlagen vom Georgen Garten gehörig.

Chalcographische Gesellschaft zu Dessau 1800

DAS NYMPHEUM

in Wörlitz.

Chalcographische Gesellschaft zu Dessau

DIE RUINENBRÜCKE

im Georgen Garten.

Chalcographische Gesellschaft zu Dessau 1800.

FLORA TEMPEL

in Woerlitz.

Chalcographische Gesellschaft zu Dessau [illegible]

ANSICHT DES GASTHOFS ZU WOERLITZ

von dem See.

VERFALLENES MONUMENT

auf dem Sieglitzer Berg.

41 Abb. S. 114

Wilhelm Friedrich Schlotterbeck 1770–1819
Nach Heinrich Theodor Wehle 1778–1805
»DIE RUINENBRÜCKE IM GEORGEN GARTEN«
1800
Aquatinta
26,5 x 39,9 cm
Bezeichnet: unter dem Bildausschnitt links »gezeichnet von Wehle«, rechts »geätzt von Schlotterbeck«, Mitte »Die Ruinenbrücke im Georgen Garten./Chalcographische Gesellschaft zu Dessau 1800.«
Institut für Auslandsbeziehungen

Die künstliche Ruinenarchitektur entstand nach einer Abbildung in C. C. L. Hirschfelds »Theorie der Gartenkunst«. Die Brücke, die den Übergang vom eigentlichen Georgengarten zum Beckerbruch markiert, wurde von August Rode wie folgt beschrieben: »Von ihren beiden Bogen ist der vordere Teil verwüstet sowie größten Theils das Seitengemäuer. Unbehauene Bäume in die Länge, nebst anderen minder starken in die Quere gelegt, und oberhalb nothdürftig mit Brettern benagelt, gewähren den Übergang über den zerbrochenen Bogen. Das Geländer bilden entlaubte Äste.«

42 Abb. S. 114

Christian Haldenwang 1770–1831
Nach Heinrich Theodor Wehle 1778–1805
»FLORA TEMPEL IN WOERLITZ«
1801
Aquatinta
26,0 x 33,8 cm
Bezeichnet: unter dem Bildausschnitt links »gezeichnet von Wehle«, rechts »geätzt von Haldenwang«, Mitte »Flora Tempel/in Woerlitz./Chalcographische Gesellschaft zu Dessau 1801«
Institut für Auslandsbeziehungen

Der 1796 bis 1798 nach Entwürfen Erdmannsdorffs errichtete Floratempel in Wörlitz hat seine architektonischen Vorbilder im antiken Clitumnus-Heiligtum bei Spoleto beziehungsweise dessen Nachahmung durch Sir William Chambers im Garten von Wilton in England. Das zum Musizieren eingerichtete Obergeschoß wurde mit floralen Motiven durch Johann Fischer ausgemalt. Das Untergeschoß diente als Geräteraum für die nahegelegene Baumschule. Das Bauwerk gehört zusammen mit dem Blumentheater am linken Bildrand zum Floragarten, dem einzigen Bereich des Wörlitzer Gartens, der reich mit Blumen bepflanzt war.

43 Abb. S. 115

Christian Haldenwang 1770–1831
Nach Heinrich Theodor Wehle 1778–1805
»ANSICHT DES GASTHOFS ZU WOERLITZ VON DEM SEE«
1801
Aquatinta
25,3 x 32,7 cm
Bezeichnet: unter dem Bildausschnitt links »gezeichnet von Wehle.«, rechts »geätzt von Haldenwang.«, Mitte »Ansicht des Gasthofs zu Woerlitz von dem See/Chalcographische Gesellschaft zu Dessau 1801.«
Institut für Auslandsbeziehungen

Vom Schochschen Garten blickt man über den See zum »Gasthof zum Eichenkranz«. Das 1785 bis 1787 am Ortseingang von Wörlitz in Form eines Stadttores errichtete Gebäude war vom Fürsten Franz als Herberge für die zahlreichen Wörlitzreisenden vorgesehen. Die dem Garten zugewandte Fassade erscheint in neugotischen Formen, während sich die Rückseite mit ihrem offenen Fachwerk an die Architektur der Wörlitzer Wohnhäuser anpaßt.

44 Abb. S. 115

Christian Haldenwang 1770–1831
Nach Heinrich Theodor Wehle 1778–1805
»VERFALLENES MONUMENT AUF DEM SIELITZER BERG«
1801
Aquatinta
26,1 x 34,0 cm
Bezeichnet: unter dem Bildausschnitt links »gezeichnet von Wehle«, rechts »geätzt von Haldenwang«, Mitte »Verfallenes Monument/auf dem Sielitzer Berg./Chalcographische Gesellschaft zu Dessau 1801.«
Institut für Auslandsbeziehungen

Unweit des Schlößchens »Solitude« auf dem Sieglitzer Berg wurde 1779 bis 1780 nach Entwürfen Erdmannsdorffs ein Wirtschaftsgebäude in Form eines verfallenen römischen Grabturmes errichtet. Es war in zwei Geschossen nutzbar, ist jedoch heute nicht mehr erhalten.

45 Abb. S. 102

BETENDER KNABE

Um 1780

Gips (Abguß des Originals aus Sandstein)

Höhe: 140,0 cm

Kulturstiftung DessauWörlitz

Die Statue des betenden Knaben ist eine Kopie nach einer Bronzefigur aus dem ersten Jahrhundert v. Chr., die sich seit 1747 in der Antikensammlung Friedrichs des Großen von Preußen in Sanssouci befand. Die Figur steht in einer Nische am Ende eines Laubenganges auf dem sogenannten »Eisenhart« in Wörlitz. Als Anregung für die Aufstellung hat wohl eine Situation im unteren Gartenparterre der Villa Albani gedient, wo ebenfalls am Ende eines langen gedeckten Laubenganges eine Gartenplastik vor einer Nische aufgestellt wurde.

46

MODELL DES CHINESISCHEN GARTENS IN ORANIENBAUM

1994

Holz, Karton, Kunststoff

48,0 x 95,0 cm (Maßstab 1:500)

Modellbau Firma Stephan Hierl, Neu Egling

Kulturstiftung DessauWörlitz

Der Großvater des Fürsten Franz hatte im östlichen Teil des Oranienbaumer Barockparks einen Inselgarten angelegt. Fürst Franz gestaltete den inzwischen vernachlässigten Parkbereich 1793 bis 1797 zu einem heute einzigartigen Englisch-chinesischen Garten um. Auf vier Hektar Fläche entstanden zwölf Inseln. Der ehemals ebene Boden wurde sanft modelliert. Neben einer fünfetagigen Pagode und einem Chinesischen Haus bereichern acht verschiedene Brücken dieses herausragende Zeugnis der Gartenkultur des 18. Jahrhunderts.

47
MODELL DER CHINESISCHEN DOPPELBRÜCKE IN ORANIENBAUM
1993
Holz, Karton
25,0 x 59,0 x 36,0 cm
Studienarbeit aus dem Fachbereich Architektur, Institut für Tragwerksplanung, Seminar Prof. Berthold Burkhardt, TU Braunschweig
Kulturstiftung DessauWörlitz

Die eiserne Doppelbrücke ist eine der acht Brücken im Englisch-chinesischen Garten von Oranienbaum. Sie verbindet zwei unterschiedlich hohe Ufer und eine dazwischenliegende kleine Insel. Eine Abbildung dieser und einiger weiterer Brücken des Gartenreichs findet sich in Gottfried Grohmanns »Ideenmagazin für Liebhaber von Gärten«.
Die originale Brücke wurde etwa 1910 zerstört. Die rekonstruierte Anlage entstand 1994 im Zuge der Restaurierung des Gartens.

48 Abb. S. 119
William Chambers 1723–1796
TRAITÉ DES ÉDIFICES, MEUBLES, HABITS, MACHINES ET USTENSILES DES CHINOIS, GRAVÉS SUR LES ORIGINAUX DESSINÉS A LA CHINE. (BAND V DER *DETAILS DES NOUVEAUX JARDINS À LA MODE; JARDINS ANGLO-CHINOIS À LA MODE*)
Paris: Georges Louis Le Rouge 1776
29,5 x 22,0 cm, 30 Seiten, 20 Kupfertafeln
Kulturstiftung DessauWörlitz

Chambers' »Designs of Chinese Buildings« – hier eine der wichtigsten Übersetzungen – entstand 1757 als Folge eines ausgedehnten Chinabesuches in den Jahren 1748/49. Das Werk bildete eine wichtige Vorlage für chinoise Architektur, Möbel und Gartenkunst in Europa. Fürst Franz lernte den englischen Architekten auf einer Englandreise persönlich kennen. Chambers' Gestaltungsprinzipien und Publikationen beeinflußten in erheblichem Maße die Architektur und Gartenkunst in Anhalt-Dessau. Die Pagode in Oranienbaum geht auf Chambers' »Designs« und auf dessen berühmte Pagode in Kew Gardens/London zurück. Details des Chinesischen Hauses sind ebenfalls den »Designs« entlehnt. Ganz exakt nachgebildet sind die Innenraumentwürfe der Tafeln VIII und IX in den beiden Chinesischen Zimmern im Wörlitzer Schloß.

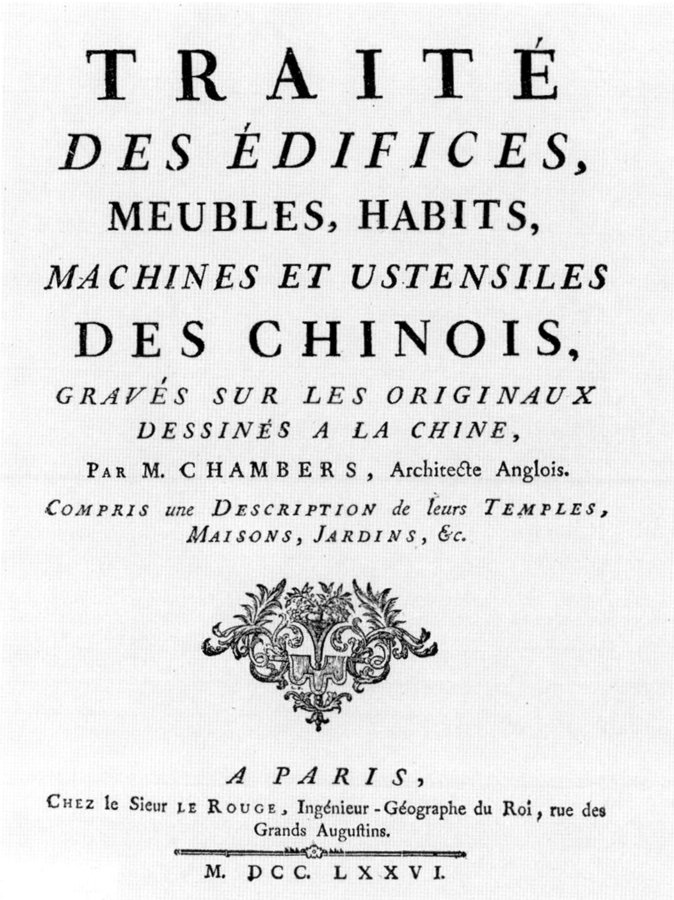

TRAITÉ DES ÉDIFICES, MEUBLES, HABITS, MACHINES ET USTENSILES DES CHINOIS,

GRAVÉS SUR LES ORIGINAUX DESSINÉS A LA CHINE,

PAR M. CHAMBERS, Architecte Anglois.

COMPRIS une DESCRIPTION de leurs TEMPLES, MAISONS, JARDINS, &c.

A PARIS,

CHEZ le Sieur LE ROUGE, Ingénieur-Géographe du Roi, rue des Grands Augustins.

M. DCC. LXXVI.

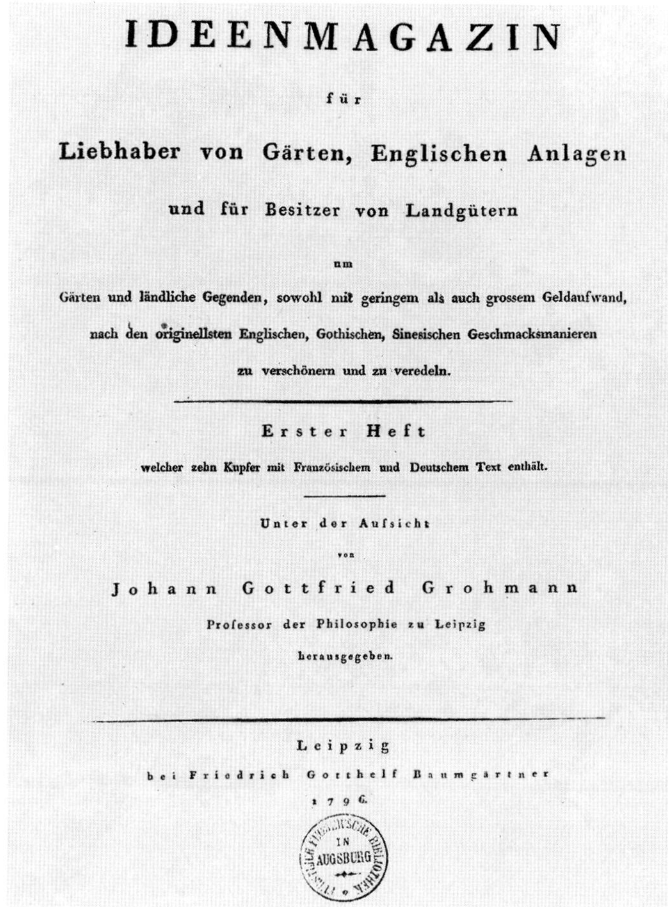

IDEENMAGAZIN

für

Liebhaber von Gärten, Englischen Anlagen

und für Besitzer von Landgütern

um

Gärten und ländliche Gegenden, sowohl mit geringem als auch grossem Geldaufwand, nach den originellsten Englischen, Gothischen, Sinesischen Geschmacksmanieren zu verschönern und zu veredeln.

Erster Heft

welcher zehn Kupfer mit Französischem und Deutschem Text enthält.

Unter der Aufsicht

von

Johann Gottfried Grohmann

Professor der Philosophie zu Leipzig

herausgegeben.

Leipzig

bei Friedrich Gotthelf Baumgärtner

1796.

50
Johann Gottfried Grohmann 1769–1805
IDEENMAGAZIN FÜR LIEBHABER VON GÄRTEN, ENGLISCHEN ANLAGEN UND FÜR BESITZER VON LANDGÜTERN UM GÄRTEN UND LÄNDLICHE GEGENDEN, SOWOHL MIT GERINGEM GELDAUFWAND, NACH DEN ORIGINELLSTEN ENGLISCHEN, GOTHISCHEN, SINESISCHEN GESCHMACKSMANIEREN ZU VERSCHÖNERN UND ZU VEREDELN (Heft 1 bis 6)
Leipzig: Friedrich Gotthelf Baumgärtner 1796
31,0 x 26,0 cm, ohne Seitenangaben, je 10 Kupfertafeln
Kulturstiftung DessauWörlitz

Der in Wittenberg und Leipzig tätige Universitätsprofessor Johann Gottfried Grohmann gab ab 1796 das seinerzeit vielbeachtete »Ideenmagazin für Liebhaber von Gärten…« heraus. Es war das umfassendste deutschsprachige Gartenbauwerk. In 60 Heften stellte Grohmann auf 616 Kupfertafeln und zugehörigen Beschreibungen bekannte Gartenstaffagen und eigene Erfindungen seinem Publikum vor, darunter auch einige Beispiele aus dem Dessau-Wörlitzer Gartenreich.

49
Christian Haldenwang 1770–1831
Nach Heinrich Theodor Wehle 1778–1805
»DAS CHINESISCHE HAUS ZU ORANIENBAUM«
1800
Aquatinta
26,0 x 33,7 cm
Bezeichnet: unter dem Bildausschnitt links »gezeichnet von Wehle.«, rechts »geaetzt von Haldenwang.«, Mitte »Das Chinesische Haus/zu Oranienbaum./Chalcographische Gesellschaft zu Dessau 1800.«
Institut für Auslandsbeziehungen

Das Blatt von Haldenwang vermittelt einen Eindruck von der beabsichtigten malerischen Wirkung des Englisch-chinesischen Gartens kurz nach seiner Fertigstellung, obwohl die Pflanzungen noch nicht die dargestellte Höhe erreicht haben konnten. Die Umsetzung der gärtnerischen Ideen erfolgte durch den Oranienbaumer Hofgärtner Wilhelm Neumark (Lebensdaten unbekannt), die Bauleitung oblag dem fürstlichen Baudirektor Georg Christoph Hesekiel (1732–1818).
Das Haus selbst, ausgestattet mit chinoisen Tapeten, zwei Porzellankabinetten, Pappmachéfiguren und kostbaren chinoisen Möbeln diente als Teehaus.

Baukunst

Die Baukunst des Dessau-Wörlitzer Gartenreichs ist eng mit dem Namen Friedrich Wilhelm von Erdmannsdorff (1736–1800) verbunden. Bis zu seinem Tode errichtete er neben den Landhäusern in Wörlitz, Luisium und Georgium auch zahllose Kleinarchitekturen in den Gärten des Landes sowie Kommunalbauten.

Erdmannsdorff wurde zum Begründer des Klassizismus in Deutschland, jenem Architekturstil, der sich wieder an antiken Bauformen bzw. deren Rezeption durch die Baumeister der italienischen Renaissance orientiert. Erdmannsdorffs Bibliothek enthielt neben wichtigen Ausgaben der Schriften Vitruvs und Andrea Palladios die bedeutendsten architekturtheoretischen Werke der Zeit. Sein Stil steht in der Tradition des englischen Neo-Palladianismus, dessen Werke er erstmals 1763 bis 1764 kennenlernte. Während der Grand Tour 1765 bis 1767 studierte er Palladios Villen im Veneto und unter Johann Joachim Winckelmann und vor allem Charles-Louis Clérisseau die antike Architektur in und um Rom. Besonders eindrucksvoll war für ihn das Erlebnis der Ausgrabungen von Pompeji und Herculaneum.

Im Jahre 1769 wurde der Grundstein zum Wörlitzer Landhaus gelegt. Das zu diesem Zeitpunkt modernste Gebäude des europäischen Festlandes revolutionierte den Architekturgeschmack in Deutschland.

Es waren nicht nur klassizistische Formen, die die Bauten in Anhalt-Dessau prägten; ebenso finden sich chinoise Gebäude und künstlich aufgemauerte Grotten. Vielen Bauwerken im Gartenreich ist ein Stilpluralismus eigen, der neben klassizistischen auch neugotische, romanische und andere historisierende Elemente vereint – nicht im Sinne romantischer Verklärung der Vergangenheit, wie sie in der nächsten Generation anzutreffen ist, sondern in der Absicht zu bilden, historische Assoziationen und verschiedenste Empfindungen hervorzurufen.

Für die gotische Baukunst entwickelte der Fürst eine besondere Vorliebe. Auch hier sind die Einflüsse in England zu suchen. Es war das Regellose und Pittoreske, das der Gotik ihre Anziehungskraft verlieh. Die »Natürlichkeit« der gotischen Baukunst kam der Forderung Rousseaus nach einer Rückkehr zur Natur entgegen und machte sie zu einem festen Bestandteil englischer Gärten.

51
Karl Kuntz 1770–1830
»DAS SCHLOSS ZU WÖRLITZ«
1797
Aquatinta
52,0 x 68,0 cm
Bezeichnet: unter dem Bildausschnitt in der Mitte »Nach der Natur gemalt und geätzt von C. Kunz / Das Schloss zu Wörlitz / Seiner Hochfürstlichen Durchlaucht dem Herrn LEOPOLD FRIEDRICH FRANZ regierenden Fürsten zu Anhalt Dessau etc./unterthänigst gewidmet / Herausgegeben in Dessau 1797«
Institut für Auslandsbeziehungen

Das Blatt zeigt die Südfassade des 1769 bis 1773 von Erdmannsdorff errichteten Schlosses, dem Gründungsbau des Klassizismus in Deutschland. Es steht in der Tradition neo-palladianischer Landhäuser in England. Auf dem nördlichen Schloßdach erhebt sich das im Jahre 1784 hinzugefügte Belvedere mit seiner überkuppelten Laterne. Am rechten Bildrand hinter den Lindenpflanzungen erscheint das Küchengebäude mit dem zum Schloß gewandten Sommersaal.

52
Johann Wolfgang von Goethe 1749–1832
SCHLOSS WÖRLITZ
1778
Bleistift, Tusche laviert (Kopie)
32,0 x 50,8 cm
Signiert am unteren Bildrand rechts »Wörliz d. 26. May 78 G.«
Kulturstiftung DessauWörlitz

»Wie das Vorüberschweben eines leisen Traumbildes«, so charakterisiert Johann Wolfgang von Goethe in einem Tagebucheintrag seine Eindrücke während eines Besuches in den Wörlitzer Anlagen. Seine Zeichnung des Wörlitzer Schlosses zeigt das Gebäude aus südöstlicher Richtung, vom Küchengebäude aus gesehen.
Der berühmte Dichter und Wörlitzverehrer – nach seinen Angaben entstanden die englischen Gartenanlagen in Weimar – überliefert uns mit seiner flüchtigen Zeichnung die erste zeitgenössische Ansicht des damals modernsten Hauses des europäischen Festlandes. Das Blatt widmete Goethe Charlotte von Stein.

53
MODELL DES WÖRLITZER SCHLOSSES
1996
Polystyrol, Acrylglas, farbig gefaßt
31,5 x 72,0 x 49,0 cm (Maßstab 1:50)
Architektur-Modell-Design Hans Heinz Frickel, Frankfurt am Main
Kulturstiftung Deutsche Bank

Der kubische Baukörper, dessen Hauptfassade lediglich durch einen Portikus würdevoll betont wird, beeindruckte wegen seiner funktionalen Sachlichkeit. Nicht mehr höfische Repräsentation war das Anliegen, sondern verbürgerlichte Lebensweise, die der Fürst in seinem »Landhaus« nachzuleben versuchte. Dabei verband sich mit der Anlage des Hauses ein pädagogisches Anliegen: Die öffentlich zugänglichen Räume bildeten eine Musterschau klassizistischer Innenraumgestaltung. Die am Stil der Gebrüder Adam und Sir William Chambers orientierte Dekoration, die zahlreichen Sammlungen und funktionalen Möbel sollten zur Beförderung des guten Geschmacks beitragen. Die edle Farbigkeit des Hauses geht auf die effektvolle Kombination des einheimischen Erdockers der Wandflächen und des Weißkalks der Zierelemente zurück.

54
MODELL DES KÜCHENGEBÄUDES
1996
Polystyrol, Acrylglas, farbig gefaßt
23,5 x 58,0 x 52,0 cm (Maßstab 1:50)
Architektur-Modell-Design Hans Heinz Frickel, Frankfurt am Main
Kulturstiftung Deutsche Bank

Das 1770 bis 1771 östlich des Schlosses errichtete Küchengebäude war einer der ersten Zweckbauten Erdmannsdorffs. Neben dem zum Schloß gerichteten Sommerspeisesaal, der im Winter die Orangerie aufnahm, beherbergte das Gebäude Wohnräume für die Dienerschaft, eine Waschküche mit Zisterne und Kessel, die Küche und eine Konditorei. Interessant ist der an diesem Bauwerk zu bemerkende Stilpluralismus: Die dem Schloß zugewandte Seite ist klassizistisch gegliedert, während die dem Kirchhof zugewandte Fassade die ersten Beispiele der Wörlitzer Neugotik aufweist.

55
Martin Gottlieb Klauer 1742–1801
BÜSTE DES JOHANN WOLFGANG VON GOETHE
Um 1790
Gips
Höhe: 70,0 cm
Kulturstiftung DessauWörlitz

Goethe gehörte zu den berühmtesten Besuchern des Gartenreichs, zu dem er sich seit dem Beginn seiner Weimarer Zeit hingezogen fühlte. Im Gefolge des Herzogs Carl August von Sachsen-Weimar-Eisenach sowie allein besuchte Goethe das Gartenreich seit 1776 regelmäßig. Wörlitz war Anregung für den großen Landschaftspark an der Ilm in Weimar und auch für Gartengestaltungen im nahegelegenen Tiefurt, dem Garten der Herzogin Anna Amalia. In einem Brief an Charlotte von Stein vermerkt Goethe am 14. Mai 1778: »Hier ists iezt unendlich schön. Mich hats gestern Abend wie wir durch die Seen, Canäle und Wäldgen schlichen sehr gerührt, wie die Götter dem Fürsten erlaubt haben, einen Traum um sich zu schaffen.«

56
Friedemann Hunold 1773–1840
PORTRAITRELIEF DES HERZOGS FRANZ VON ANHALT-DESSAU
1823
Gips, maßstabsgerechter Abguß des Originals aus Marmor vom Grabmal im Turm der Jonitzer Kirche
Durchmesser: 52,0 cm
Kulturstiftung DessauWörlitz

Das von dem Dessauer Hofbildhauer Hunold geschaffene Portrait zierte das fürstliche Grabmal im Turm der Jonitzer Kirche.
Die noch vom Fürsten Franz kurz vor seinem Tod begonnenen Arbeiten am Grabmal wurden von seinem Enkel, dem Herzog Leopold Friedrich, fortgeführt. Dieser charakterisierte seinen Großvater mit der folgenden Inschrift: »Ein Vater seines Volks. Dessen Liebe und Verehrung Ihm eine neun u. funfzig jaehrige milde u. weise Regierung erworben.«

57
Karl Kuntz 1770–1830
»DAS GOTHISCHE HAUS ZU WÖRLITZ«
1797
Aquatinta, in Sepiaton gedruckt
51,3 x 67,6 cm
Bezeichnet: unter dem Bildausschnitt in der Mitte »Nach der Natur gemalt und geätzt von C. Kunz. / Das Gothische Haus zu Wörlitz. / Seiner Hochfürstlichen Durchlaucht dem Herrn LEOPOLD FRIEDRICH FRANZ regierenden Fürsten zu Anhalt Dessau etc. / unterthänigst gewidmet. / Herausgegeben in Dessau 1797«
Institut für Auslandsbeziehungen

Das Blatt zeigt die Kanalseite des Gotischen Hauses. Sie entstand 1773 bis 1776 in Anlehnung an die Westfassade der venezianischen Kirche Madonna dell'Orto. Das zunächst als Gärtnerwohnung konzipierte Haus wurde bis 1813 während mehrerer Bauphasen vergrößert. In zunehmendem Maße benutzte Fürst Franz das Haus als Privatrefugium. Hier lebte er mit einer Mätresse inmitten mittelalterlicher Sammlungsobjekte. Eine Vielzahl davon erinnert an die Geschichte des Hauses Anhalt-Dessau. Ganz bewußt wählte Fürst Franz »gotische« Architekturformen. Damit signalisierte er eingeweihten Standesgenossen sein politisches Bekenntnis als Verfechter der mittelalterlichen Ständeverfassung. Derartig restaurative Positionen standen der praktizierten Politik der deutschen Großmächte Habsburg und Preußen völlig entgegen.

PÖTNITZ.
IN ANHALT.

Druck & Verlag von G.G.Lange in Darmstadt

58 Abb. S. 126 unten

REKONSTRUKTIONSVARIANTEN DER FASSADE DES GOTISCHEN HAUSES

1982

Tempera auf Papier

34,2 x 51,1 cm

Michael Wetzel, Wörlitz

Kulturstiftung DessauWörlitz

Zu den schwierigsten Problemen in der Denkmalpflege gehört die Rekonstruktion der originalen Polychromie eines Gebäudes oder seiner Teile. Im Falle des Gotischen Hauses bestand das Problem in der Klärung der Farbigkeit der Putzzierglieder der Fassade. Weder die bildlichen noch die schriftlichen Quellen konnten eine eindeutige Aussage unterstützen. Auch der restauratorische Befund erwies sich als nicht eindeutig. Daher wurden verschiedene Varianten entwickelt und gegeneinander abgeprüft. Im Analogieschluß zu vergleichbaren Bauwerken wurde dann die historisch wahrscheinlichste Variante, in diesem Fall die weiße Farbigkeit der Zierelemente, ausgewählt.

59 Abb. S. 127

J. Richter (Lebensdaten unbekannt)

Nach Jacobo Pozzi 1814–1897

ST. PETRI KIRCHE ZU WÖRLITZ

1861

Stahlstich

19,8 x 26,4 cm

Bezeichnet: unter dem Bildausschnitt links »J. Pozzi del.t«, rechts »J. Richter sculp.t«

Kulturstiftung DessauWörlitz

Die Wörlitzer St. Petri Kirche, das größte neugotische Gotteshaus des Gartenreichs, entstand durch Umbau des romanischen Vorgängerbaus in den Jahren 1804 bis 1808. Das imposante Bauwerk mit seinem 66 Meter hohen Turm veranlaßte den russischen Fürsten Putiatin zu dem begeisterten Ausruf: »Ja, du bist Wegweiser zum Himmel; ein Wunder Gottes und der Kunst! Wir bleiben aber noch hier: denn hier ist gut sein, ein Garten Gottes!«

60 Abb. S. 127

G. Heisinger (Lebensdaten unbekannt)

Nach Jacobo Pozzi 1814–1897

DIE KIRCHE IN PÖTNITZ

Um 1840

Stahlstich

16,2 x 22,0 cm

Bezeichnet: unter dem Bildausschnitt links »J. Pozzi del.t«, rechts »G. Heisinger sculp.t«, Mitte »PÖTNITZ./IN ANHALT./Druck & Verlag von G. G. Lange in Darmstadt.«

Privatbesitz

Die Kirche im Dorf Pötnitz, heute Mildensee, wurde 1805 durch Carlo Ignazio Pozzi (1766–1842), der nach dem Tod Erdmannsdorffs (1800) Baumeister des Fürsten Franz war, umgebaut. Fürst Franz ließ die in Verfall geratene spätromanische Konventskirche in neugotischen Formen restaurieren. Das Bauwerk verweist auf die anhaltische Geschichte im Mittelalter.

61

MODELL DES GEORGENHAUSES

1986

Gips, Holz, farbig gefaßt

43,0 x 58,0 x 58,0 cm (Maßstab 1:50)

Michael Wetzel, Wörlitz

Kulturstiftung DessauWörlitz

Die Grundgestalt des von Erdmannsdorff ab circa 1780 für den Prinzen Johann Georg errichteten »Landhauses« ist im Schloß Luisium vorgeprägt. Kubische Bauten mit Pyramidenstumpfdach und Belvedere oder zentralem Schornsteinaufsatz hat der Architekt öfter für unterschiedliche Funktionen, in verschiedenen Größen und immer wieder variierter Fassadengestaltung geschaffen. Neben den allgegenwärtigen palladianischen Einflüssen ließ sich Erdmannsdorff hier von einem Idealentwurf aus Nicolaus Goldmanns 1699 erschienener »Zivilbaukunst« anregen.

62

Emanuel Semper 1848–1911

RELIEFPORTRAIT DES PRINZEN JOHANN GEORG VON ANHALT-DESSAU

Um 1900

Gips, maßstabsgetreuer Abguß vom Original aus Kupfer

42,3 x 35,0 cm

Kulturstiftung DessauWörlitz

Prinz Johann Georg (1748–1811), der acht Jahre jüngere Bruder des Fürsten Franz, von allen Hans Jürge genannt, nahm gemäß der Familientradition preußischen Militärdienst an, in dem er lange Jahre verblieb. Er war jedoch ebenso feinsinnig und kunstliebend wie sein Bruder. 1765/67 gehörte er der Reisegruppe der Grand Tour an.

63
Karl Kuntz 1770–1830
»DER VENUSTEMPEL ZU WÖRLITZ«
1797
Aquatinta, in Sepiaton gedruckt, 51,0 x 65,9 cm
Bezeichnet: unter dem Bildausschnitt in der Mitte »Nach der Natur gezeichnet und geätzt von C. Kunz / Der Venus Tempel zu Wörlitz / Seiner Hochfürstlichen Durchlaucht dem Herrn LEOPOLD FRIEDRICH FRANZ regierenden Fürsten zu Anhalt Dessau etc.«, rechts »unterthänigst gewidmet / von der Chalcographischen Gesellschaft in Dessau 1797.«
Institut für Auslandsbeziehungen

Der 1794 durch Erdmannsdorff in Wörlitz errichtete dorische Sandsteinmonopteros als Nachbau des antiken Sibyllentempels in Tivoli bildete den Abschluß einer von freimaurerischer Symbolik durchsetzten »mystischen« Gartenpartie mit unterirdischen Gängen und den Grotten des Vulkan und des Aeolus als Sinnbilder der Elemente Feuer, Wasser, Luft. Die Fundamente des Tempels sind im Hochwasserdeich gegründet. Venus, die aus dem Meer geborene, verkörpert das Element Wasser. Interessant ist die Ausdeutung der Sichtachse zum Gotischen Haus. Fürst Franz ließ gestalterisch eine klassizistische mit einer neugotischen Gartenszene verbinden. Inhaltlich wird darauf verwiesen, daß im Gotischen Haus die Göttin der Liebe Venus regierte. Hier lebte der Fürst mit der Gärtnerstochter Luise Schoch.

64
VENUS MEDICI
Um 1794
Gips
Höhe: 160,0 cm
Kulturstiftung DessauWörlitz

Für die Aufstellung im Venustempel wählte man einen Abguß der Venus Medici als eine der berühmtesten und bekanntesten antiken Venusskulpturen. Die Figur wurde inmitten des offenen Rundtempels auf einem Sockel aus gelbem Glas plaziert. Auf diese Weise empfängt die darunterliegende Grotte des Vulkan, des mythologischen Gatten der Venus, Licht.
Eine weitere Kopie der Venus Medici befindet sich in der Eingangsrotunde des Wörlitzer Schlosses.

65
Wilhelm Friedrich Schlotterbeck 1770–1819
Nach Karl Kuntz 1770–1830
»DAS PANTHEON ZU WOERLIZ«
1799
Aquatinta
25,6 x 32,7 cm
Bezeichnet: unter dem Bildausschnitt links »gezeichnet von Kuntz.«, rechts »geätzt von Schlotterbeck.«, Mitte »Das Pantheon/zu Woerliz./Chalcographische Gesellschaft zu Dessau 1799«
Institut für Auslandsbeziehungen

»Den Freunden der Natur und Kunst« lautet das Motto, welches über dem Eingang zum Pantheon zu lesen ist. Dieser in Anlehnung an Gartenpavillons in England entstandene Bau sollte ursprünglich nicht nur ein Tempel für die Aufnahme antiker Plastiken sein, sondern ein »Mouseion« – ein Tempel aller Musen. Als Folge der Napoleonischen Kriege verzögerte sich die Ausfuhr der Plastiken aus Italien. Die Statuen eines Apoll und der neun Musen konnten erst 1802 im Obergeschoß des Pantheons aufgestellt werden. Inzwischen war Erdmannsdorff gestorben. Fürst Franz vervollständigte die Ausstattung des Hauses nicht weiter.

66

SCHNITTMODELL DES PANTHEONS WÖRLITZ

1988

Gips, Holz, Kunststoff, farbig gefaßt

32,0 x 59,0 x 59,0 cm (Maßstab 1:50)

Michael Wetzel, Wörlitz

Kulturstiftung DessauWörlitz

Das Schnittmodell veranschaulicht die Struktur des 1795 bis 1797 im Ostteil der Wörlitzer Anlagen errichteten Pantheons. Es handelt sich hier um eine Version, die dem römischen Monumentalbau folgt, doch wurden auch englische Nachfolgebauten wie in Chiswick, Stourhead und Stowe von Erdmannsdorff zitiert.

Der in den Elbdeich hineingebaute Keller des Gebäudes beinhaltet Kopien ägyptischer Kunstwerke. Bildhaft verkörpert dieser Raum das Fundament der beiden oberirdischen Geschosse, die mit römischen Antiken ausgestattet sind.

67
Karl Kuntz 1770–1830
»DER STEIN ZU WÖRLITZ«
1797
Aquatinta, in Sepiaton gedruckt
50,8 x 66,0 cm
Bezeichnet: unter dem Bildausschnitt in der Mitte »Nach der Natur gezeichnet und geätzt von C. Kuntz/Der Stein zu Wörlitz./Seiner Hochfürstlichen Durchlaucht dem Herrn LEOPOLD FRIEDRICH FRANZ regierenden Fürsten zu Anhalt Dessau etc.«, rechts »unterthänigst gewidmet/von der Chalcographischen Gesellschaft in Dessau 1797.«
Institut für Auslandsbeziehungen

Der »Stein« entstand zwischen 1788 und 1794 als künstliche Insel, die in sich eine Vielzahl von Italienreminiszenzen enthält – neben architektonischen Zitaten auch eine detailgetreue Nachahmung der geographischen Situation des Golfes von Neapel: Das von Grotten durchzogene Gelände wird von einem künstlichen Vesuv überragt, der mit Hilfe pyrotechnischer Mittel und geschickter Illumination zum Ausbruch gebracht werden konnte. Das gewaltige, um einen Backsteinkern errichtete Felsenbauwerk ist der Höhepunkt der »Italienischen Landschaft« am Ostausgang des Gartens. Es entspricht den Forderungen des englischen Gartenkünstlers Sir William Chambers nach erhabenen Gartenszenen.

68
SCHNITTMODELL DER FELSENINSEL »STEIN« IN WÖRLITZ
1992
Gips, Holz, Kunststoff, farbig gefaßt
24,5 x 100,0 x 85,0 cm (Maßstab 1:75)
Michael Wetzel, Wörlitz
Kulturstiftung DessauWörlitz

Außer auf die grottenreiche, durch vulkanische Aktivität geformte Landschaft um Neapel wurde auf der Insel »Stein« mit einem Tempel des Tages und der Nacht, einem Amphitheater, einem Columbarium und Römischen Bädern auch auf Neapel als Kunstlandschaft verwiesen. Auf einem Felsvorsprung im Osten der Anlage erhebt sich ein kleiner klassizistischer Pavillon, die Villa Hamilton. Sie ahmt das am Strand von Posillipo gelegene Sommerhaus des englischen Gesandten in Neapel Sir William Hamilton (1730–1803) nach, den der Fürst während seiner Grand Tour kennenlernte.

Landwirtschaft

Ein wichtiger Bestandteil des Reformprogramms des Fürsten Franz war der Aufbau der einheimischen Wirtschaft, die infolge des Siebenjährigen Krieges ruiniert war. Für Anhalt-Dessau als Agrarland bedeutete das in erster Linie eine Reformierung der Landwirtschaft. An englischen Vorbildern orientiert, entstand in den Jahrzehnten nach 1763 eine musterhafte Wirtschaft, die das Interesse und die Anerkennung der Zeitgenossen fand.

Wegweisend war die Einführung rationellerer Anbaumethoden. Die Leistungsfähigkeit der seit über tausend Jahren in Deutschland praktizierten Dreifelderwirtschaft, bei der ein Drittel des Bodens ein Jahr lang brach lag, wurde durch Futterpflanzenanbau statt der Bracheperiode erheblich gesteigert. Der in Deutschland bis dahin unbekannte Kleeanbau wurde in Anhalt-Dessau ebenso propagiert wie die damit verbundene Einführung der Stallfütterung. Schon von der ersten Reise nach England 1763/64 brachten Franz und Erdmannsdorff Kleesamen in großen Mengen mit. Man demonstrierte neueste Bearbeitungsmethoden auf verschiedenen Mustergütern, unter anderem der Wörlitzer Domäne, aber auch im Garten selbst. Die Domäne wurde 1783 bis 1787 nach dem Vorbild von Palladios Villa Emo errichtet und umfaßte neben dem Gutshaus auch Stallanlagen und Dienstwohnungen.

Zeitgenössischen Berichten zufolge bezog Anhalt-Dessau ein Dreizehntel seiner Staatseinnahmen aus dem Obstbau. Der Fürst, der den Zeitgenossen als »Kenner und Beförderer der deutschen Obstpflege« galt, besaß eine Sammlung von über 200 Wachsfrüchten, die einen Großteil der damals bekannten Obstsorten in originalgetreuer Größe und Farbigkeit darstellte. Sie wurde im »Pomologischen Kabinett« des Gotischen Hauses aufbewahrt und diente Klassifizierungs- und Anschauungszwecken. Auf den Wiesenflächen um das Gotische Haus wurde der Anbau verschiedener Obstsorten exemplarisch getestet. Entlang der Straßen wurden Obstbäume angepflanzt, die neben dem wirtschaftlichen Nutzen aus Verpachtungen eine ästhetische Aufwertung des Landes darstellten. Überall geht das Nützliche eine Symbiose mit dem Schönen ein. Der holländische Landwirt Heinrich Friedrich de Bruiningk schildert in seiner 1808 veröffentlichten Abhandlung über das landwirtschaftliche System in Anhalt-Dessau: »...diese Oekonomie verdient die Aufmerksamkeit besonders gebildeter Kenner. Feld und Aue triefen vor Segen; ... und da, wo Dein Auge die Spuren des Fleißes verliert, bietet die schöne Kunst Dir die Hand.«

69
MODELL DER WÖRLITZER DOMÄNE
1984
Gips, Holz, farbig gefaßt
78,0 x 72,0 x 11,0 cm (Maßstab 1:150)
Michael Wetzel, Wörlitz
Kulturstiftung DessauWörlitz

In der 1783 bis 1787 nach dem Vorbild von Andrea Palladios Villa Emo von Erdmannsdorff entworfenen Wörlitzer Domäne wurde von dem Direktor der Wörlitzer Ökonomie, Georg Karl von Raumer (1755–1822), die neue Musterwirtschaft englischer Prägung praktiziert, die die Einnahmen aus der Landwirtschaft sprunghaft steigen ließ und zahlreiche interessierte Landwirte nach Dessau-Wörlitz lockte. Neben dem Gutshaus waren auch Stallanlagen und Dienstwohnungen in der vierflügeligen Anlage untergebracht. Gerade die Verknüpfung von architektonischem Anspruch und Ökonomie war eine Forderung der Zeit, die Erdmannsdorff nachhaltig unterstützte.

70

WACHSFRÜCHTE AUS DEM POMOLOGISCHEN KABINETT

Ab 1804 aus Friedrich Justin Bertuchs Landes-Industrie-Comptoir in Weimar geliefert

Wachs, farbig gefaßt

In natürlichen Größen der Früchte, größter Durchmesser: 10,0 cm

Kulturstiftung DessauWörlitz

Im »Pomologischen Cabinet« des Gotischen Hauses betrieb Franz seine Studien zur Obstkunde. Die Sammlung von über 200 originalgetreuen Wachsfrüchten ist die plastische Umsetzung der im »Allgemeinen Teutschen Garten-Magazin« vom Weimarer Unternehmer Friedrich Justin Bertuch (1747–1822) vorgestellten Sorten. Sie erleichterte die Klassifizierung der Früchte nach ihrer äußeren Gestalt und diente als anschauliches Mittel pädagogischen Zwecken.

Fürst Franz war bestrebt, sein kleines Fürstentum zu einem einzigartigen Garten zu gestalten. Entlang der Wege und Straßen, welche die einzelnen Gärten und landschaftlichen Höhepunkte verbanden, wurden vorwiegend Obstbäume gepflanzt und damit die Landschaft aufgewertet.

71

ALLEGORIE AUF DIE LANDWIRTSCHAFT
ALLEGORIE AUF DIE JAGD

Vor 1775

Gips, maßstabsgerechte Abgüsse der Sandsteinreliefs am Wörlitzer Dietrichsdenkmal

Je 75,0 x 63,0 cm

Kulturstiftung DessauWörlitz

Zur Erinnerung an seinen Vormund und Onkel, den Fürsten Dietrich von Anhalt-Dessau (1702–1769), ließ Franz ein schlichtes Denkmal in der Nähe des Schlosses ausführen. An drei Seiten des Postaments sind Reliefs mit allegorischen Darstellungen von Landwirtschaft, Jagd und Kriegskunst angebracht. Die Jagd, insbesondere die Parforcejagd, wurde in den wildreichen Wäldern von Anhalt-Dessau mit großer Leidenschaft betrieben.

72
Christian Haldenwang 1770–1831
»DIE HEIDEBURG UNWEIT DESSAU AUF DER STRASSE NACH LEIPZIG«
1799
Aquatinta (Nachdruck)
25,6 x 32,6 cm
Bezeichnet: unter dem Bildausschnitt links »gezeichnet und in Kupfer«, rechts »gearbeitet von Haldenwang.«, Mitte »DIE HEIDEBURG / unweit Dessau auf der Straße nach Leipzig. / Chalcographische Gesellschaft zu Dessau.«
Kulturstiftung DessauWörlitz

Das ursprünglich außerhalb von Dessau an der Straße nach Leipzig gelegene neugotische Backsteinbauwerk wurde 1782/83 in Anlehnung an das Krönungsschloß der preußischen Könige in Königsberg von Friedrich Wilhelm von Erdmannsdorff errichtet. Die künstliche Ruine mit ihrem fünfgeschossigen Turm diente als Jagdhaus und Försterei.

73
Christian Haldenwang 1770–1831
Nach Heinrich Theodor Wehle 1778–1805
»STADT DESSAU NOERDLICHER SEITE«
1801
Aquatinta (Nachdruck)
25,9 x 33,8 cm
Bezeichnet: unter dem Bildausschnitt links »gezeichnet von Wehle.«, rechts »geätzt von Haldenwang.«, Mitte »STADT DESSAU/noerdlicher Seite./ Chalcographische Gesellschaft zu Dessau 1801.«
Kulturstiftung DessauWörlitz

Das Blatt zeigt ausgedehnte landwirtschaftliche Nutzflächen vor den Toren der Stadt Dessau, die hier wie überall in Anhalt-Dessau das Landschaftsbild prägten. Der herzogliche Bibliothekar Lindner vermerkt in seiner Beschreibung Anhalts aus dem Jahre 1833: »Es wurde damals die sogenannte Englische Landwirtschaft eingeführt und durch tätige, einsichtsvolle Landwirthe unserem Lande angepaßt; durch Veredlung der Pferde, Rinder und Schafe, durch verbesserten Fruchtwechsel und durch stärkeren Anbau von Futterkräutern zeichneten sich die Dessauischen Lande bald aus.«

Gezeichnet und in Kupfer | gearbeitet von Haldenwang

DIE HEIDEBURG

unweit Dessau auf der Straße nach Leipzig.

Calcographische Gesellschaft zu Dessau.

STADT DESSAU

noerdlicher Seite.

Pädagogik

Bildung und Erziehung waren zentrale Ideen der deutschen Aufklärung. Bestandteil des alle Lebensbereiche umfassenden Reformwerks des Fürsten Franz war eine grundlegende Neuordnung des Schulwesens. Zu diesem Zweck wurde 1771 Johann Bernhard Basedow (1724–1790) aus Altona nach Dessau berufen, der in Auseinandersetzung mit den Anschauungen Jean-Jacques Rousseaus (1712–1778) von einer humanen Bildung und kindgerechten Erziehung für eine »Schulreform an Haupt und Gliedern« eintrat. 1774 erschien in vier Bänden sein »Elementarwerk«, ein epochales Werk der deutschen Pädagogik. Im Dezember des selben Jahres wurde in Dessau das berühmte »Philanthropin«, die Schule der Menschenfreundlichkeit, als pädagogische Musteranstalt gegründet, deren erster Direktor Basedow wurde. Neben den »klassischen« Unterrichtsfächern wie Fechten, Tanz und Fremdsprachen wurden auch Physik, Geometrie, Mechanik, Anatomie, Gartenbau, handwerkliche Arbeit und Schulsport unterrichtet. Im Sinne der Aufklärung sollte ein ideal gebildeter Mensch hervorgebracht werden, der geistige und körperliche Qualitäten vereint. Neben dem Philanthropin als Schule für die gehobenen Schichten realisierte Carl Gottfried Neuendorf (1750–1798) 1785/87 eine umfassende Landesschulreform mit größerer Breitenwirkung. Eine »Allgemeine Schulordnung für die sämtlichen Stadt- und Landschulen des Fürstentums« regelte das Schulwesen von Grund auf neu. Vor allem die von den Aufklärern geforderte Trennung von Kirche und Schule wurde festgeschrieben, die Oberaufsicht über die Schulen der Kirche entzogen und in die Hände eines weltlichen Direktorats gelegt. Die Lehrer erhielten eine bessere Besoldung und wurden in einem Landlehrerseminar ausgebildet. Die neu gegründete Hauptschule in Dessau, die einzige zur Universitätsreife führende Einrichtung, konnte von Kindern aus ärmeren Schichten kostenlos besucht werden.

Die pädagogischen Bemühungen kommen auch in den Gartenschöpfungen zum Ausdruck. Besonders der für alle offene Garten von Wörlitz trug den Charakter eines Bildungsgartens mit dem Ziel, den Geschmack zu befördern und die überall demonstrierten Neuerungen zu verbreiten. Bereits 1788 erschien eine erste »Beschreibung des Fürstlichen Anhalt-Dessauischen Landhauses und Englischen Gartens zu Wörlitz« von August Rode.

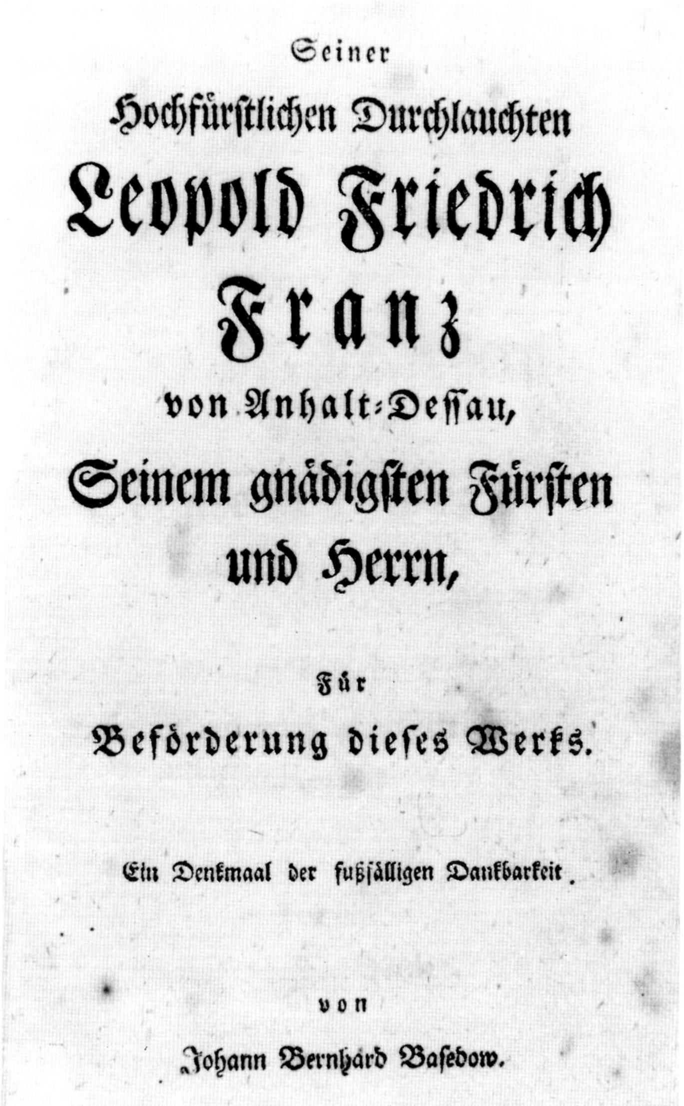

Seiner
Hochfürstlichen Durchlauchten
Leopold Friedrich
Franz
von Anhalt-Dessau,
Seinem gnädigsten Fürsten
und Herrn,
Für
Beförderung dieses Werks.
Ein Denkmaal der fußfälligen Dankbarkeit.
von
Johann Bernhard Basedow.

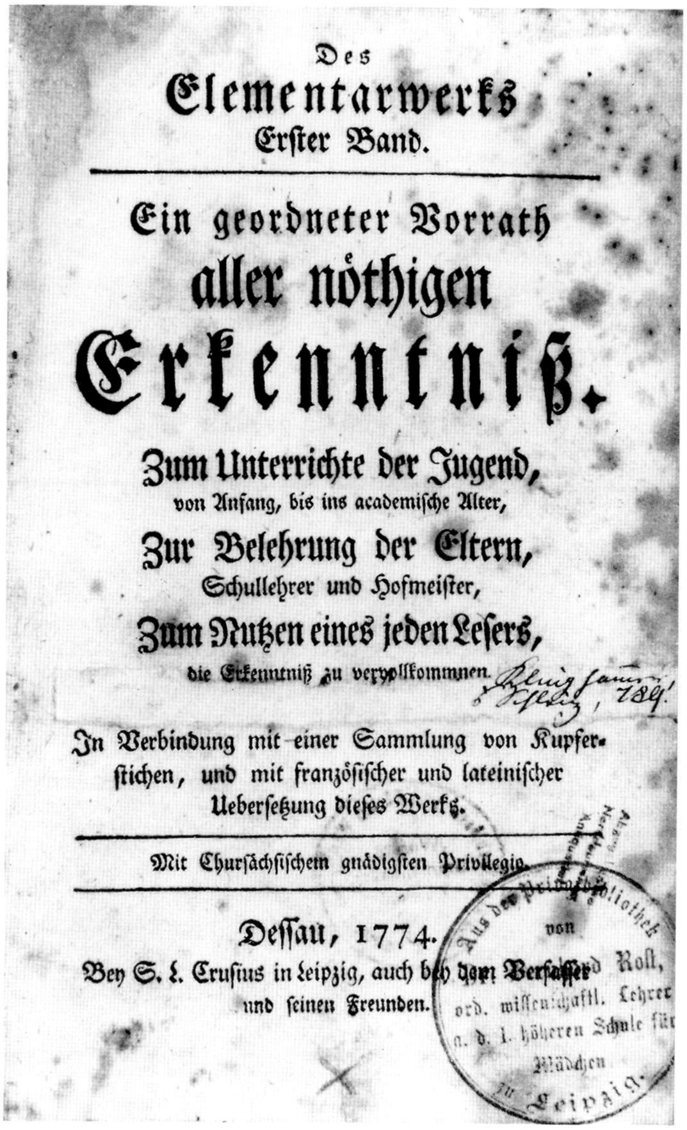

Des
Elementarwerks
Erster Band.
Ein geordneter Vorrath
aller nöthigen
Erkenntniß.
Zum Unterrichte der Jugend,
von Anfang, bis ins academische Alter,
Zur Belehrung der Eltern,
Schullehrer und Hofmeister,
Zum Nutzen eines jeden Lesers,
die Erkenntniß zu vervollkommnen.
In Verbindung mit einer Sammlung von Kupferstichen, und mit französischer und lateinischer Uebersetzung dieses Werks.
Mit Chursächsischem gnädigsten Privilegio.
Dessau, 1774.
Bey S. L. Crusius in Leipzig, auch bey dem Verfasser und seinen Freunden.

74
Johann Bernhard Basedow 1724–1791
DES ELEMENTARWERKS ERSTER BAND. EIN GEORDNETER VORRATH ALLER NÖTHIGEN ERKENNTNISS ZUM UNTERRICHTE DER JUGEND, VON ANFANG BIS INS ACADEMISCHE ALTER, ZUR BELEHRUNG DER ELTERN, SCHULLEHRER UND HOFMEISTER, ZUM NUTZEN EINES JEDEN LESERS, DIE ERKENNTNISS ZU VERVOLLKOMMNEN
Dessau und Leipzig: Crucius und Verfasser 1774
17,5 x 11,5 cm, 432 Seiten
Kulturstiftung DessauWörlitz

Unter diesem Titel erschien 1774 in vier Bänden das wichtigste Werk zur deutschen Pädagogik des 18. Jahrhunderts. Neben drei Textbänden gab es entsprechend den neuen Auffassungen von der Anschaulichkeit des Unterrichts einen Ergänzungsband mit Abbildungen verschiedenster Handwerke, Sportarten, Anatomie und Naturkunde.

75 Abb. S. 142
Wilhelm Friedrich Schlotterbeck 1770–1819
Nach Heinrich Theodor Wehle 1778–1805
»DER NEUE BEGRAEBNISSPLATZ ZU DESSAU«
1800
Aquatinta
26,5 x 34,0 cm
Bezeichnet: unter dem Bildausschnitt links »gezeichnet von Wehle«, rechts »geaetzt von Schlotterbeck«, Mitte »Der neue Begraebnisplatz/zu Dessau./ Chalcographische Gesellschaft zu Dessau 1800.«
Institut für Auslandsbeziehungen

Die nach Plänen Erdmannsdorffs zwischen 1787 und 1789 ausgeführte neue Friedhofsanlage geht auf die allgemeinen Bemühungen zur Verbesserung der Volkshygiene zurück, was die Anlage außerhalb der Stadtmauern erforderlich machte. Der humanistische Begräbnisplatz sieht die Bestattung in einer Reihe, ohne Beachtung von Rangunterschieden, vor und wurde auch die letzte Ruhestätte seines Architekten. Schon das Eingangsportal mit dem integrierten Leichenhaus, eine in Longleat (England) übernommene römische Anregung in der Form eines antiken Triumphbogens, sollte auf den humanistischen Charakter des für alle christlichen Konfessionen errichteten Friedhofes hinweisen.

76
DER WARNUNGSALTAR IN WÖRLITZ
1800
Acrylharz, maßstabsgerechter Abguß des Originals aus Sandstein
Höhe (Altar): 181,0 cm, Durchmesser: 100,0 cm; Höhe (Sockel): 44,0 cm, Durchmesser: 130,0 cm
Kulturstiftung DessauWörlitz

Der Warnungsaltar wurde im Jahre 1800, nach Erdmannsdorffs Tod, im Schochschen Garten aufgestellt. Ein in der Mitte der zylindrischen Ara umlaufendes Schriftband enthält die Worte »WANDERER, ACHTE NATUR UND KUNST UND SCHONE IHRER WERKE«. Oberhalb desselben befinden sich die Reliefs von Diana und Phöbus, dazwischen Leiern und Lorbeergirlanden, auf dem unteren Teil des Monuments eine Darstellung der neun Musen.

Fürst Franz als Sammler

Das seit der Renaissance erwachte Interesse an der Antike erfuhr im 18. Jahrhundert eine erhebliche Steigerung. Die Sammeltätigkeit des Fürsten Franz war davon in entscheidendem Maße geprägt. Neben dem persönlichen Italienerlebnis und dem Studium antiker Kunst und Architektur war es vor allem die zeitgenössische englische Kultur, die den Charakter der Sammlungen beeinflußte.
Das Schloß in Wörlitz, erbaut und ausgestattet unter dem Eindruck der neopalladianischen Landhäuser der englischen Aristokratie, beherbergt zahlreiche Sammlungen. Sie entstanden etwa zeitgleich mit den Reisen des Fürsten. Zum Interieur gehörte neben Gemälden und Plastiken beispielsweise eine umfangreiche und in ihrer Art heute einzigartige Sammlung von antikisierender Wedgwood-Keramik, die vornehmlich Kamine zierte. Ebenfalls als Kaminaufsätze fanden Bronzeplastiken von Giacomo Zoffoli (1731–1785) Verwendung.
Dem allgemein zugänglichen Schloß kam als Musterschau klassizistischer Innenraumgestaltungen eine ähnliche pädagogische Bedeutung wie der Gesamtanlage zu. Neben dem Wörlitzer Schloß war es vor allem das ab 1773 errichtete Gotische Haus, das zahlreiche Sammlungen in sich vereinte. Insgesamt 385 Portraits, zahllose Graphiken, Militaria, Möbel und Medaillen füllten die Räume, die sich von der antikisierenden Ausstattung des Schlosses grundlegend unterscheiden. Ein Großteil der Objekte zeugt vom geschichtlichen Interesse des Fürsten, vor allem seiner Beschäftigung mit der Familiengeschichte. Eine Vielzahl von Gemälden und Graphiken nehmen Bezug auf die englische Geschichte des 16. und 17. Jahrhunderts. Bedeutsam ist eine etwa 200 Stücke umfassende Kollektion Schweizer Glasgemälde aus dem 16. und 17. Jahrhundert, die von ähnlichen Sammlungen in englischen Landhäusern angeregt ist. Den Erwerb der Scheiben vermittelte der Schweizer Pfarrer und Physiognomist Johann Kaspar Lavater (1741–1801). Er beeinflußte auch die Entstehung der äußerst umfangreichen Portraitsammlung.
Der Charakter der Ausstattung des Gotischen Hauses hat sich infolge erheblicher Kriegsverluste wesentlich verändert, wohingegen die des Schlosses größtenteils originalgetreu erhalten ist und noch heute in ihrem historischen Zusammenhang präsentiert wird.

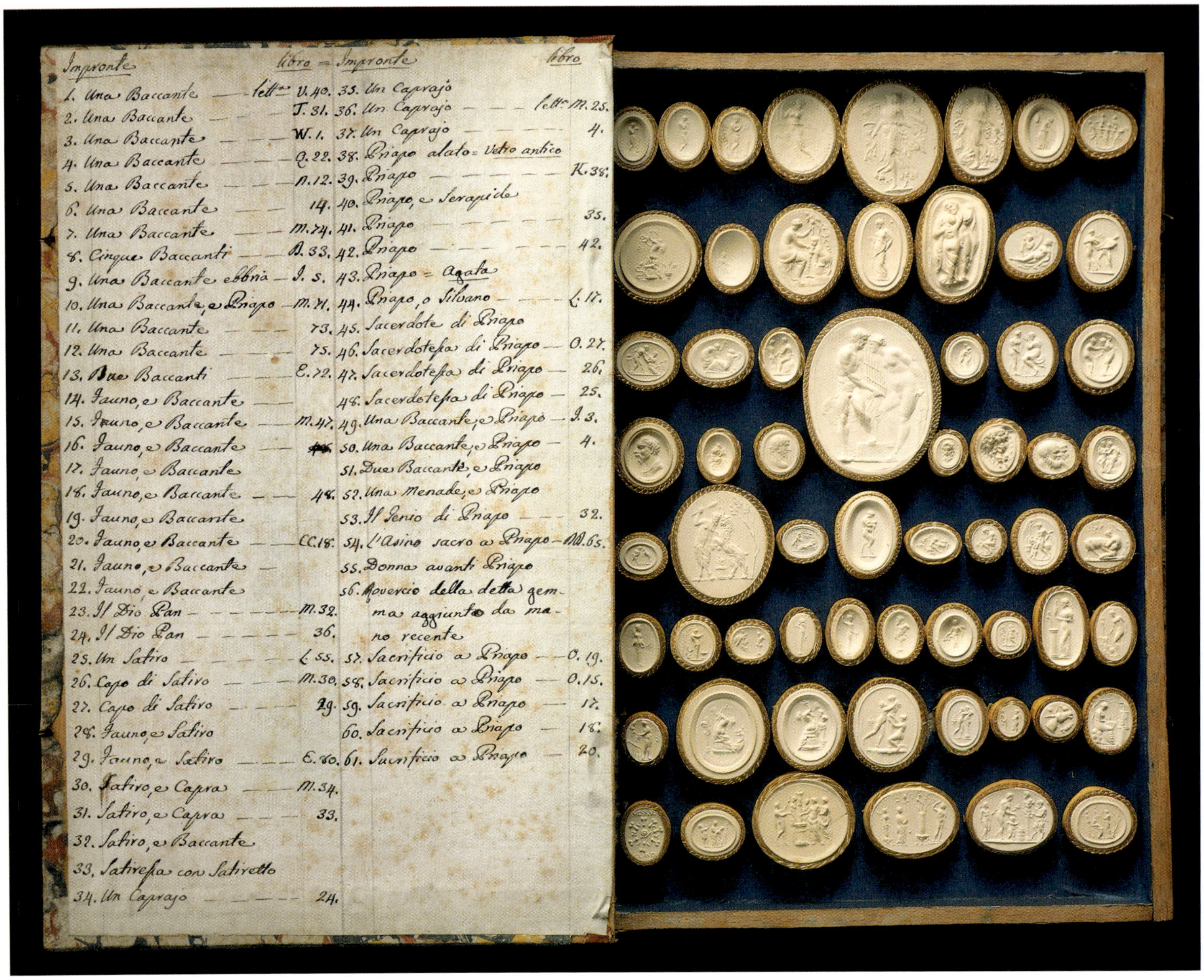

77
Francesco Dolce? (tätig 2. Hälfte 18. Jahrhundert)
»IMPRONTE DI GEMME« BAND XI
Um 1765
Gemmenabdrücke aus Gips, in randvergoldeten Papprahmen, montiert in 29 marmorpapierbezogenen Holzkästen, Messingmontierungen, auf dem Innendeckel jeweils das handschriftliche Inhaltsverzeichnis
21,5 x 32,5 cm
Kulturstiftung DessauWörlitz

In Wörlitz hat sich eine aus 29 Einzelbänden bestehende Dactyliothek aus dem Besitz des Fürsten Franz erhalten. Die aus Gips gefertigten Abformungen geschnittener Steine sind einzeln in vergoldeten Papprahmen gefaßt, die Bände selbst aufwendig buchbinderisch verarbeitet. Mit der Antikenbegeisterung im 18. Jahrhundert wuchs auch das Interesse an geschnittenen Steinen. Die Wörlitzer Sammlung diente nachweislich als Motivfundus, aus dem Erdmannsdorff bei der Ausgestaltung seiner klassizistischen Innenräume schöpfte.

78
GLASSCHEIBE AUS DEM GOTISCHEN HAUS IN WÖRLITZ MIT INSCHRIFT VON JOHANN KASPAR LAVATER
1786
Glaskopie in originaler Größe
14,5 x 12,0 cm
Inschrift: »Ihr Denkmal' alter Kunst und/Gottvertrauter Zeiten!/Bewundrung, Wehmuth, Muth/und Hoffnung sehn Euch an/Zwar Kunst und Zeiten hin/Doch zeigt Ihr uns in Weiten/Was frommer Menschheit/Fleiß und ernste Tugend kann./Wörliz, den 15 Jul 1786/Johann Casp Lavater.«
Kulturstiftung DessauWörlitz

Johann Kaspar Lavater besuchte 1786 Wörlitz und das mit ihm befreundete Fürstenpaar. Während seines Aufenthalts verewigte er sich im Gotischen Haus mit einer Inschrift in einer Scheibe des Geistlichen Kabinetts. Lavater würdigte den musealen Charakter der Sammlung. Deren politische Signalwirkung blieb dem bürgerlichen Gelehrten verborgen.

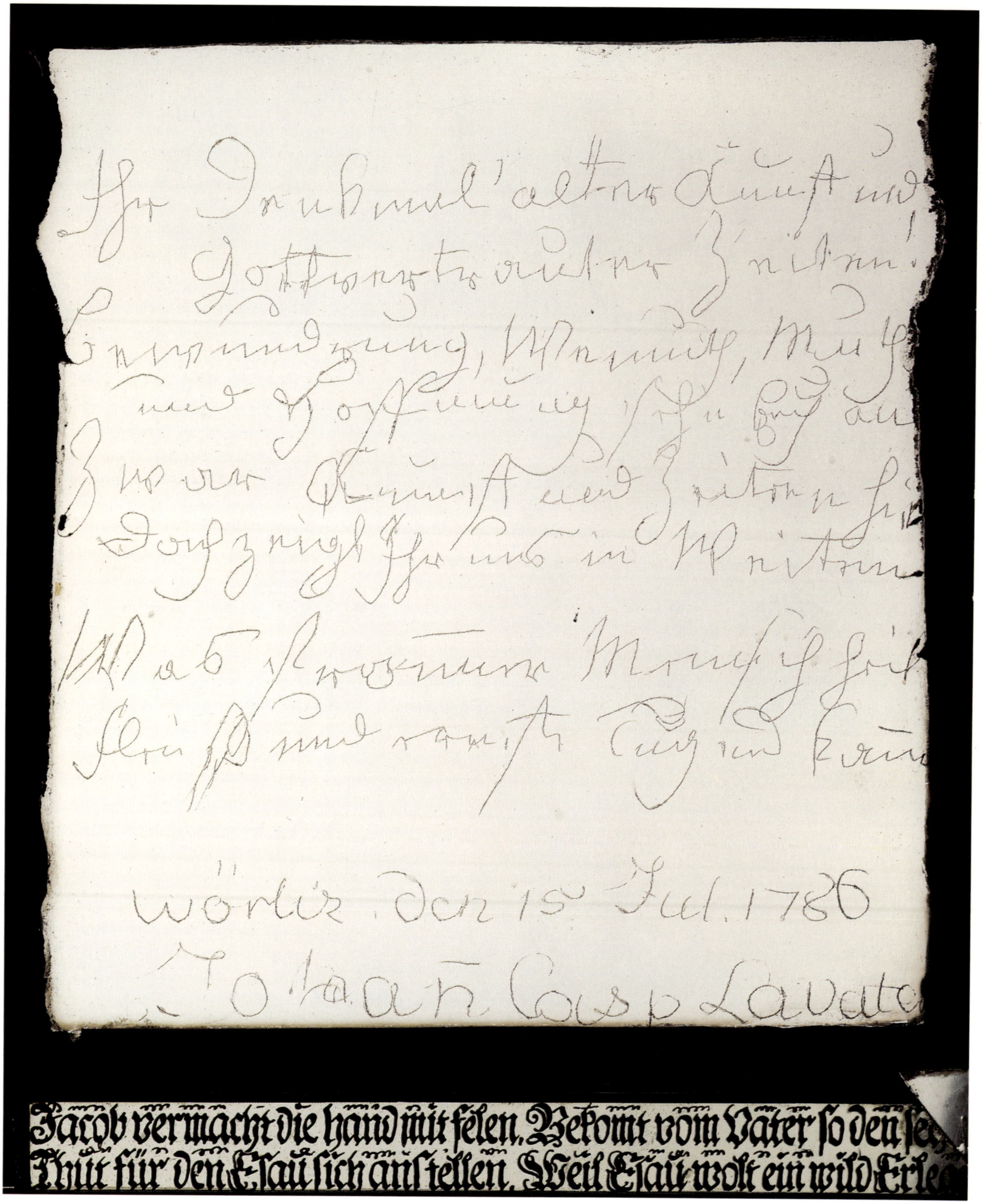
Wörlitz den 15 Jul. 1786
Johan Casp Lavat
Jacob vermacht die hand mit felen. Bekomt vom Vater so den se
Mut für den Esau sich anstellen. Weil Esau wolt ein wild Erle

79a

79d

79b

79e

79c

79f

79h

79g

79i

79k

79 Abb. S. 146–147

MÜNZEN

Vergoldeter Gelbguß, Nachbildungen der Münzen aus dem Gotischen Haus Wörlitz
Kulturstiftung DessauWörlitz
Maßstab der Abbildungen 1:2

a) Medaille Carl Wilhelms von Anhalt-Zerbst auf den Tod seiner Mutter
1680
Durchmesser: 5,3 cm

b) Medaille Carl Wilhelms von Anhalt-Zerbst auf die zweite Säkularfeier der Reformation
1717
Durchmesser: 4,4 cm

c) Medaille Johann Augusts von Anhalt-Zerbst auf den Tod seines Vaters Carl Wilhelm
1718
Durchmesser: 4,4 cm

d) Taler. Emanuel von Anhalt-Köthen
1665
Durchmesser: 4,3 cm

e) Medaille Leopolds von Anhalt-Köthen auf den Tod seines Vaters
1704
Durchmesser: 4,3 cm

f) Medaille auf den 60. Geburtstag Victor Friedrichs von Anhalt-Köthen
1759
Durchmesser: 3,7 cm

g) Medaille auf die Wiederaufnahme des anhaltischen Bergbaus
1693
Durchmesser: 4,6 cm

h) Medaille auf den Besuch der Silbergrube durch Fürstin Elisabeth Albertine von Anhalt-Bernburg
1694
Durchmesser: 6,2 cm

i) Medaille auf den Regierungsantritt von Henriette Catharina von Anhalt-Dessau
1694
Durchmesser: 5,9 cm

k) Medaille auf die Vermählung der Prinzessin Amalie von Anhalt-Dessau mit Heinrich Casimir von Nassau-Dietz
1683
Durchmesser: 5,1 cm

Zum Inventar des Gotischen Hauses zählte ein Münzkabinett. Hier konzentrierte sich Fürst Franz besonders auf Prägungen, die mit der Geschichte des Hauses Anhalt verbunden waren. Wie August Rode formuliert, entsprachen derartige Sammlungsobjekte der Neigung des Fürsten, »inmitten seiner ruhmreichen Vorfahren sich selbst zu leben.«

80
PLATTE »AUS DER GROTTE DER NYMPHE EGERIA«
Römisch
Marmor
15,0 x 14,8 x 2,8 cm (maximale Größen)
Aufgeklebter Zettel: »Aus der Grotte der Nymphe Egeria«
Kulturstiftung DessauWörlitz

In den Schränken der Wörlitzer Schloßbibliothek waren zahlreiche kleinere, nicht selten antike Stücke aufbewahrt. Darunter befand sich auch dieses Fragment aus dem berühmten Bauwerk vor den Toren Roms, das der Fürst als »Souvenir« von seiner Italienreise 1765/66 mitnahm. In unmittelbarer Nachbarschaft der Felseninsel »Stein« ließ Fürst Franz ab 1790 eine Grotte der Egeria errichten.

81
Giacomo Zoffoli um 1731–1785
VENUS KALLIPYGOS
Vor 1785
Gips, maßstabsgerechter Abguß des Originals aus Bronze
Höhe: 36,0 cm
Kulturstiftung DessauWörlitz

Die Bronzeplastik des römischen Bildhauers und Silberschmiedes Giacomo Zoffoli kopiert eine antike Marmorstatue. Verkleinerte Kopien antiker Plastiken, ob in Gips oder Bronze, zählten zu den beliebtesten Reisesouvenirs ausländischer Grand-Tour-Reisender in Rom. Zoffolis qualitätvolle Arbeiten waren wohl vor allem bei englischen Reisender begehrt. Diese schmückten zurückgekehrt ihre Kamine mit den Figuren. In gleicher Weise verfuhr auch Fürst Franz bei der Ausstattung seines Schlosses. Die ursprünglich 21 Stücke zählende Kollektion von Zoffoli-Bronzen wurde auf den Kaminen des Großen Saals und des fürstlichen Schlafzimmers aufgestellt.

Lutz Winkler, Wolfsbrücke, Wörlitz (Kat.Nr. 82.12)

»Wörlitz ist keine lokale Größe, Wörlitz ist nicht einmal eine nur deutsche, es ist eine europäische, eine Weltangelegenheit.«

Wilhelm van Kempen

»JAHRESZEITEN EINER KULTURLANDSCHAFT«

Lutz Winkler

Schloß Luisium, Dessau (Kat.Nr. 82.13)

Chinesisches Teehaus, Oranienbaum (Kat.Nr. 82.7)

Schloß Wörlitz (Kat.Nr. 82.3)

Wörlitzer See mit Schloß (Kat.Nr. 82.5)

Palmensaal, Schloß Wörlitz (Kat.Nr. 82.11)

Obstgehölz am Wörlitzer See (Kat.Nr. 82.15)

Gotisches Haus / Kanalfront (Kat.Nr. 82.6)

Toleranzblick / Goldene Urne, Wörlitz (Kat.Nr. 82.4)

Eiserne Brücke, Wörlitz (Kat.Nr. 82.10)

Venustempel, Wörlitz (Kat.Nr. 82.14)

Innenansicht Pantheon, Wörlitz (Kat.Nr. 82.8)

LUTZ WINKLER

1955
Geboren in Riesa bei Dresden

Seit 1975
Intensive Beschäftigung mit dem Medium Fotografie

September 1984
Erste fotografische Arbeiten in Wörlitz und Oranienbaum

Seit 1990
Bildreporter

Lebt in Leipzig

82.1
CHINESISCHE PARTIE, ORANIENBAUM
November 1987
Baryt-Print, Selentonung
35,5 x 30,0 cm

82.2
WOLFSKANAL, WÖRLITZ
Oktober 1989
Baryt-Print, Selentonung
35,5 x 30,0 cm

82.3
SCHLOSS WÖRLITZ
Mai 1994
Baryt-Print, Selentonung
23,0 x 57,0 cm

82.4
TOLERANZBLICK/GOLDENE URNE, WÖRLITZ
Juni 1994
Baryt-Print, Selentonung
23,0 x 57,0 cm

82.5
WÖRLITZER SEE MIT SCHLOSS, WÖRLITZ
Juni 1994
Baryt-Print, Selentonung
23,0 x 57,0 cm

82.6
GOTISCHES HAUS/KANALFRONT, WÖRLITZ
Mai 1995
Baryt-Print, Selentonung
39,0 x 29,0 cm

82.7
CHINESISCHES TEEHAUS, ORANIENBAUM
Mai 1995
Baryt-Print, Selentonung
29,0 x 39,0 cm

82.8
INNENANSICHT PANTHEON, WÖRLITZ
September 1995
Baryt-Print, Selentonung
23,0 x 57,0 cm

82.9
ROUSSEAU-INSEL, WÖRLITZ
November 1995
Baryt-Print, Selentonung
39,0 x 30,0 cm

82.10
EISERNE BRÜCKE, WÖRLITZ
Januar 1996
Baryt-Print, Selentonung
29,0 x 39,0 cm

82.11
PALMENSAAL, SCHLOSS WÖRLITZ
September 1996
Baryt-Print, Selentonung
23,0 x 57,0 cm

82.12
WOLFSBRÜCKE, WÖRLITZ
Januar 1997
Baryt-Print, Selentonung
39,0 x 29,0 cm

82.13
SCHLOSS LUISIUM, DESSAU
April 1997
Baryt-Print, Selentonung
29,0 x 39,0 cm

82.14
VENUSTEMPEL, WÖRLITZ
Mai 1997
Baryt-Print, Selentonung
29,0 x 39,0 cm

82.15
OBSTGEHÖLZ AM WÖRLITZER SEE
Mai 1997
Baryt-Print, Selentonung
29,0 x 39,0 cm

ANHANG

BIBLIOGRAPHIE
(Auswahl)

Albert, Jost:
Wege und Orte im Dessau-Wörlitzer Gartenreich: Eine Untersuchung zur Entstehungsgeschichte und den Gestaltungsprinzipien einer bedeutenden Kulturlandschaft des ausgehenden 18. Jahrhunderts. In: Die Gartenkunst, Heft 2/1994, S. 281–319.

Barock und Klassik: Kunstzentren des 18. Jahrhunderts in der Deutschen Demokratischen Republik [Ausst.Katalog], Hg. Amt der Niederösterreichischen Landesregierung, Kulturabteilung, Wien 1984 (Kataloge des Niederösterreichischen Landesmuseums, Neue Folge Nr. 146).

Boettiger, Carl August:
Reise nach Wörlitz 1797. Aus der Handschrift ediert und erläutert von Erhard Hirsch. Staatliche Schlösser und Gärten Wörlitz, Oranienbaum, Luisium, 7. Auflage. Wörlitz 1988.

Die Chalcographische Gesellschaft Dessau [Ausst.Katalog], Hg. Norbert Michels. Weimar 1996 (Kataloge der Anhaltischen Gemäldegalerie Dessau Bd. 3).

Denkmalverzeichnis Sachsen-Anhalt, Bd. 6: Dessau-Wörlitzer Gartenreich, Hg. Landesamt für Denkmalpflege Sachsen-Anhalt, bearbeitet von T. Bufe, H. Kleinschmidt, R. Schelenz, W. Steinicke. Halle 1997.

Der Dessau-Wörlitzer Kulturkreis: Wörlitzer Beiträge zur Geschichte, Hg. Rat der Stadt Wörlitz. Wörlitz 1965.

Friedrich Wilhelm von Erdmannsdorff 1736–1800: Zum 250. Geburtstag [Ausst.Katalog], Hg. Staatliche Schlösser und Gärten Wörlitz, Oranienbaum, Luisium. Wörlitz 1986.

Das Gartenreich an Elbe und Mulde [Ausst.Katalog], Hg. Thomas Weiss. Staatliche Schlösser und Gärten Wörlitz, Oranienbaum, Luisium, Wörlitz 1994.

Harksen, Marie-Luise:
Die Kunstdenkmale des Landes Anhalt, Bd. 1: Die Stadt Dessau. Burg 1937.

dies.:
Die Kunstdenkmale des Landes Anhalt, Bd. 2,1: Der Landkreis Dessau-Köthen außer Wörlitz. Burg 1943.

dies.:
Die Kunstdenkmale des Landes Anhalt, Bd. 2,2: Stadt, Schloß und Park Wörlitz. Nachdruck der Ausgabe Burg 1939, Halle 1997.

Hartmann, Adolf:
Der Wörlitzer Park und seine Kunstschätze. Berlin 1913.

Heinecke, Wilfried:
Die Leiden der Fürstin Luise von Anhalt-Dessau. Eine medizinisch-biographische Betrachtung. In: Dessauer Kalender, 1994–1997, Hg. Stadt Dessau, Stadtarchiv.

Hirsch, Erhard:
Dessau-Wörlitz: Aufklärung und Frühklassik. Leipzig, München 1985.

Hübner, Simone:
Louise von Anhalt-Dessau. Eine aufgeklärte Fürstin – Versuch einer Lebensbeschreibung. Diplomarbeit, Humboldt-Universität. Berlin 1993.

Matthisson, Friedrich von:
Erinnerungen Bd. 3 und 4. Zürich 1812/14.

Mitteilungen des Vereins für Anhaltische Geschichte und Altertumskunde, Hg. Wilhelm Hosäus, 14 Bde. Dessau 1875–1924.

Paul, Eberhard:
Wörlitzer Antiken: Eine Skulpturensammlung des Klassizismus, 2. Auflage, Wörlitz 1977.

Premio Internazionale Carlo Scarpa per il Giardino, l'ottava edizione, 1997, è dedicata al Dessau-Wörlitzer Gartenreich »regno dei giardini«, paesaggio culturale che si svolge in un'area di trecento chilometri quadrati, sulla riva sinistra dell'Elba, nei dintorni della città di Dessau, Hg. Domenico Luciani. Fondazione Benetton, Studi Richerche, Treviso 1997.

Quilitzsch, Uwe:
Wedgwood: Klassizistische Keramik in den Gärten der Aufklärung. Hamburg 1997.

Recke, Elisa von der:
Tagebücher und Selbstzeugnisse, Hg. Christine Träger. Leipzig 1984.

Reil, Friedrich:
Leopold Friedrich Franz, Herzog und Fürst von Anhalt-Dessau, ältest regierender Fürst von Anhalt, nach seinem Wirken und Wesen, Nachdruck der Ausgabe Dessau 1845. Wörlitz 1995.

Riesenfeld, E. P.:
Erdmannsdorff, der Baumeister des Herzogs Leopold Friedrich Franz von Anhalt-Dessau. Berlin 1913.

Rode, August:
Beschreibung des Fürstlichen Anhalt-Dessauischen Landhauses und Englischen Gartens zu Wörlitz, Nachdruck der Ausgabe Dessau 1814. Wörlitz 1996.

ders.:
Leben des Herrn Friedrich Wilhelm von Erdmannsdorff, Nachdruck der Ausgabe Dessau 1801. Wörlitz 1994.

Das Schöne mit dem Nützlichen: Die Dessau-Wörlitzer Kulturlandschaft. Bemühungen um die Darstellung gartendenkmalpflegerischer Arbeit anhand historischer Ansichten des 18. und 19. Jahrhunderts sowie Fotografien des gegenwärtigen Zustandes [Ausst.Katalog], Hg. Staatliche Schlösser und Gärten Wörlitz, Oranienbaum, Luisium. Wörlitz 1987.

Sir William Chambers und der Englisch-Chinesische Garten in Europa [Ergebnisband des Symposiums »Sir William Chambers und der Englisch-Chinesische Garten in Europa« in Oranienbaum vom 5. bis 7. Oktober 1995], Hg. Thomas Weiss, Ostfildern 1997 (Kataloge und Schriften der Staatlichen Schlösser und Gärten Wörlitz, Oranienbaum, Luisium Bd. 2).

Speler, Ralf-Torsten:
Friedrich Wilhelm von Erdmannsdorff: Begründer der klassizistischen Baukunst in Deutschland, Diss., 2 Bde. Halle/Saale 1981.

Stürmer, Michael:
Scherben des Glücks: Klassizismus und Revolution. Berlin 1987.

Trauzettel, Ludwig:
Das Gartenreich von Dessau und Wörlitz. In: Gärten der Goethezeit, Hg. Harri Günther. Leipzig 1993, S. 44–75.

Verheißungen eines gefährdeten Gartenreiches: Wörlitz [Dokumentation des Symposiums vom 10. Juni 1994], Hg. Förderverein Dessau-Wörlitzer Anlagen e.V. Frankfurt a. M. 1995.

Wedgwood 1795–1995: Englische Keramik in Wörlitz [Ausst.Katalog], Hg. Thomas Weiss. Wörlitz 1995 (Bd. 1 der wissenschaftlichen Bestandskataloge der Staatlichen Schlösser und Gärten Wörlitz, Oranienbaum, Luisium).

Weiss, Thomas:
»Den Freunden der Natur und Kunst«: Das Gartenreich Dessau-Wörlitz und Andrea Palladio. In: Bauen nach der Natur – Palladio: Die Erben Palladios in Nordeuropa [Ausst.Katalog], Hg. Jörgen Bracker. Ostfildern 1997, S. 181–199.

Weltbild Wörlitz: Entwurf einer Kulturlandschaft [Ausst.Katalog], Hg. Frank-Andreas Bechtoldt und Thomas Weiss. Wörlitz 1996 (Kataloge und Schriften der Staatlichen Schlösser und Gärten Wörlitz, Oranienbaum, Luisium 1).

Wörlitz: Ein Garten der Aufklärung [Ausst.Katalog], Hg. Gerd Biegel, Braunschweigisches Landesmuseum Schloßverwaltung Schwetzingen, Staatliche Schlösser und Gärten Wörlitz, Oranienbaum, Luisium. Braunschweig 1992 (Veröffentlichungen des Braunschweigischen Landesmuseums 66).

PERSONENREGISTER

(Fürst Leopold III. Friedrich Franz von Anhalt-Dessau und Friedrich Wilhelm von Erdmannsdorff wurden nicht in das Personenregister aufgenommen.)

Den Freunden der Natur und Kunst
Das Gartenreich des Fürsten Franz von Anhalt-Dessau
im Zeitalter der Aufklärung

Eine Ausstellung des Instituts für Auslandsbeziehungen

i f a

und der Kulturstiftung DessauWörlitz

Konzeption und Zusammenstellung: Thomas Weiss, Uwe Quilitzsch
Verantwortlich: Ursula Zeller
Realisierung und Organisation: Bernd Burock
Texte: Ursula Bode, Michael Stürmer, Thomas Weiss
Ausstellungsverzeichnis: Uwe Quilitzsch, Daniela Clare
Ausstellungsgestaltung: Matthias Merker

Erschienen im Verlag Gerd Hatje, Senefelderstraße 12, 73760 Ostfildern-Ruit

Verlagslektorat: Maria Platte
Herstellung: Christine Müller
Gesamtherstellung: Dr. Cantz'sche Druckerei, Ostfildern bei Stuttgart

Umschlag: Das Nymphaeum in Wörlitz, 1997 (Foto: Uwe Quilitzsch)

Frontispiz:
Unbekannter Künstler, Silhouette des Fürsten Leopold Friedrich Franz von Anhalt-Dessau, um 1780, Scherenschnitt, Kulturstiftung DessauWörlitz

ISBN 3-86107-011-1
Printed in Germany

Die Deutsche Bibliothek - CIP-Einheitsaufnahme

Den **Freunden der Natur und Kunst** : das Gartenreich des Fürsten Franz von Anhalt-Dessau im Zeitalter der Aufklärung ; [eine Ausstellung des Instituts für Auslandsbeziehungen e.V. und der Kulturstiftung Dessau-Wörlitz] / hrsg. vom Institut für Auslandsbeziehungen e. V. und der Kulturstiftung Dessau-Wörlitz. Mit Beitr. von Michael Stürmer ... – Stuttgart : Inst. für Auslandsbeziehungen ; Wörlitz Kulturstiftung, 1997
(Kataloge und Schriften der Kulturstiftung Dessau-Wörlitz ; Bd. 3)
ISBN 3-86107-011-1 (Kulturstiftung Wörlitz)

ABBILDUNGSNACHWEIS

Staatsbibliothek zu Berlin Preußischer Kulturbesitz: S. 8–9 (Kat.Nr. 2)

Gleimhaus Halberstadt: S. 22 und 25

National Maritime Museum, London: S. 46

The Victoria & Albert Museum, London: S. 34 (Abb. 3)

Bayerische Staatsgemäldesammlungen, München: S. 50

Privatbesitz: S. 26

Österreichische Nationalbibliothek Wien, Bildarchiv: S. 24

Kulturstiftung DessauWörlitz, Bildarchiv (H. Fräßdorf, S. Kaps, H.-D. Kluge, U. Quilitzsch, U. I. Schmidt, M.-L. Werwick)
Frontispiz, S. 16 (Kat.Nr. 4), 18, 19, 21, 23, 27, 32, 34 (Abb. 2), 44 (Abb. 4 und 5), 45, 48 (Abb. 8 und 9), 53 (Abb. 11), 55 (Abb. 12 und 13), 57 (Abb. 14 und 15), 59, 61, 62 (Abb. 18 und 19), 65 (Abb. 20 und 21), 78 (Kat.Nr. 3),80 (Kat.Nr. 5), 81 (Kat.Nr. 6), 83 (Kat.Nr. 7), 86 (Kat.Nr. 9 und 10), 87 (Kat.Nr. 11 und 12), 88 (Kat.Nr. 13 und 14), 89 (Kat.Nr. 15 und 16), 90 (Kat.Nr. 17 und 18), 92 (Kat.Nr. 19 und 20), 93 (Kat.Nr. 21), 94 (Kat.Nr. 22 und 23), 95 (Kat.Nr. 24), 99 (Kat.Nr. 25, 26 und 27), 102 (Kat.Nr. 45), 104 (Kat.Nr. 28 und 29), 105 (Kat.Nr. 30), 106 (Kat.Nr. 31), 107 (Kat.Nr. 32), 108 (Kat.Nr. 33 und 34), 109 (Kat.Nr. 35), 110 (Kat.Nr. 36), 111 (Kat.Nr. 37 und 38), 113 (Kat.Nr. 39 und 40), 114 (Kat.Nr. 41 und 42), 115 (Kat.Nr. 43 und 44), 117 (Kat.Nr. 46), 118 (Kat.Nr. 47), 119 (Kat.Nr. 48 und 50), 120 (Kat.Nr. 49), 122 (Kat.Nr. 51) 123 (Kat.Nr. 52, 53 und 54), 124 (Kat.Nr. 55), 125 (Kat.Nr. 56), 126 (Kat.Nr. 57 und 58), 127 (Kat.Nr. 59 und 60), 129 (Kat.Nr. 61 und 62), 130 (Kat.Nr. 63 und 64), S. 131 (Kat.Nr. 65), 132 (Kat.Nr. 66 und 67), 133 (Kat.Nr. 68), 135 (Kat.Nr. 69), 136 (Kat.Nr. 70), 137 (Kat.Nr. 71), 139 (Kat.Nr. 72 und 73), 141 (Kat.Nr. 74), 142 (Kat.Nr. 75 und 76), 144 (Kat.Nr. 77), 145 (Kat.Nr. 78), 146–147 (Kat.Nr. 79.a–k), 149 (Kat.Nr. 80 und 81)

The Royal Collection, Her Majesty Queen Elizabeth II., Windsor Castle
S. 53 (Abb. 10a)

Lutz Winkler, Leipzig: S. 74 (Kat.Nr. 82.9), 96 (Kat.Nr. 82.1), 100 (Kat.Nr. 82.2), 150 (Kat.Nr. 82.12), 152 (Kat.Nr. 82.13), 153 (Kat.Nr. 82.7), 154-155 (Kat.Nr. 82.3), 156–157 (Kat.Nr. 82.5), 158–159 (Kat.Nr. 82.11), 160 (Kat.Nr. 82.15), 161 (Kat.Nr. 82.6), 162–163 (Kat.Nr. 82.4), 164 (Kat.Nr. 82.10), 165 (Kat.Nr. 82.14), 166–167 (Kat.Nr. 82.8)